木村 秀史 著

発展途上国の通貨統合

MONETARY
UNION
IN DEVELOPING COUNTRIES

蒼天社出版

はしがき

　今日の通貨統合といえば真っ先に欧州のユーロを思い起こすことであろう。しかし、発展途上国でもすでに単一の通貨圏があることや、その計画が進んでいることはあまり知られていない。実際、中東やアフリカなどのいくつかの国々で通貨を統合しようという動きが着々と進んでいる。ユーロが誕生してから15年余りが過ぎ、いくつかの困難を抱える中でも一定の成功をおさめてきたといえる今、通貨統合という歴史的実験の次なる舞台は発展途上国である。したがって、われわれは、今こそ発展途上国の通貨統合に目を向けなければならない。

　途上国で通貨統合を行うことの意味とは何であろうか。この最も単純で最も重要な問いに対する答えは、それほど簡単ではない。それは、先進国とは異なる経済構造を持つ途上国であるがゆえに、先行事例であるユーロの論理を単純に当てはめて比較するだけでは、何も見えてこないからである。これを明らかにするには、途上国での通貨統合の特徴を一つひとつ浮き彫りにしていくしかない。通貨統合の制度的な問題に焦点を当てることは、もちろん重要である。通貨統合に向けたロードマップや歴史的経緯を検証することも必要不可欠である。しかし、それだけで十分といえるであろうか。途上国の通貨統合をもっと深い次元で、すなわち理論的な視点で捉えることを行わない限り、その全貌を明らかにすることはほとんど不可能といっても過言ではない。

　通貨統合の理論といえば、最適通貨圏の理論（Optimum Currency Area）が重要である。今日でも通貨統合の是非を測る物差しとして、最適通貨圏の条件を満たしているかどうかが重要視されている。しかし、われわれは、この理論自体をも問題視すべきである。先進国とは大きく経済構造の異なる途上国で、最

i

適通貨圏の条件を単純に当てはめて理解することが必ずしも適切とは限らないからである。したがって、われわれは、途上国の通貨統合を評価するための物差し自体を考え直すことから始めなければならない。このようなプロセスを経て初めて、その特徴を浮き彫りにできるといえよう。本書は、全体として、このような問題意識の下で展開している。

　本書は、主に三つのパートで構成されている。第一のパート（第1章〜第7章）は、これまでの最適通貨圏の理論を批判的に捉えながら、途上国通貨統合の理論を構築することが目的である。第二のパート（第8章〜第11章）は、中東の湾岸産油国で構成される湾岸協力会議（Gulf Cooperation Council: GCC）の通貨統合に焦点を当てる。この第二のパートの目的は、第一のパートで明らかにした理論を用いて、実際に計画が進行中であるGCC通貨統合の性格や特徴を理解することにある。第三のパート（第12章）は、その他の地域（南米、西アフリカ、東アジア）で議論されている通貨統合にも焦点を当てながら、全体として途上国通貨統合を理論的な観点から比較し分類することを目的としている。これらの考察を通じて、先進国中心のユーロとは異なる途上国通貨統合の特徴を浮き彫りにすることができよう。

　若輩の私が本書を世に送り出すことができたのは、多くの先生方のご指導のおかげである。中でも、学部のゼミ時代、そして大学院時代と公私にわたって大変お世話になった師である國學院大學の紺井博則先生には、単にお世話になったというだけではいい尽くせないほどの学恩を賜った。学部時代には講義やゼミを通じて金融の面白さを教えていただき、大学院時代には熱心な研究指導の下、研究全般にわたって多くを教えていただいた。紺井先生が貴重なご自身の研究時間を私の指導に費やしてくださったことに心から感謝したい。

　日頃からご指導や叱咤激励をいただいた多くの先生方にも御礼を申し上げたい。上川孝夫先生、高橋克秀先生からは、博士論文の完成に至るまでの過程で、とりわけ多くのご指導、ご助言をいただいた。國學院大學大学院の先輩方である秋山誠一先生、松本朗先生、吉田真広先生からは、ご助言に加えて、理論的な視点の重要性を教えていただいた。この他にも、国際金融研究会／国際経済

はしがき

政策研究会、日本金融学会、信用理論研究学会の先生方からも貴重な助言をいただいている。

　職場である島根県立大学の教職員の方々にも感謝の言葉を伝えたい。若輩者の新任教員にもかかわらず、十分な研究を行うだけの環境を与えていただいた。また、仲間に恵まれた職場環境があったからこそ、研究意欲が途切れることなく継続できたことも本書の上梓につながった。

　厳しい出版事情の中、本書の出版をご快諾いただき、さらに出版に関する多くのご助言をいただいた蒼天社出版の上野教信社長にも深く感謝したい。出版事情に無知な私が安心して執筆できたのは上野社長の温かいご支援のおかげである。また、本書のカバーについてデザインを快く引き受けてくださった親愛なる愛媛大学の近廣昌志先生にも感謝の気持ちを表したい。なお、本書の出版にあたっては、公立大学法人島根県立大学北東アジア地域学術交流研究助成金による出版助成をいただいた。御礼を申し上げたい。

　最後に、本書を待つことなく他界した、亡き父、木村豊に本書を捧げる。

2016 年 4 月

木村秀史

目　次

はしがき

第1章　リージョナリゼーションの中の通貨統合　　　　　　　　　　1
　第1節　経済のリージョナリゼーションの歩み　　　　　　　　　　2
　第2節　今日のリージョナリゼーションの広がりとその特徴　　　　4
　第3節　グローバリゼーションとリージョナリゼーションの関係　　6
　第4節　リージョナリゼーションと発展途上国の通貨統合　　　　　8

第2章　最適通貨圏の理論の基本的な考え方　　　　　　　　　　　11
　第1節　伝統的最適通貨圏の理論①──マンデル　　　　　　　　12
　第2節　伝統的最適通貨圏の理論②──マッキノンとケネン　　　14
　第3節　内生的最適通貨圏の理論①──貿易拡大効果　　　　　　16
　第4節　内生的最適通貨圏の理論②──景気の同調性と特化問題　19
　第5節　最適通貨の理論と金融統合──金融のリスクシェアリング　22
　第6節　OCA論の限界と問題点　　　　　　　　　　　　　　　26

第3章　途上国の通貨統合における為替政策と金融政策の放棄のコスト　29
　第1節　途上国での為替政策の放棄のコスト　　　　　　　　　　31
　第2節　途上国での金融政策の放棄のコスト　　　　　　　　　　37
　第3節　途上国の通貨統合における景気の同調性　　　　　　　　42

第4章　欧州債務危機・ユーロ危機の教訓　　45

　第1節　欧州債務危機の背景　　46

　第2節　リージョナルインバランスと対外債務危機　　50

　第3節　リージョナルインバランスはどのように調整されるべきか　　59

第5章　最適通貨圏の理論の限界とリージョナルインバランス　　63

　第1節　通貨統合下の対外債務問題　　63

　第2節　リージョナルインバランスのパターンと調整対象　　67

　第3節　通貨統合の下でのリージョナルインバランスの調整プロセス　　69

第6章　途上国の通貨統合におけるベネフィット　　73

　第1節　域内貿易と直接投資の拡大　　74

　第2節　インフレ率の安定と名目金利の低下　　78

　第3節　金融統合と金融市場の発展　　80

　第4節　途上国の通貨統合は経済成長をもたらすのか　　82

第7章　地域統合プロセス全体からみた通貨統合　　85

　第1節　通貨統合の三段階論　　85

　第2節　地域統合のプロセスと通貨統合　　89

第8章　GCC 通貨統合の概要とそのねらい　　95

　第1節　湾岸諸国の経済構造　　96

　第2節　GCC 通貨統合の概要　　102

　第3節　GCC 通貨統合のねらいとは何か　　108

第9章　GCC 通貨統合の構造と理論　　115

　第1節　GCC 通貨統合の域内経済に対するベネフィット　　115

　第2節　GCC 通貨統合の為替政策と金融政策の放棄のコスト　　119

| 第3節 GCC通貨統合における景気の同調性 | 120 |
| 第4節 GCC通貨統合におけるリージョナルインバランス | 124 |

第10章 GCC通貨統合の制度設計上の課題 127

第1節 GCC通貨統合にとっての収斂基準の意義 127

第2節 域内為替レートメカニズムと通貨交換 130

第3節 GCC共通通貨の為替相場制度 133

第11章 湾岸諸国の金融市場と金融統合の現状 139

第1節 湾岸諸国の金融市場の構造と特徴 139

第2節 湾岸諸国の金融統合の現状 144

第3節 湾岸諸国における金融統合の課題と展望 153

第12章 途上国通貨統合の比較と分類 157

第1節 メルコスール 157

第2節 西アフリカ諸国経済共同体（ECOWAS） 166

第3節 東アジア（ASEAN+3） 175

第4節 結論——発展途上国の通貨統合の比較と分類 182

注 185

参考文献 205

あとがき 223

索　引 225

図表＊目次

表 3-1	途上国グループの 4 分類（「産業構造」「経常収支」）	30
表 3-2	為替政策と金融政策の放棄のコスト	35
表 3-3	世界各国の為替相場制度（2014 年）	38
表 3-4	世界各国の金融政策のアンカー（2014 年）	39
表 3-5	途上国通貨統合の下での景気の同調性	44
表 4-1	対外投資ポジション（対 GDP 比）	53
表 4-2	ドイツとフランスの南欧諸国に対する債券投資残高	54
表 5-1	途上国通貨統合の下での不均衡の調整パターン	68
表 6-1	途上国での通貨統合のベネフィット	83
表 8-1	湾岸諸国の GDP における産業別構成（2013 年）	97
表 8-2	湾岸諸国の公式の為替相場制度	101
表 8-3	湾岸諸国の域内貿易の割合	110
表 10-1	新通貨への交換レートの計算方法 2	132
表 10-2	新通貨への交換レートの計算方法 2 の修正版	132
表 10-3	新通貨への交換レートの計算方法 3	132
表 11-1	銀行セクターの資産・負債総額に対する対外資産・対外負債の割合	146
表 11-2	ユーロ圏の対外証券投資残高に占める域内割合	149
表 11-3	湾岸諸国間のクロスボーダー証券投資残高（ストックベース）	150
表 11-4	対内証券投資のうちバーレーンとクウェートからの割合	151
表 12-1	各国の GDP における産業別構成（2013 年）	160
表 12-2	各国の経常収支（対 GDP 比、2010 年）	161
表 12-3	メルコスールの域内貿易の割合	163
表 12-4	各国の消費者物価上昇率（前年比変化率）	164
表 12-5	ECOWAS 構成国	167
表 12-6	ECOWAS の域内貿易の割合	172
表 12-7	各サブリージョンの域内貿易比率（域内平均）	172
表 12-8	ASEAN+3 の域内貿易の割合	179
表 12-9	発展途上国の通貨統合の比較と分類	183
図 1-1	通貨統合の創設に至るまでの要因	9
図 4-1	ユーロ圏諸国の長期金利	47

図 4-2	ユーロ圏諸国の実質長期金利	48
図 4-3	ユーロ圏全体の経常収支（対 GDP 比）	51
図 4-4	ユーロ圏の主要国の経常収支（対 GDP 比）	52
図 4-5	ギリシャの為替レートの推移	55
図 4-6	ギリシャのインフレ率の推移（消費者物価・前年比変化率）	56
図 4-7	ユーロ圏諸国の消費者物価の推移（対前年比変化率）	57
図 4-8	ユーロ圏諸国の実質実効為替レート	59
図 6-1	ユーロ圏各国の実質 GDP 成長率	82
図 7-1	通貨統合の三段階論	89
図 7-2	「機能主義的」統合プロセス（ローマ条約〔1957 年〕に基づく）	92
図 7-3	地域統合プロセス全体の概念図	92
図 8-1	湾岸諸通貨の対ドル相場（月次）	101
図 9-1	湾岸諸国の消費者物価の上昇率の推移（前年比変化率）	119
図 9-2	湾岸諸国の名目成長率の推移	122
図 9-3	湾岸諸国の名目成長率の 5 年移動平均	122
図 9-4	湾岸諸国全体の経常収支の推移	125
図 9-5	湾岸諸国の経常収支の推移（対 GDP 比）	125
図 10-1	3 ヵ月インターバンクレートの推移	129
図 10-2	GCC の輸入相手国の割合（2014 年）	135
図 11-1	湾岸諸国の株価指数の推移	142
図 11-2	湾岸諸国の短期国債の利回り	151

第1章　リージョナリゼーションの中の通貨統合

　本書のテーマは発展途上国の通貨統合（Monetary Union）である。しかし、通貨統合それ自体に焦点を当てただけでは十分であるとはいえない。その理由は、今日の通貨統合が基本的には経済統合を基礎としているためであり、通貨統合だけが独立して誕生したわけではないからである。例えば、欧州通貨統合は自由貿易地域、関税同盟、共同市場という地域経済統合の一連の流れの中で成立したものである。つまり経済統合と通貨統合は切っても切り離せない関係にある。

　ここからさらに掘り下げると、われわれは経済統合がどのような世界経済的背景の下で生じている現象なのかとの問いに直面する。世界レベルでの経済統合を意味する経済のグローバル化が進む中で、地域レベルでも経済統合が拡大していることは、グローバリゼーションとリージョナリゼーションの二つの相反する経済現象が同時進行していることを意味している。したがって、われわれは、経済のグローバリゼーションが重要視される時代にあって、なぜリージョナリゼーションまでもが拡大しているのか、この最も根本的かつ重要な問いから始めなければならない。

第1節　経済のリージョナリゼーションの歩み

　最初に、本書におけるリージョナリゼーションの定義を明確にしておく。H・W・アルント（H. W. Arndt 1993）は、「地域主義」を次の四つのパターンに分類している。①特恵貿易協定——ECやNAFTAなど、②事実上の経済統合——「中国・香港・台湾」、「シンガポール・ジョホール（マレーシア）・バタム島（インドネシア）」など、③開かれた地域主義——APECなど、④国家より下位のレベルの地域主義——スコットランド、カタロニア、ロンバルディアなどである。この分類に依拠しながら本書におけるリージョナリゼーションをイメージしてみると、①と③がそれに該当する。①と③に共通するのは、まず第一に超国家的なリージョナリゼーションである。これは④とは異なる。第二に、②のように地理的な関係や政治的な関係から事実上の経済圏が形成されるのとは異なり、国家間の協定やコンセンサスが存在している。したがって、本書における経済のリージョナリゼーションとは、超国家的で、なおかつ経済統合についての何かしらの協定や政治的コンセンサスが存在している、または、いくつかの国で地域統合や地域協力に共通した認識・議論が存在しているケースを指すこととする[1]。

　経済のリージョナリゼーションは、歴史的に全く新しい現象というわけではない。過去との比較でよく引き合いに出されるのは、1930年代のブロック経済である。この当時は、かつてのグローバリゼーションが終わった戦間期であると同時に、世界大恐慌が起こった時期である。大恐慌を契機に先進国と植民地の関係を軸にした排他的な地域ブロック[2]が形成され、各ブロックは通貨の切り下げ競争などの近隣窮乏化政策を積極的に展開した。主要国が大恐慌から立ち直ろうと自らの利益を追求した結果、世界的な協調はその破たんを余儀なくされた。

　一方、ブロック経済については別の見方もある。1920年代・30年代の地

2

第1章　リージョナリゼーションの中の通貨統合

域貿易政策が、ドイツ、イギリス、フランスなどのヨーロッパ主要国の政治的な競争によって行われていたとの見解である[3]。すなわち第一次大戦後のナショナリズムの高まりが、国際政治、外交、そして最終的には経済における競争の拡大に結びついた。これによれば、ブロック経済は必ずしも経済的な動機に基づいているわけではないと見ることもできる。とはいえ、各ブロックで性格の相違はあるものの、排他的な性格であった点では共通している。

　その後のリージョナリゼーションは、戦後の 1950 年代・60 年代頃に展開された。これは一般的に、今日のリージョナリゼーションと区別して、「古い地域主義」と呼ばれている。このような「古い地域主義」には、現在の EU（European Union: 欧州連合）に繋がる EEC（European Economic Community: 欧州経済共同体）や中南米の LAFTA（Latin American Free Trade Association: ラテンアメリカ自由貿易連合）などがある。しかし、これらの地域統合はヨーロッパを除いて、ほとんどが失敗に終わった。これは、「古い地域主義」が保護主義的、かつ内向きであったことによる[4]。「古い地域主義」は基本的に輸入代替化戦略を採っていたことから、貿易創造効果よりも貿易転換効果が強く働いた[5]。結果的に、域外貿易が域内貿易に取って代わっただけで、域外域内の両方の貿易が拡大するメリットが十分に発揮されることがなかったため、統合への求心力は徐々に弱体化していった。

　その後、1970 年代・80 年代には、リージョナリゼーションはいったん下火となった。しかし、90 年代に入りソ連が崩壊し冷戦が終結すると、経済のグローバリゼーションと共に経済のリージョナリゼーションが再び大きく進み始めた。これは「古い地域主義」と区別して、一般的に「新しい地域主義」と呼ばれている。この「新しい地域主義」の下、地域貿易協定（RTA : Regional Trade Agreement）の顕著な増加が 1990 年代以降に見られるようになった[6]。2014 年末時点で WTO に報告された RTA の合計は 603 であり、そのうち有効に機能しているのは 397 である[7]。RTA は 1980 年代後半からの約 25 年間で、およそ 7 倍に拡大したことになる。このように、経済のグローバリゼーションの時代に、本来であれば矛盾する概念であるはずの経済のリージョナリゼー

ションもまた急拡大しているのである。

　ちなみに、今日の代表的な地域共同体として、EU、NAFTA（North American Free Trade Agreement: 北米自由貿易協定）、ASEAN（Association of Southeast Asian Nations: 東南アジア諸国連合）、GCC（Gulf Cooperation Council: 湾岸協力会議）、Mercosur［メルコスール］（Mercado Común del Sur: 南米南部共同市場）、CIS（Commonwealth of Independent States: 独立国家共同体）、ECOWAS（Economic Community of West African States: 西アフリカ諸国経済共同体）、EAC（East African Community: 東アフリカ共同体）などが挙げられる。

第2節　今日のリージョナリゼーションの広がりとその特徴

(1) 拡大するリージョナリゼーション

　1990年代以降、地域経済統合やRTAは増加の一途をたどっている。世界の多くの国々が何かしらの地域協定に参加するようになり、各国にとってどのような経済共同体に参加するか、あるいはどの国とRTAを締結するかは一大関心事となっている。グローバル経済の時代[8]に、なぜ経済統合やRTAが重要視されるのか。この理由について三つの点を指摘したい。

　第一に、多角的・無差別的な自由化を推し進めるGATT・WTO体制（General Agreement on Tariffs and Trade: 関税及び貿易に関する一般協定、World Trade Organization: 世界貿易機関）では参加国のコンセンサスを得ることが難しくなってきているためである。これは加盟国数が増えたことによる。GATT発足時の1948年当時の加盟国は23ヵ国であったが、現在のWTO加盟国は161ヵ国・地域に上っている（2015年5月現在）。参加国が増えれば増えるほど利害関係は複雑になり、交渉が進まなくなる。このため、win-winの関係を期待できる国家同士でRTAを別に締結することが現実的な選択肢となる。また、経済共同体に参加すれば貿易の交渉力が強まるので、多角的な貿易システムにアクセスしやすくなるメリットもある。このように、今日ではWTO体制よりもRTA

第1章　リージョナリゼーションの中の通貨統合

に力を注いだ方がより有益であるとの認識が一般化しつつある。

　第二に、リージョナリゼーションが増加すること自体がリージョナリゼーションの増加を促す自己増殖作用によるものである。地域経済統合やRTAが増えると、それに参加していない国では自国企業の競争上の不利が目立つようになり、何かしらの地域協定に参加せざるをえなくなる。例えば、1990年代のEUの成立は米国を地域主義へと傾倒させ、NAFTAの形成に結びついた。また、WTO体制に固執した日本が近年になってリージョナリゼーションを指向するようになったのは、RTAへの参加に乗り遅れたことによる「焦り」によるものである。

　第三に、地域経済統合やRTAには、WTOでは取り扱っていない分野で協力できる独自の利点がある[9]。貿易円滑化、投資、人の移動、官民対話チャンネルの設定等の分野はWTO体制では十分にカバーできていない政策分野[10]であり、WTO体制の枠組みでは簡単に得られない独自のメリットである。

(2) 今日のリージョナリゼーションの特徴

　今日のリージョナリゼーションには、これまでにない固有の特徴がある。それは、第一に、グローバリゼーションとリージョナリゼーションが同時並行的に拡大している点である。例えば、ウィルフレッド・J・イーシア（Wilfred J. Ethier 2001）は、「新しい地域主義」の時代は「古い地域主義」の時代とは異なるとして、次の四つの点にその相違を見ている。第一は、工業製品の貿易において、（工業国による）多角的自由化がより完全になったことである。第二は、東と西の国々の大半が、「古い地域主義」の時代の自給自足のアンチマーケット政策をやめて、多角的な貿易システムに参加しようとしている点である。第三は、直接投資がより増加し、なおかつ多角化しており、「新しい地域主義」が見られるようになって以来、急増している点である。第四に、ITの発達による国際取引コストの劇的な変化が、貿易のコストに比べて対外直接投資のコストを削減したことである。このように、「新しい地域主義」の時代は多角的な貿易取引の増加に加えて対外直接投資の増加に見られるような経済のグロー

5

バリゼーションも同時に拡大している点にその特徴がある。

第二に、「新しい地域主義」は内向きではなく外向きである。「古い地域主義」では、輸入代替化戦略が主流であったため、保護主義的な側面が当初からビルトインされていた。しかし、現在は、たとえ地域主義に基づいた経済統合であっても、域外との関係をも重視し続けている点で大きく異なる[11]。

第三に、今日のリージョナリゼーションには複数国家による地域経済統合だけではなく、2国間のバイラテラルなRTAも含まれる。例えば、東アジアではAEC（ASEAN Economic Community: ASEAN経済共同体）やTPP（Trans-Pacific Partnership: 環太平洋戦略的経済連携協定）、RCEP（Regional Comprehensive Economic Partnership: 東アジア地域包括的経済連携）などの複数国家による経済統合が進展している一方で、それらに参加する各国は個別にもRTAを結んでいる。したがって、複数国家による地域経済統合とバイラテラルなRTAは必ずしも矛盾する概念ではない。

第四は、各共同体の間でも積極的にRTAが結ばれていることである。例えば、「EUとメルコスール」、「EUとASEAN」といったように、各共同体間のRTA交渉も進展している。

第五に、経済統合参加国の経済格差が大きいことである[12]。今日の経済統合では、発展段階の異なる国々が参加するケースが一般的となっており、それによる経済格差は「古い地域主義」よりもはるかに大きい。例えば、ASEANではシンガポールとミャンマー、NAFTAでは米国とメキシコといったように域内構成国の不均等発展が目立つ。これはEUでも同様であり、南欧や東欧の参加により、発足当初よりも経済格差が拡大している。

第3節　グローバリゼーションとリージョナリゼーションの関係

多角的・無差別的なWTO体制と域外・域内を差別するRTAは、基本的に相反する概念である。しかし、今日では、この両者が併存している。このよう

第 1 章　リージョナリゼーションの中の通貨統合

な事実をどのように捉えるべきか。

　かつて、RTA は、WTO のルール上では認められていたものの、WTO 体制にとっては抑制されるべきものであると考えられていた。それは、RTA が無差別主義や多角的貿易自由化に反する概念であると見られていたからである。しかし、今日では、RTA をむしろ肯定的に捉える見解が主流となっている。例えば、ステファン・ディーズら（Stephane Dees et al. 2008）は今日のグローバリゼーションとリージョナリゼーションの関係について次のように指摘している。「グローバリゼーションと地域主義は相互に排他的ではないし、両者を個別的に捉えることはできない。特に、貿易ブロックは、「開かれた地域主義」としてみなされる場合、一定の地域内の貿易を促進するだけではなく、残余の世界に対して正の外部性も生み出す」[13]。このように、両者が相互に排他的ではないとすれば、それは今日の RTA が域外に対しても開放的であることを意味している。つまり、RTA は、その性格上、生まれながらにして域外への差別性を持つが、その地域共同体が域外諸国と同様の貿易協定を結んだとすれば、域外との差別性は弱められることになる。このような事態は、たとえ RTA であっても多角的自由貿易・無差別主義に接近できることを示している。例えば、今日の ASEAN では、日本、中国、韓国、インドなどの東アジア諸国との RTA がすでに実現したか、あるいは検討されており、ASEAN 域内の貿易自由化のみならず、域外諸国との貿易ネットワークが形成されつつある。したがって、今日の RTA の多くは、「域内諸国の貿易自由化」と「域外諸国との貿易自由化」の両方を追求しているという意味で重層的な展開を見せている。これは、WTO 体制の考え方とも整合的であり、必ずしも矛盾するものではない。すなわち、グローバリゼーションとリージョナリゼーションは共存できるのである[14]。

　今日の WTO 体制と RTA の関係で、さらに特筆すべきことは、リージョナリゼーションが多角的自由貿易・無差別主義を促進するための重要な手段として位置づけられるようになってきたことである。例えば、木村福成（2009）は「地域主義を一方的貿易自由化や多角主義と並んで貿易自由化を促進しうる一つの政策チャンネルと位置づけ、適切な場面では積極的に利用していこうという学

7

問的立場が優勢になりつつある」[15] と指摘している。また、バリー・アイケングリーンとジェフリー・A・フランケル（Barry Eichengreen and Jeffrey A. Frankel 1995）も「90年代の地域主義は、30年代の地域主義とは対照的に、多角的自由化に対する強固な抵抗に打ち勝ち、より広範な地域にわたる自由化を支持するための装置である」[16] としている。これらが意味するところは、WTO体制では容易には達成しえない多角的な自由貿易に対して、むしろRTAにこそ積極的・能動的な役割を見出している点である。したがって、RTAの増加は、グローバルな貿易自由化と逆行する現象ではなく、むしろそれをより促進する手段になりうる。このように考えると、WTO体制とRTAはお互いが矛盾する概念ではなく、むしろ相互補完的な関係に位置づけられる。

第4節　リージョナリゼーションと発展途上国の通貨統合

　われわれはこれまでグローバリゼーションとリージョナリゼーションの関係を貿易を中心とする実体経済の側面から見てきた。本書で扱うテーマが通貨統合にもかかわらず、このような論点を取り上げてきたのは、経済統合が今日の通貨統合の基盤を形成するからである。すなわち、通貨統合だけを見ていたのでは「木を見て森を見ず」である。

　通貨統合が行なわれる理由は様々である。歴史的には、征服地域や植民地に対して自国通貨を流通させるための政治的・軍事的な通貨統合があった。また、東西ドイツのように国民国家が統一される過程で通貨が統合されるケースもあった。しかし、今日の通貨統合はユーロに代表されるように地域経済統合の一連の流れの中で生まれるものである。したがって、地域経済統合、すなわちリージョナリゼーションは通貨統合の「基本要因」である[17]。

　しかし、経済統合＝通貨統合ではない。地域統合の到達段階と最終目標は様々であり、必ずしも通貨統合が企図されるとは限らない。例えば、NAFTAは自由貿易地域を作った時点で止まっており、その後の進展は今のところ想定され

第 1 章　リージョナリゼーションの中の通貨統合

図 1―1　通貨統合の創設に至るまでの要因

基本要因　：　リージョナリゼーション（経済統合への動き）

↓

推進要因　：　経済的な動機
　　　　　　　政治的な動機　　→　通貨統合のコスト・ベネフィット
　　　　　　　　　　　　　　　　　（最適通貨圏の理論）

ていない。その一方で、EU では通貨統合が実現した。経済統合の流れの中で通貨統合に到達するには別の「推進要因」が必要である（図 1-1 参照）。したがって、本書では、通貨統合の「推進要因」について、主に最適通貨圏の理論（OCA: Optimum Currency Area）に基づいて途上国の視点から検討する。

今日、ユーロ圏に限らず、途上国[18]でも通貨統合が存在、あるいは計画されている。例えば「東カリブ通貨同盟」や「CFA フラン圏」のようにすでに共通通貨が存在する地域がある。さらに、通貨統合が具体的に計画されている地域としては、湾岸産油国（GCC）、西アフリカ（ECOWAS）、東アフリカ（EAC）などがある。また、通貨統合や通貨協力が検討されている地域としては、ロシアを中心とするユーラシア経済同盟、イランを中心とする中央アジアなどが挙げられる。このように、今後の通貨統合や通貨協力の中心は、途上国である。もちろん、これら途上国の通貨統合[19]は、計画段階や議論のレベルにとどまっているものが多い。とはいえ、欧州債務危機によってユーロの結束が揺らいでいるにもかかわらず、このような方向性が大きく逆回転しているような状況にはない。通貨統合、そして通貨協力に向けて着実に歩みを進めている。

第2章　最適通貨圏の理論の基本的な考え方

　現在のところ、通貨統合の理論的根拠となっているのは最適通貨圏の理論（以下、OCA論）である。OCA論は欧州統合に伴ってその研究が進んできた経緯があり、現在もなお通貨統合における中心的な理論である。

　OCA論とは、単一の通貨圏を形成すべき最適な範囲について、経済的根拠からその条件を明らかにしたものである。したがって、政治的な側面は基本的に考慮されていない。一般的に、通貨の発行権限は国家主権と深く結びついており、そのために一つの通貨圏と一つの国家の領域は一致することが多い。しかし、このような政治的な根拠を抜きにして、純粋に経済合理性の観点から通貨圏の最適な範囲を考えれば、それは必ずしも国家と一致するとは限らない。この点を明確にしたのがOCA論である。OCA論は、単一の通貨圏の下では、為替相場の変動や各国の金融政策によって地域間の調整が不可能になるとの前提に立っている。その上で地域間の調整を別の手段で代替しなければならないが、それが可能であればOCAの条件を満たしているといえるし、不可能であればOCAではないために単一通貨圏の形成に適していないということになる。

　一つ注意しておかなければならないのは、通貨圏の最適な範囲を明らかにするのがOCA論の本質であることから、必ずしもユーロのような複数国家の通貨統合を前提にしているわけではない。したがって、一つの国民国家において二つ以上の通貨圏を形成する方が良い場合もあるかもしれない。

これまで OCA 論は、大きくロバート・A・マンデル（Robert A. Mundell 1961）に代表される「伝統的な OCA 論」から、ジェフリー・フランケルとアンドリュー・K・ローズ（Jeffrey Frankel and Andrew K. Rose 1997）の「内生的な OCA 論」に発展してきた[1]。本章では、OCA 論の展開を整理しつつ、その限界がどこにあるのかを示していきたい。

第1節　伝統的最適通貨圏の理論①——マンデル

　最も先駆的な OCA 論は、マンデルの研究である。当時、ミルトン・フリードマン（Milton Friedman）は、小さな政府こそ目指すべきものであり、効率的な市場に委ねることが重要であると主張した。フリードマンは同様に、為替相場についても自由に変動させるべきであると考えた。マンデルが OCA 論を展開したのは、実は、このような考え方に異議を唱えることが目的であった。マンデルは、基本的に為替相場の変動が国内の調整に有効に機能すると考えていた。それは、為替相場の変動が「失業（雇用の安定）」と「インフレーション（物価の安定）」を上手く調整できると考えていたからである。しかし、問題は、それが上手く機能する範囲は「国家」とは限らないということを強く主張し、次のように述べている。「今日、柔軟な為替相場制度が有効であるとすれば、それは、理論的には地域に基づいたものであり、国民通貨ではない。最適通貨圏とは地域なのである」[2]。したがって、マンデルの OCA 論は、基本的に雇用と物価の安定の両方を同時に達成できるような通貨圏の大きさを示すものである。

　次に、最適な通貨圏とはどのような大きさなのかが問題となる。一つの通貨圏において異なる産業の地域があった場合、その地域間で「需要のシフト」が起こったとすると、製品の需要拡大を享受できる地域は輸出が増加し、好景気となるので物価が上昇する。一方、需要の減少に直面する地域は輸出が減少し、不景気となるので物価が下落し、失業が増加する。単一通貨圏の中央銀行

12

第 2 章　最適通貨圏の理論の基本的な考え方

は、このような状況に対応するために緩和スタンスを採れば、一方の地域の失業を防ぐことができるが、他方のインフレを悪化させる。逆に、引き締めスタンスを採れば、一方のインフレを防ぐことができるが、他方の失業を悪化させる。つまり、一つの通貨圏で異なる産業間での「需要シフト」が起こった場合、失業に対応するかインフレーションに対応するかの二者択一となってしまう。この場合、産業間で別々の通貨圏を形成すれば、金融政策と為替相場の変動で上手く調整できる。インフレが進んでいる地域では金融引き締め＋自国通貨高でインフレを抑制し、逆に失業が増加している地域では金融緩和＋自国通貨安で輸出の拡大と失業の是正が期待できる。

　しかし、異なる産業を擁する地域だからといって、単一の通貨圏に適していないと結論づけるのは早計である。なぜならば、地域間を調整できる別の手段があるからである。その一つが要素移動、つまり「労働力の移動」である。失業が発生している地域から、インフレが発生している地域に労働力が移動できれば、「失業」と「インフレ」の両方を同時に解決できる。失業者が好況地域に移動すれば不況地域の失業が減り、好況地域での労働力の流入は賃金を抑えてインフレを抑制する[3]。

　ただし、労働力の完全な移動性が保証されるような範囲はかなり狭く定義しなければならないので、その分だけ通貨圏の数が多くなってしまう。しかし、通貨の数が多ければ多いほど貨幣の基本的機能である価値の尺度や交換手段としての機能は損なわれてしまう。逆に、通貨の数が少なければ少ないほど貨幣の機能は高まるが、最も大きな単位である世界単一通貨が適切かといわれれば、それも地域間の調整の観点から望ましいとはいえない。したがって、マンデルは、この両者の間にこそ OCA が存在すると考えるのである。

　まとめると、マンデルの OCA 論では、要素移動があるか、あるいは産業構造が類似しているような同質的な地域（域内での調整がそもそも不要な地域）において一つの通貨圏を形成し、通貨圏と通貨圏の間は柔軟な為替相場制度で結びつけるべきであると考えられている。

13

第2節　伝統的最適通貨圏の理論②——マッキノンとケネン

(1) マッキノンとケネン

ロナルド・I・マッキノン（Ronald I. McKinnon 1963）は、経済の開放性（非貿易財に比べて貿易財の割合が大きい経済）を考えることで、OCA 論を発展させた。まず、マッキノンは OCA を①完全雇用の維持、②国際収支の均衡の維持、③域内の物価の安定の維持、の三つの目標を達成するために金融財政政策、為替政策を行うことができる単一通貨圏と定義した上で、開放的な経済で変動相場制のような柔軟な為替相場制度を採用することは好ましくないとしている。開放的な経済では、為替相場の変動が輸出入物価の不安定性を高めるので、国内一般物価も不安定になりやすい[4]。加えて、開放的経済下での為替相場の変動は、相対価格が変化しにくいため、貿易収支に影響を与えない可能性が高い。これは、名目為替相場が減価することで一時的に相対価格が有利になっても、開放的経済下では国内物価が上昇しやすいので、その効果が相殺される（実質為替相場ではあまり変化しない）ためである。このような開放的な経済では、貿易収支の改善は内需の削減によるしかないが、非貿易財部門の割合が小さいので雇用や生産に対する悪影響は比較的小さいものとなる。したがって、このような開放的な経済では、柔軟な為替相場制度が国内の物価を不安定にし、貿易収支や失業の改善に寄与しにくいため、単一通貨圏に適している。

逆に、貿易財よりも非貿易財の生産が大きい非開放的な経済では、為替相場の変動による貿易財の価格変動が国内一般物価に与える影響は小さい。この場合、貿易財の相対価格に大きく影響するため、貿易財の生産を刺激し貿易収支を改善できる。もし固定相場制を採用し、貿易収支の改善のための引き締め的な財政金融政策によって内需削減が行われた場合、当該国で大きなウェイトを占める非貿易財部門に与える悪影響が大きくなり、失業が高まる。このケースでは柔軟な為替相場制度の方が適している。

第 2 章　最適通貨圏の理論の基本的な考え方

　ピーター・B・ケネン（Peter B. Kenen 1969）は、要素移動性よりも経済構造の多様性を重視している。その理由は主に以下の三つである。①多くの生産物を生産する多様化された経済は、モノカルチャー経済よりも交易条件の変化が少ない。②主要な輸出品の外需が減少した場合、多様化されていない経済に比べて失業に与える影響が小さい。③多様化された経済では外需と内需の結びつき、特に輸出と投資の結びつきが弱いので、外需の悪化による国内投資への悪影響は限定的であり、その意味で雇用への影響は小さい[5]。以上のことから、多様化された経済では為替相場による調整が不要となるので、固定相場制を維持すべきである。逆に、経済構造が多様化していない地域では、為替相場を頻繁に変更するか、柔軟な為替相場制度を導入すべきであるとしている。

　実は、ここで述べてきたマッキノンとケネンの二つの主張は矛盾している。例えば、輸出依存度の高いようなモノカルチャー経済圏で考えた場合、マッキノンの議論では開放的な小国なので OCA となるが、その一方でケネンの基準である経済の多様性で考えれば、モノカルチャー経済は OCA ではない。この点については次節で改めて考えてみたい。

(2) その他の見解

　金融市場の統合度を重視するジェームズ・C・イングラム（James C. Ingram 1959）の見解も伝統的 OCA 論の一つである。一つの通貨圏の中で、地域間の収支不均衡が重大なショックを引き起こさないのは、金融市場が統合されると資本の流動性が高まるので、地域間の収支不均衡が容易にファイナンスされるからである。したがって、高い資本の流動性は為替相場の変動に代替することが可能で、反対の一時ショックから経済を守ることができるとしている。すなわち、金融統合によって経常収支のファイナンスが容易になることで一時的な調整が可能となる。労働力の移動性が長期の調整手段であるとすれば、これは短期の調整手段である。したがって、金融市場の統合度が高い単一の通貨圏は OCA となる。

　これら伝統的 OCA 論は、その後の研究の中で発展を続けた。例えば、ジョー

ジ・S・タブラス（George S. Tavlas 1993）は、これまで OCA 論の中で述べられてきた為替政策や金融政策の放棄によるコストは、長期的には妥当しないと主張した。金融政策の行使はインフレ率をコントロールするだけであり、長期では失業率に影響を及ぼさないため、為替政策や金融政策を放棄するコストは考えられているよりもいくらか小さいという。タブラスの主張は、フィリップス曲線が長期では成立しないフリードマンの「自然失業率」の考え方や、1970年代のスタグフレーションの経験に基づいている。つまり、金融政策は長期ではインフレ率をコントロールするだけで失業を改善できないので、これを放棄するコストは、伝統的 OCA 論で考えられているものよりも小さい。その一方で、通貨統合によってインフレ率が収斂することから、伝統的 OCA 論に比べてベネフィットはいくらか大きいとしている。

第3節　内生的最適通貨圏の理論①──貿易拡大効果

⑴ 内生的 OCA 論の基本的な考え方と二つの論点

　フランケルとローズによって展開された内生的な OCA 論は、OCA の条件が通貨統合によって事後的に満たされるとの考え方に基づいている。つまり、OCA の条件を満たすことで通貨統合が可能となる伝統的な OCA 論とは異なり、事後的に OCA となるのだから事前的な条件は不要であるとの前提に立っている。この主張の根拠は、1959 年〜 1993 年の 21 の工業国のバイラテラル貿易データを用いた実証研究に基づいている [6]。共通通貨が域内の貿易を拡大すると加盟国の貿易上の結びつきが強まるので、景気の同調性を実現できるようになる。このように、通貨統合によって景気が同調するのであれば、各国独自の金融政策や為替政策の放棄は問題にはならなくなる。結局のところ、フランケルとローズは OCA の条件が内生的なものである以上、これまでのように通貨統合以前のデータを用いて OCA かどうかを評価する手順は支持できないとしている [7]。ちなみに、伝統的な OCA 論の中でもマッキノンは、通貨制度そ

16

第 2 章　最適通貨圏の理論の基本的な考え方

れ自体が要素移動に影響を与える可能性があり、それゆえに要素移動の程度は事後的に考えなければならないと指摘しており、すでに内生的に捉えていたことが伺える[8]。

　ここで内生的 OCA 論の主要な論点をまとめると、①通貨統合が域内の貿易を拡大するのかどうか、②域内貿易の拡大が景気の同調性を実現するのかどうかである。以下、それぞれの論点について検討してみたい。

⑵ 通貨統合は域内貿易を拡大するのか

　ローズ（Andrew K. Rose 1999）は、1970 年〜 1990 年の期間で通貨統合を行っている諸国を含む 186 ヵ国を対象とするデータから、為替相場の変動を厳格に固定することよりも、共通通貨を採用した国々の間で、貿易量が 3 倍以上になることを明らかにした。このような効果は、貿易における共通通貨の効果が定量化されてこなかったためにこれまで過小評価されていたと考えられるが、なぜこのような大きな効果が得られるのかについては定かではないとしている[9]。一つの可能性として、通貨統合と固定相場制は貿易上の為替リスクが低い点では同じであるが、貿易の促進効果では大きく異なることを指摘している。つまり、通貨統合には不可逆的に名目為替相場が固定されるとの厳格なコミットメントが伴うので、それが貿易の拡大を促している。確かに、固定相場制の場合、政策的裁量の余地や投機に対する防衛の失敗によって、為替相場がいつでも変更される可能性がある。これに対して通貨統合の場合、その脱退には大きなコストを伴うので、加盟・脱退を安易に繰り返すことはできないし、投機からは完全に守られている。このような厳格な固定相場制と通貨統合との相違は、域内の各経済主体の将来に対する考え方を大きく変化させるので、その後のクロスボーダーでの経済行動にも影響を与える可能性が高い。したがって、通貨統合は長期的にも為替相場が変更されないとの将来的な保証が加えられることを意味している。

　さらに、フランケルとローズ（Jeffrey Frankel and Andrew K. Rose 2002）は、通貨統合による域内貿易の促進が当該国の開放性全体（GDP に対する貿易の割

合）の上昇にも寄与することを明らかにしている。つまり、貿易転換効果[10]の結果として域内貿易が拡大するのではなく、域外との貿易量が変化しないまま域内貿易が増加するので、貿易量全体が増加するのである。加えて、当該地域の貿易の総量が増えることで、所得も増加する。これは純粋に貿易の拡大によるもので、通貨統合の他の効果（中央銀行の信認の強化やマクロ経済の安定など）によるものではないと結論づけている。

　フランケルとローズの研究は、サンプルとなる共通通貨圏を無作為に選んでいるため、通貨統合以外の要因が貿易の増加を実現している可能性を排除できない。この問題に対処するため、シルヴァーナ・テンレイロら（Silvana Ten-reyro et al. 2002）は経済統合を目的としていない通貨統合に着目し、純粋な通貨統合の効果の定量化を試みている。なぜなら、相互の法制の統合、より大きな文化的統合、輸送インフラの発展などの数量化できない要素が、通貨統合による域内貿易の増加効果を不純なものにしている可能性があるからである。また、加盟国がその他の領域の統合を促し、域内貿易を促進するためのさらなる政策を採用するかもしれないからである。このような手法により効果を分析したところ、通貨統合はそれでも域内貿易を大きく拡大させるとの結論に達している。

　さらに、ドゥミトル・ミロンら（Dumitru Miron et al. 2013）も、1980年〜2010年の30年間の期間で、182ヵ国のデータを用いて通貨統合が貿易に与える効果、いわゆる「ローズ効果」を再検証している。2000年以前は、ローズの結論と同様の貿易拡大効果が見られたが、2000年以降、特に2005年〜2010年は徐々にその効果が減少していると結論づけている。

　一方、「ローズ効果」を懐疑的に捉えている見方も少なくない。フォルカー・ニッチュ（Volker Nitsch 2002）は、データセットの修正等により「ローズ効果」を再検証した結果、通貨統合が貿易を拡大する効果はかなり小さいことを指摘している[11]。また、トーマス・D・ウィレットら（Tomas D. Willett el al. 2010）は、ユーロは確かにユーロ圏の貿易を拡大し、経済成長率の同調性を高めたが、同様のことは、他の西欧諸国との間でも起こっていると指摘している。これは、

第2章　最適通貨圏の理論の基本的な考え方

明らかに通貨統合以外の他の要因が働いていると考えられ、広範な EU の政策効果とユーロ自身の効果を区別することは難しい。したがって、ユーロが域内貿易を拡大させたとの論拠は弱いとしている。

　これら実証研究の難しさは、ユーロ圏の域内貿易比率がすでに高い状態にあることと、通貨統合が域内貿易を促すにしても、その効果がどのくらいのタイムスパンで現れるのかが明確ではないからである。とはいえ、効果の程度はともかくとして、通貨統合が域内の貿易にマイナスに働くことはなく、その意味で本質的には貿易の拡大効果があると見るのが妥当である。

第4節　内生的最適通貨圏の理論②——景気の同調性と特化問題

(1) 欧州委員会ビュー vs クルーグマンビュー

　域内貿易の拡大が景気の同調性を実現するかどうかとの論点についても見方は割れている。同調性が得られるとする欧州委員会（Commission of the European Communities 1990）の考え方と、産業の地理的な特化が生じることでむしろ同調性が失われるとするポール・クルーグマン（Paul Krugman 1993）の見方がある（欧州委員会ビューとクルーグマンビュー）。クルーグマンは、市場統合によって二つの地域間での取引コストが低下すれば比較優位によって産業の地理的な集中が起こるので、貿易のパターンが産業間貿易となり景気の同調性が損なわれると指摘している[12]。このことから、統合度が低い場合のみならず、統合度が高い場合も特化問題により通貨統合のコストが上昇するため、脱退するインセンティブが生じるとの見解もある[13]。

　欧州委員会ビューを裏づける実証的な研究として、高橋克秀（2007）は、NAFTA を形成するアメリカ、カナダ、メキシコに焦点を当てて、地域経済統合における景気の同調性を実証的に明らかにしている。この研究では、NAFTA締結の前後の景気の相関パターンを計測しており、その結果、各国の景気の連動性の強化を確認している。

19

アントニオ・メンドンサら（António Mendonça et al. 2011）は、ユーロ圏10ヵ国において1967年〜2003年の貿易と景気の同調性における相関性を検証したところ、それは高まってきているものの、同調性を説明する貿易の重要性が低下傾向にあることを明らかにしている。このことから、貿易以外の要素が同調性の強化に影響を与えている可能性を示唆している。

セザール・カルデロンら（César Calderón et al. 2007）は、1960年〜1999年までの147ヵ国のサンプルを用いて貿易量の増加と景気の同調性を計測したところ、工業国間で景気の同調性が増大しただけではなく、途上国間においても同じように拡大していることを明らかにしている（ただし、途上国同士ではいくらか小さい）。

一方、クルーグマンビューを裏づける研究も多い。例えば、タミーム・バヨウミら（Tamim Bayoumi et al. 1993）は、EUのコア国間（ドイツ、フランス、ベルギー、オランダ、デンマーク）では、「需要ショック」と「供給ショック」の相関性が高い。しかし、コア国とその他の周辺国（イギリス、イタリア、スペイン、ポルトガル、アイルランド、ギリシャ）との「供給ショック」は大きく乖離しており、これらの国々が収斂するような証拠はほとんどないとしている[14]。同様に、小川英治ら（2002）も、1979年のEMS（European Monetary System: 欧州通貨制度）発足以降において、EU諸国間の「財需要ショック」と「財供給ショック」の相関性が高まっていないことから、EU諸国が最適通貨圏の形成に向かっていないことを明らかにしている。

また、藤田誠一（1998）は、貿易のパターンを①「産業間貿易」②「同種の商品の産業内貿易」③「差別化された商品の産業内貿易」の三つに分類した上で、域内貿易が拡大しても同調性が強まるとは限らないと結論づけている。それは、たとえ産業内貿易であっても、③「差別化された商品の産業内貿易」であれば、価格帯の異なる商品の間で需要がシフトする可能性を否定できないからである。

第2章　最適通貨圏の理論の基本的な考え方

(2) 域内貿易の拡大は景気の同調性に結びつくのか

　このような論争には大きく二つの論点があるように思われる。第一は貿易統合が産業の特化を招くのかという点、第二は特化の結果として異なる産業間の貿易が支配的になった場合、そのことが景気の同調性を損なう結果となるのかという点である。

　第一の論点については、特化が生じるとするクルーグマンビューを否定することは難しい。実際のところ、単一の通貨圏である日本やアメリカの県や州でも産業の集積が見られることは事実である。また、一般的に、企業は為替リスクを回避する目的があるからこそ、むしろ生産拠点を分散させるのであり、為替リスクが完全に消滅するような状況下では、産業の集中にインセンティブを持つ可能性が高い。

　第二の論点については、たとえ産業の特化が生じたとしても域内の貿易量が多ければ景気の連動性は高まるであろう。というのは、外需の減少によって、ある特定の産業だけが需要の減少に直面すると考えるのは非現実的だからである。例えば、アメリカや中国の景気が後退する場合、それぞれの国内需要全体が縮小するので、日本の特定の産業だけがその影響を受けるわけではない。製品によって影響に差が出るものの、輸出品の多くが少なからず外需の縮小に直面するはずである。加えて、たとえ内需関連の企業であっても、輸出不振の影響が国内の多くの企業に薄く広く波及することになる。したがって、たとえ産業の構造が異なっているとしても、重要な貿易相手国との間に景気の連動性が期待できないというのは現実的ではない。

　とはいえ、域内の貿易に双方向性があるかどうかも重要である。もし、一方通行である場合、例えば、日本からアメリカへの輸出は大きいが、アメリカから日本への輸出が小さい場合では、日本はアメリカの景気に大きく影響を受けるが、アメリカは日本の景気にあまり影響を受けないので、より強い同調性は期待しにくい。

21

第5節　最適通貨圏の理論と金融統合──金融のリスクシェアリング

(1) 金融統合の定義

　経済統合の概念の中では、金融統合はその一部であり、通貨統合もまたその
プロセスの一部に過ぎない。しかし、金融統合と通貨統合は統合プロセスの中
の個々の独立したファクターではない。金融統合が通貨統合に影響を与え、通
貨統合もまた金融統合に与えるといったように、この両者は相互に依存し合う
関係にある。それゆえに、金融統合と通貨統合は OCA 論の枠組みの中でも議
論が多い。

　まず金融統合の定義について確認しておこう。金融統合とは、おおよそ次の
ように理解できる。経済統合の中のモノの取引の自由化が FTA や関税同盟で
あれば、カネの取引の自由化や自由移動こそが金融統合であり、金融市場が一
つにまとまるプロセスである。

　岩田健治（1996, 2004）の整理に従って金融統合をより具体的に定義すると、
①自由な資本の移動、②金融業の単一市場、③通貨統合の三つの段階に分ける
ことができる。すなわち、金融統合とは、資本の自由移動を基礎にしながら、
金融業や資本市場の監督・規制等の法体系が統一され、最終的にこれらの基盤
の上に立って通貨統合に至るプロセスである。また、①金融取引において単一
のルールがあること、②金融機関や金融サービスへのアクセスが平等であるこ
と、③金融市場の参加者が平等に扱われること、を重要視する見方もある[15]。

　金融統合は、資本移動の自由化やそれに伴う裁定取引や競争による金利や金
融商品価格の収斂、さらには金融市場のルールの統一化、といった基本的な部
分で定義できる。しかし、検討すべきは、金融統合に通貨統合を含めるかどう
かである（ただし、岩田は通貨統合を含まないのであれば狭義の金融統合に該当す
るとしている）。この点については、「含めるべき」と考える。これは、通貨統
合と金融統合が個々の独立したファクターなのではなく、金融統合の存在が通

22

第 2 章　最適通貨圏の理論の基本的な考え方

貨統合を補完する、通貨統合が金融統合を促すといったように、両者が相互依存関係にあるからである。

　実際のところ、この両者の関係は、これまでのユーロ圏の経験を見る限り妥当である。事前に決済システムが統合されたことでマネーマーケットが統合され、ユーロ導入後はその他の市場でも金融統合が進展した。ユーロ圏でクロスボーダーの銀行業務が拡大した背景には金融サービスにおける規制の調和の影響もかなりあるが、最も主要な要因はユーロによる為替リスクの消滅である[16]。もちろん、インターバンク市場や国債市場など統合が大きく進んだ分野や、銀行の貸出し市場、株式市場、社債市場など遅れている分野があるように、その水準やスピードは異なっている。それにもかかわらず、通貨統合の後も総じて金融統合が進んでいるのは、ユーロ導入による為替リスクの消滅により、域内の資本移動がより活発化しているからである（第 11 章の表 11-2「ユーロ圏の対外証券投資残高に占める域内割合」を参照されたい）。

　ユーロによって金融統合が進んだと見ることについて異論の余地はない。このように、通貨統合と金融統合は相互依存関係にあるのだから、金融統合の定義の中に通貨統合を含めるべきである。加えて、その定義の中に、財政統合も加えるべきである。なぜならば、財政統合だけが長期金利を完全に統合できるのであり、財政統合を伴う通貨統合において初めて、統一的な金融システムが完成するからである（この点については、第 7 章にて詳述する）。

⑵ 金融リスクシェアリングと OCA 論

　次に、OCA 論の枠組みの中での金融統合について見ていきたい。伝統的 OCA 論の中で金融統合を扱ったイングラムの研究は、マンデル（Robert A. Mundell 1973）による金融統合の国際的なリスクシェアリングでさらに発展した。金融のリスクシェアリングとは、一般的に単一通貨圏の下で金融市場が統合されることで、域内諸国の「非対称的ショック」が平準化されることである。統合された金融市場の下では域内の国際分散投資が行われるので、お互いが保有する金融資産によって域内諸国でその損益をシェアすることができる。例え

23

ば、不況国の株価が下落した場合、それを保有している好況国の投資家が損失の一部を負担することになる。逆に、不況国の投資家は好況国の株式を保有しているので、その利益の一部を得ることができ、不況を和らげることができる。このように、諸国間の「非対称的なショック」は平準化される。また、金融市場の統合は、不況国の所得の一時的な低下による消費の減少を、好況国からの借り入れにより埋め合わせることができる。

　ちなみに、マッキノン（Ronald I. McKinnon 2004）は、相互の金融資産保有の拡大は、柔軟な為替相場制度の下では困難であり、共通通貨の場合に可能であるとしている。短期の為替リスクはいくらかのコストを負担すればヘッジできるが、長期の外債保有は容易にヘッジすることはできない。例えば、イギリスの退職年金ファンドはポンド建ての長期債務を負っているが、債務と同じように長期の満期を持つポンド建て資産（固定金利）で運用する傾向が強い。また、たとえ強固な固定相場制であっても、自然と拡大する通貨の非対称性（EMS下のマルクと周辺通貨のような）によって通貨リスクは免れないため、リスクシェアリングにおいて通貨統合が必要であると指摘している。このように、通貨統合では長期にわたって為替相場が変更されないとの保証が実現するため、長期の金融取引においても域内相互投資の拡大が期待できる。

　金融リスクシェアリングは、OCAを満たすための条件の一つである。たとえ、景気が非同調的であっても、金融リスクシェアリングによって、域内の景気が平準化されるからである。

　では実際のところ、単一通貨圏においてリスクシェアリングは機能しているのか。ステファン・チンら（Stephen Ching et al. 2003）によると、「非対称的ショック」に直面している諸国間での、各国独自の通貨による為替調整と単一通貨圏のリスクシェアリング効果を比べると、ほとんど同じである。それゆえに、「非対称的ショック」が拡大した場合、必ずしも自国通貨の保持が最善の策ではないので、国民通貨を放棄するコストは高くないと指摘している。

　ステファノ・スキアーヴォ（Stefano Schiavo 2008）は、金融統合と産出の間の相関について、通貨統合が資本市場の統合を強化することを明確にした上で、

第 2 章　最適通貨圏の理論の基本的な考え方

そのことが景気循環の同調性をより緊密にすることを明らかにしている。

ユリヤ・デムヤニクら（Yuliya Demyanyk et al. 2008）は 2007 年以前の EU メンバーである 25 ヵ国を対象に、一国の消費が、その国固有の産出ショックからどの程度隔離されているかを分析することで、金融統合によるリスクシェアリングの効果を明らかにしている。これによると、2004 年に新たに EU に参加した 10 ヵ国は、それ以前のメンバーの 15 ヵ国よりもリスクシェアリングの効果が大きいことを明らかにしており、全体として EU25 ヵ国はさらなる金融統合の進展によりベネフィットが得られる可能性がある。

H・ヨン・キム（H. Youn Kim 2014）は、金融統合とリスクシェアリングについて、消費面ではなく生産面から実証している。実は、消費面のリスクシェアリングによる平準化よりも、生産面の方がその効果が高いことを明らかにしており、これまでの消費に基づいたリスクシェアリングの分析はいくらか下方バイアスがかかっていた可能性がある。

カルロス・フォンセカ・マリニェイロ（Carlos Fonseca Marinheiro 2003）は、1970 年〜 1999 年の期間で、EU15 ヵ国を含む OECD 諸国を対象にリスクシェアリングのパターンの違いについて検証している。単一通貨圏であるアメリカとユーロ発足前の EU15 ヵ国を比べたところ、やはりアメリカの方がリスクシェアリングの効果が大きいことを明らかにしている。この分析はユーロ発足直前までの期間を対象とした分析であることから、ユーロ導入による資本市場の統合によってアメリカのようにさらなるリスクシェアリングの効果が得られるかもしれない。

これらの先行研究を見る限り、リスクシェアリングの効果は概ね肯定的に評価されている。とはいえ、リスクシェアリングには注意すべき点も多い。金融市場が平時である場合には有効かもしれないが、経済・金融危機に見舞われた場合に同じように機能するとは限らない。確かに、相互に投資された資産が途中で売却されないとの前提であれば、リスクシェアリングは有効かもしれない。しかし、銀行貸し出しは別にしても、株式や債券といった有価証券は流通市場でいつでも売却可能である。もし通貨統合参加国の一つで金融危機のような信

25

用収縮が起こった場合、当該国で発行された有価証券の多くは売却されるはずである。このようなケースでは、その損失がシェアされるどころか、有価証券価格の大幅な下落により、とりわけ当該国の危機をより悪化させる可能性すらある（もちろん、すべてのポジションが解消されるわけではないので、その意味では一定程度の損失シェアによるリスクシェアリング効果は期待できる）。また、このような国の経済主体が単一通貨圏の他の国から金融市場を通じて借り入れを行おうとしても、信用リスクの増大により借り入れ自体が困難である。

第6節　OCA 論の限界と問題点

　本章では、OCA 論を整理しながら、その全体像を浮き彫りにしてきた。しかしながら、OCA 論には、いくつかの問題点とその理論的な限界がある。

　第一に、発展途上国を含めたあらゆる地域の通貨統合で分析が可能となるような「理論の普遍化」が不十分である。そもそも OCA 論は、単純化されたモデルの中で論じられてきたという経緯がある。途上国の経済構造は先進国とは大きく異なるのに、一つの理論モデルだけで通貨統合を説明しようとしていることに無理があるし、そのような問題意識をもっている研究は極めて少ない [17]。また、近年では、OCA 論に依拠しながら現実の地域を対象とする実証研究が多く行われているが、OCA 論をそのまま当てはめて分析している点に問題がある [18]。ある地域の通貨統合を OCA 論から分析するのであれば、産業構造や経済構造が異なるという事実を前提から除外すべきではない。したがって、今後の OCA 論の発展には、理論そのものの再検討が必要である。

　第二に、OCA 論はごく限定された領域に限って理論化されているに過ぎない。例えば、伝統的な OCA 論で主に論じているのは、共通の為替政策や金融政策の下で域内の景気調整プロセスが上手く機能するのかに限定されている。この論点は現実の通貨統合の運営において極めて重要な問題の一つであることに変わりはないが、実際のところ通貨統合にかかわる諸問題は多岐に渡る。こ

第 2 章　最適通貨圏の理論の基本的な考え方

のような諸問題についても十分に議論すべきである。例えば、長期構造的な問題である単一通貨圏内での経常収支不均衡やそれに伴う対外投資ポジションの不均衡（リージョナルインバランス）、通貨統合で得られる様々なベネフィットの側面などが挙げられる。

　第三に、OCA 論は通貨統合に関する実際の政策にあまり反映されていない。例えば、ターニャ・ブロズ（Tanja Broz 2005）は、マンデルから始まる伝統的な OCA 論が未だに重要であることを認めつつも、通貨統合に参加すべきかどうかを明確に決定するシンプルな手法がなく、政治的なファクターが共通通貨圏の形成に大きな役割を果たしたと結論づけている。同様に、フランシスコ・パオロ・モンジェッリ（Francesco Paolo Mongelli 2002）も、この 20 年の理論的、実証的な研究の中で最適通貨圏かどうかを判定するシンプルな基準が確立していないことを問題視している。実際ところ、欧州通貨統合で重要な役割を果たしたのは理論よりも政治である。第二次世界大戦の反省を根源とする欧州統合への推進力と卓越した政治的リーダーシップこそが欧州通貨統合に結びついた。OCA 論を経済的観点から取り上げる以上、本書も同様の問題点を抱えているといわざるをえない。現実の政策にとって有用な理論となるには OCA 論をより現実に接近させていくことが肝要である。その意味では、各国の経済構造の違いに着目して理論的な検討を試みる本書は、この問題について一定程度貢献できるものと考えている。

　このような問題意識を抱えながら、次章以降（第 3 章〜第 7 章）では既存の OCA 論を批判的に捉えつつ、発展途上国の通貨統合論を構築していく。なお、次章以降の検討は基本的に理論的な視点から分析するものであり定量的な分析ではないため、通貨統合のコストとベネフィットの程度を明確に示すものではないということだけ留意されたい。

第3章　途上国の通貨統合における為替政策と金融政策の放棄のコスト

　前章では、現実には様々な産業構造や経済構造を持つ国々があるにもかかわらず、OCA論がそれに対応できていないことを指摘した。先進国中心の通貨統合であるユーロと途上国の通貨統合は、同じ前提で論じるべきではない。同時に、途上国をひとくくりにすることも、あまり意味がない。途上国という言葉は、あくまで経済の発展水準を基準にしているだけであり、各国の経済構造は実に様々である。単に途上国をひとくくりにすることは分析を放棄していることに等しい。したがって、まず途上国を四つのグループに分類した上で論を進めていきたい。

　途上国を分類する物差しとして「産業構造」と「経常収支」を用いる。この二つを用いるのは、国家の経済構造を特徴づける基本的なファクターであると同時に、為替政策や金融政策の持つ意味合いが大きく異なってくるからである。「産業構造」では、生産される財が比較的多様な経済か、あるいはモノカルチャー経済かで二つに分類し、「経常収支」では、黒字国か赤字国かで分類する。これにより、途上国地域を大きく四つのグループに分類した[1]（表3-1）。

　第一のグループは生産される財が比較的多様化していて、なおかつ経常収支が黒字傾向の地域である。想定される国々は、中国、マレーシア、タイ、などの東アジア諸国である。これらの国々は外需への依存度が比較的高く、輸出の重要度が高い経済構造である。

29

表3—1　途上国グループの四分類　（「産業構造」「経常収支」）

	想定される国々
第一のグループ ・生産可能財が比較的多様化している 　（域内貿易比率が比較的高い） ・経常収支黒字	中国、マレーシア、タイといったような輸出主導型の東アジアの新興国が多い
第二のグループ ・生産可能財が比較的多様化している 　（域内貿易比率が比較的高い） ・経常収支赤字	ブラジル、トルコ、インド、インドネシアなど内需型の新興国が多い
第三のグループ ・モノカルチャー経済 　（域内貿易比率が低い） ・経常収支黒字	サウジアラビア、UAE、カタール、クウェート、ロシア、ナイジェリアなど資源輸出国が多い
第四のグループ ・モノカルチャー経済 　（域内貿易比率が低い） ・経常収支赤字	ギニア、中央アフリカ、シエラレオネ、ガイアナといったアフリカや中南米の小国が多い

　第二のグループは生産される財が比較的多様化しているが、その一方で経常収支が赤字傾向の地域である。想定される国々は、ブラジル、トルコ、インド、インドネシアなどである。これらの国々は内需依存型経済であり、輸入依存度が比較的高いことから、国際競争力を有する産業は必ずしも多くはない。いうまでもなく、モノカルチャー経済に比べて経済規模の大きな国が多い。

　第三のグループは主要な産業が一つか二つ程度しかない、いわゆる典型的なモノカルチャー経済で、なおかつ経常収支が黒字傾向の地域である。想定される国は、サウジアラビア、UAE、カタール、クウェート、ロシア、ナイジェリアなどである。これらの国々は主に石油や鉱物資源の輸出に強く依存している。一方で、その他の財の多くを輸入に頼っている場合が多い。

　第四のグループは同じくモノカルチャー経済で、なおかつ経常収支が赤字傾向の地域である。想定される国は、ギニア、中央アフリカ、シエラレオネといったようなアフリカ諸国やガイアナなどの中南米諸国の小国である。これらの諸国は農産物に依存することが多く、最貧国に属する国々が多い。

第3章　途上国の通貨統合における為替政策と金融政策の放棄のコスト

以上の四つのグループに分類した上で、とりわけ本章では伝統的な OCA 論で主要な論点となっている単一通貨圏における為替政策と金融政策の放棄のコストについて、途上国の視点から考えてみたい。

第1節　途上国での為替政策の放棄のコスト

(1) 柔軟な為替相場政策は有効か

そもそも、為替相場の変動は国内の景気や国際収支を調整するための有効な政策手段なのか。マッキノン（Ronald I. McKinnon 2004）は柔軟な為替相場による調整についてかなり批判的に捉えている。資本移動規制が課されている場合、為替相場のコントロールは可能だが、相手国に悪影響を与えるために政府間の協調が必要不可欠である。しかし、この場合、切り下げ国の需要減と同程度に切り上げ国の需要が増えていなければ協調は難しい。逆に資本勘定が開放されている場合は、均衡レートから乖離する形で為替相場のボラティリティがとても大きくなり、さらに通貨間の非対称性の問題（EMS 下でのマルクの基軸通貨化のような問題）が生じることになる。

この指摘のように、為替相場の変動は政治的な対立を生み、それをコントロールすることさえ困難な場合は国内の実体経済が無秩序な変動にさらされることになる。したがって、柔軟な為替相場政策は、必ずしも意図した通りに調整が可能となるような都合のよい政策手段ではない。

加えて、国家の経済構造によって為替相場の増価と減価がもつ意味合いは同じではない。為替相場の減価は歓迎するが増価をできるだけ避けたいと考える国があれば、逆に為替相場の減価が全く歓迎されない国もある。このようなことを前提から除外して、為替相場が調整手段として一律に上手く機能すると考えるのは現実的ではない。したがって、途上国を分類した四つの各グループでも、為替政策が持つ意味合いは大きく異なる。

31

⑵ 四つのグループにおける為替政策の放棄のコストの違い

　ここでは、輸出と輸入の両面から為替相場の変化における各グループの国際
的な価格競争力と国内物価に与える影響の違いに着目して、為替政策を放棄す
ることのコストの違いについて見ていく。

　第一のグループは、為替政策による経常収支の調整が比較的期待できるケー
スである。これらの国々は国際競争力のある産業を持つ国々が多いため、為替
相場の変動が輸出品の価格に影響を及ぼしやすい。このため、輸出数量や輸出
価格に与える影響は大きい。一方、産業が多様化しており国内で一定程度の財
が供給できるため、為替相場の変動が輸入全体に与える影響は必ずしも大きく
はない。すなわち、相対的に国内物価に与える影響は小さいということになる。
ただし、エネルギー資源が自給できない場合は輸入に依存するしかないため、
為替相場の変動はエネルギーコストに大きく影響する。この場合、為替相場の
変動が与える輸入コストと物価への影響は決して小さいとはいえない。それゆ
えに、輸出の価格競争力と国内物価のどちらを重視するかによって、為替政策
を調整手段として用いることができる。

　第二のグループでは、調整手段としての為替政策は必ずしも有効ではない。
国際競争力のある産業が少ないので、為替相場がどのように変動しようとも輸
出全体に与える影響は相対的に小さい。一方、内需型経済であることから輸入
依存度が高いため、財の輸入価格やエネルギーの輸入価格の変動が国内物価に
大きな影響を与える。したがって、第一のグループよりも為替相場の変動が輸
入コストに与える影響は大きい。結果的に、このグループは国内への影響が大
きい輸入コストと物価を重視せざるをえず、為替相場の増価、あるいは為替相
場の維持に第一のグループよりも強い関心が向けられる。つまり、第二のグルー
プでは、為替相場の減価は必ずしも歓迎されるわけではない。

　ただし、このグループでは、現状では競争力が弱い幼稚産業を将来的に主要
な輸出産業に育成するインセンティブが働くため、国内物価に与える影響を最
小限にしながら為替相場の減価政策を採用することも選択肢の一つとなる。も
ちろん、この場合、為替相場の減価がインフレと経常収支赤字のさらなる悪化

第3章 途上国の通貨統合における為替政策と金融政策の放棄のコスト

を招く可能性があるため、むやみに為替相場を下落させることはできない。このため、輸入コストとのバランスに十分配慮しながら為替相場政策を実施することが求められる。以上のことから、第二のグループは基本的に為替相場の増価が支持され減価は歓迎されない。とはいえ、為替減価政策が選択肢の一つとなることから為替政策が有効に用いられる可能性は必ずしも排除されるわけではない。

　第三のグループは石油などの資源輸出国が多いため、為替相場に対する基本的な考え方が第一と第二のグループとは大きく異なる。このグループでは、為替相場の減価政策はかなりの程度で歓迎されず、国内経済に対して悪影響を及ぼす可能性が高い。資源価格は、国際市場で決められているのであって、生産者が付加価値を加えることで価格を能動的に決めているわけではない[2]。したがって、資源輸出国の経常収支の改善には、為替相場の減価ではなく国際価格の上昇が求められる。為替減価政策が歓迎されないのは、石油などの資源が工業製品のように為替減価で価格競争力を得るような財ではないためである。為替減価は、もちろん石油会社の自国通貨建て収入を増やすことになるが、それは政府からの補助金のようなものでしかない。ドル建て価格を下げて価格競争力を強化して輸出数量を伸ばしたり、市場のシェアを拡大することは基本的に不可能である。つまり、どんなに為替減価しても、市場のシェア拡大などの製品の競争力向上にはつながらないので、ドル建て収入そのものには全く影響がなく、当然、ドル建て経常収支の改善にも寄与しない[3]。したがって、このような経済における調整手段としては、商品の国際価格に直接影響を与えるような政策、例えば石油の場合では OPEC（Organization of the Petroleum Exporting Countries: 石油輸出国機構）のような価格カルテルによる生産調整こそが最も有効である。

　一方、このグループはエネルギー以外の多くの財を輸入に頼らなければならないため、為替減価は国内物価の上昇に直結しやすい。仮に第二のグループのように国内の幼稚産業を育成する目的で為替減価政策を採用しても、輸入コストの増大によって国内の物価が大きく上昇するため、実質為替相場での減価は

33

限定的となり輸出産業を育成する効果は相殺されてしまう。それどころか、インフレは生産意欲の減退を招き、社会の安定を損なうため、デメリットの方が目立つことになる。

　以上のことから、第三のグループでは為替減価政策にはほとんどメリットはない。このような経済では国内の物価安定に強い関心が向けられるため、経常収支の動向に関係なく常に為替相場の増価を望む傾向にあり、為替相場を変動させることは調整のための政策手段にはなりえない。ただし、このグループは経常収支が黒字傾向にあるために為替相場の下落圧力は弱く、次に述べる第四のグループに比べて通貨防衛は比較的容易である。しかし、モノカルチャー経済であるために単一の商品の価格変動に脆弱であり、その価格次第では経常収支が短期間のうちに大きく変化する可能性がある。このため、第一や第二のグループに比べて、商品価格によって為替相場が大きく乱高下しやすい。

　第四のグループは、交易条件が非常に不利なケースである。圧倒的に安い価格でしか輸出できない農産物に強く依存し、多くの財を輸入に頼るために経常収支は慢性的に赤字である。主な輸出品である農産物は、その弱い立場から先進国の多国籍企業等に圧倒的に安い価格で買い叩かれる。このため、経常収支の改善には輸出品の価格、すなわち農産物価格の上昇が必要であり、フェアトレードが行われるかどうかが決定的に重要である。したがって、この第四のグループでも、為替減価政策は輸出の改善にほとんど寄与しない。

　その一方で、エネルギーに加えて、その他の多くの財も輸入しなければならないため、第三のグループよりもさらに輸入依存度が高い。為替減価によって輸入品の価格が上昇すれば、国内の物価上昇に強い影響を与えることになる。このため、たとえ輸出競争力を向上させる目的でも為替減価政策はむしろ逆効果であり、為替増価政策で物価を安定させることの方が重要である。このような経済では、輸入価格を安定させ物価を安定させる必要があり、そのための為替相場の増価、あるいは維持に最大の関心が向けられる。

　このグループでさらに問題なのは、為替相場の維持自体が難しいことである。経常収支が慢性的に赤字なので常に通貨下落の圧力に晒されており、一度、為

第3章　途上国の通貨統合における為替政策と金融政策の放棄のコスト

表3―2　為替政策と金融政策の放棄のコスト

	為替政策と金融政策の放棄のコスト	
第一のグループ ・生産可能財が比較的多様化している 　（域内貿易比率が比較的高い） ・経常収支黒字	・ある程度、為替政策が有効に機能する ・国内均衡のための金融政策が実施できる 　（対外均衡が金融政策にかける負担は小さい）	放棄コスト 大
第二のグループ ・生産可能財が比較的多様化している 　（域内貿易比率が比較的高い） ・経常収支赤字	・為替変動による調整はあまり期待できない ・国内均衡のための金融政策はあまり実施できない 　（対外均衡が金融政策にかける負担は少しある）	
第三のグループ ・モノカルチャー経済 　（域内貿易比率が低い） ・経常収支黒字	・為替変動は調整手段にはなりにくい ・国内均衡のための金融政策は実施できない 　（対外均衡が金融政策にかける負担は比較的大きい）	
第四のグループ ・モノカルチャー経済 　（域内貿易比率が低い） ・経常収支赤字	・為替変動は調整手段にはなりにくい ・国内均衡のための金融政策は実施できない 　（対外均衡が金融政策にかける負担は極めて大きい）	放棄コスト 小

替相場が下落すれば輸入価格の上昇によりさらに経常収支が悪化し、為替相場の維持がより困難になる悪循環を招く。このため、これらの国々の政策上の至上命題は通貨価値の防衛であり、為替減価は全く歓迎されない。第四のグループにとって為替相場の変動は調整のための政策手段などではなく、むしろ国内経済のファンダメンタルズを不安定化するだけの厄介な存在でしかない。

　ここで、第1節で示した伝統的OCA論のマッキノンとケネンの主張の矛盾点について改めて考えてみると、マッキノンの主張の方が妥当性が高いことが分かる。ケネンは財の生産の多様化が進んでない経済、すなわちモノカルチャー的な経済では、対外的ショックに脆弱であるため、柔軟な為替相場制度での調

整を支持している。しかし、モノカルチャー経済での為替調整が有効ではない
ことは本節で指摘した通りである。したがって、開放的な小国では為替相場の
変動は国内の物価安定に悪影響を与えるため、固定相場制が望ましいとのマッ
キノンの考え方のほうが妥当性がある。

　さて、ここでの分析をまとめてみたい。為替政策放棄のコストは各国の経済
構造によって大きく異なるのであり、どの国でも同じ影響があるわけではない。
確かに、第一のグループでは為替政策が調整の手段として有効に機能しやすい。
しかし、第二のグループでは為替政策は常に調整手段となるわけではなく、物
価安定などの一定の条件が求められる。さらに、第三のグループと第四のグルー
プでは為替相場の変動は国内経済を不安定にすることが多く、調整の手段とし
て有効に機能するようなものではない。以上のことから、為替政策を放棄する
コストは、第一のグループは高いといえるが、第二、第三、第四となるほどに
そのコストが低くなると結論づけることができる（表3-2）。

⑶ 共通通貨の為替相場制度の選択と伝統的 OCA 論の問題点
　マンデルの最適通貨圏では、域外に対しては柔軟な為替相場で調整すること
が前提になっている。確かに、ユーロ圏では域外通貨に対して変動相場制を採
用している。しかし、途上国地域で通貨が統合されたとしても、同じように柔
軟な為替相場制度が採用されるとは限らない。例えば、CFA フラン圏がユーロ
に固定しているように、途上国の共通通貨では変動幅を抑える為替相場制度を
選択する可能性が特に高い。域外に対して柔軟な為替相場で調整するとのマン
デルの前提は途上国地域では上手く説明できないか、逆に途上国の通貨統合は
最適通貨圏ではないということになってしまう。

　途上国の共通通貨において固定相場制のようなシステムが選択される可能性
が高いのは、域外通貨に対して柔軟な為替相場制度を採用する理由が明確では
ないからである。すでに示したように各国の経済構造によって為替政策が持つ
意味は大きく異なるのであり、このことは通貨統合を伴う共同市場であっても
本質的には同じである。どのような為替相場制度が採用されるべきかは、結局

第3章　途上国の通貨統合における為替政策と金融政策の放棄のコスト

のところ単一通貨圏の経済構造に依存することになる。それゆえに、域外に対して必ずしも柔軟な為替相場制度が採用されるとは限らない。伝統的なOCA論は、このような点でも問題があるといわざるをえない。

第2節　途上国での金融政策の放棄のコスト

(1) 途上国地域における金融政策の放棄のコスト

　金融政策は景気や物価をコントローするための重要な政策手段である。したがって、これらの調整に金融政策が有効であれば、それを放棄するコストは高くなるし、逆に、有効でなければ放棄のコストは小さい。これらを判断する基準は、金融政策が国内均衡に用いられるのか、対外均衡に用いられるかである。金融政策が対外均衡に用いられる場合、その目的は為替相場のコントロールであり、国内の景気や物価を直接の目標にしてはいない。この場合、もともと国内均衡に裁量の余地がなく、外部の金利環境に国内金利が規定されてしまうので、通貨統合によって金融政策を放棄したとしても、参加国にとってコストにはならない。逆に、金融政策を国内均衡に用いている場合、それを放棄すれば、為替相場の安定と引き換えに調整手段の一つを失うことになる。したがって、対外均衡の維持が金融政策の目標である場合、その放棄のコストは小さく、国内均衡の維持が目標である場合、放棄のコストは大きくなる。

　では、途上国の金融政策のアンカーが対内均衡にあるのか、あるいは対外均衡にあるのかを実際のデータから確認してみよう。世界各国の為替相場制度は、2014年時点で管理フロートを含めた変動相場制が34％であり、何かしらの形で固定相場制を採用している国が56.6％である[4]（表3-3）。このことは、世界の半分以上の国々が何かしらの、形で為替相場を管理していることを意味している。固定相場制を採用する国々の多くは途上国であり、先進国に比べて対外均衡を重視する傾向にある。

　為替相場をコントロールしようとする場合、国際金融のトリレンマから二つ

37

表 3—3　世界各国の為替相場制度（2014 年）

ハードペッグ	独自の法定通貨がない制度（ドル化・ユーロ化等）	6.8%
	カレンシーボード	6.3%
ソフトペッグ	一般的な固定相場制	23.0%
	その他の固定相場制（クローリングペッグなど）	20.4%
フロート	管理フロート	18.8%
	独立フロート	15.2%
その他	その他	9.4%

出所：IMF, Annual Report on Exchange Arrangements and Exchange Restrictions, 2014.

のどちらかの方法が用いられることになる。一つは金融政策を対外均衡に振り向けることであり、いま一つは資本移動規制を課すことである。理論上は、資本移動を完全に規制すれば金融政策を国内均衡に向けることができ、逆に、国内均衡を目的とした金融政策を放棄すれば、資本勘定を開放できる。

　実際のところ、固定相場制を採用している国々は、金融政策を対外均衡に振り向けている場合が多い。世界各国の金融政策のアンカーでは、2014 年時点で名目アンカーを「マネーストック」と「インフレターゲット」の国内均衡に定めている国の割合は 30.9％であり、対外均衡、すなわち為替相場に設定している国の割合は 46.6％である[5]（表 3-4）。

　また、為替相場をコントロールしている国々（変動相場制以外）126 ヵ国のうち、金融政策のアンカーを為替相場に設定していないのは 37 ヵ国だけであり、残り 89 ヵ国は名目アンカーを為替相場に置いている。つまり、為替相場の変動幅を抑制している国々の約 7 割が金融政策を対外均衡に振り向けていることになる。さらに、為替相場の変動幅を抑制しているにもかかわらず金融政策のアンカーが為替相場にはない 37 ヵ国は、その変動幅を比較的緩く設定しているケースが大半である。為替相場をコントロールしていて、なおかつ金融政策のアンカーも為替相場にある 89 ヵ国の多くは、かなり厳格な固定相場制を採用している国々である。このことから、固定相場制を採用している国々

第3章　途上国の通貨統合における為替政策と金融政策の放棄のコスト

表3—4　世界各国の金融政策のアンカー（2014年）

アンカーの大きな分類	具体的なアンカー	割合	採用国数
対外均衡	ドル	22.5%	43
	ユーロ	13.6%	26
	通貨バスケット	6.3%	12
	その他通貨	4.2%	8
国内均衡	マネーストック	13.1%	25
	インフレターゲット	17.8%	34
その他	その他 （明確な名目アンカーが存在しない）	22.5%	43

注：「その他」にはアメリカとユーロ圏各国を含む。
出所：IMF, Annual Report on Exchange Arrangements and Exchange Restrictions, 2014.

の多くは、金融政策のアンカーを対外均衡に置いていることになる。

　途上国の多くの国々が何かしらの資本移動規制を課しているにもかかわらず、その多くが金融政策も動員しなければ為替相場をコントロールできないのは、どちらか片方ではなく、どちらの政策も動員しなければ為替相場のコントロールが難しいということを意味している。

　さらに付言すれば、公式には金融政策の名目アンカーを国内均衡に置いている国でさえも、場合によっては金融政策を対外均衡に振り向けざるをえないことも多く、完全に為替相場と無関係に金融政策運営を行っているケースはそう多くはない。とりわけ基軸通貨国である米国の金利変動に対応する形で、政策金利を変更するケースは多い。例えば、トルコは金融政策のアンカーがインフレターゲットであるが、実際のところ為替相場を中間目標として金融政策を行なっている。

　このように、途上国の金融政策の多くが為替相場を目標としているのは、為替相場の変動が国内経済に与える影響が先進国よりも大きいためで、対内均衡以上に対外均衡を重視せざるをえないからである。逆にいえば、途上国では金融政策を国内均衡に動員できる余地は小さいことになる。

このような事実に基づいて、途上国での通貨統合に伴う金融政策の放棄のコストについて考えてみたい。結論からいえば、途上国では金融政策の放棄のコストは先進国よりも小さい。国内均衡を調整する手段として金融政策を用いることがそもそも困難であれば、それを放棄することの損失は大きいとはいえないからである。

　さらにいえば、共通の金融政策が利益をもたらすかもしれない。通貨を統合したとしても、引き続き域外通貨との為替相場が残るが、これに対して次の二つのケースがある。第一は、通貨統合の後もそれ以前と同じように域外通貨との固定相場制が採用される場合である。この場合、金融政策が対外均衡に振り向けられることになるが、通貨統合以前も同じように対外均衡に置かれていたのであれば結局は同じことであり、各国の金融政策の放棄はコストであるとはいえない。第二は、域外通貨に対して柔軟な為替相場制度が採用されるケースである。この場合、通貨統合によって通貨価値の信認が向上することと域内の為替市場の規模の拡大により、為替相場のボラティリティが減少するかもしれない。このような状況では、対外均衡が共通の金融政策にかける負担は小さくなるので、現在のユーロ圏のように「国内均衡を目標とした共通の金融政策」が実施できる余地が生まれる。たとえ共通ではあっても国内均衡を目的にした金融政策の実施が可能になるのであれば、それは通貨統合以前には不可能であったことなので、各国の金融政策の放棄は、むしろ金融政策上のベネフィットになる。

(2) 四つのグループにおける金融政策の放棄のコスト

　次は途上国地域の四つのグループごとに、金融政策の放棄のコストを検討してみたい（前掲表3-2）。

　第一のグループは、生産される財が多様化していてなおかつ経常収支が黒字傾向の地域である。このケースでは、比較的経済規模が大きく多様な財に依存しているため、為替相場のボラティリティは相対的に小さい。また、基本的に為替相場の下落リスクは小さく、上昇圧力が強い。したがって、為替相場をコ

第 3 章　途上国の通貨統合における為替政策と金融政策の放棄のコスト

ントロールする場合、為替介入の方向は基本的に「自国通貨売り・外貨買い」である。この方向での介入は、自国通貨を介入原資とするために理論上の限界は存在しない[6]。以上のことから、このグループでは為替相場の変動が比較的小さく、なおかつ比較的容易にコントロール可能であるため、対外均衡が金融政策にかける負担は小さい。このため、金融政策を国内均衡に置くことができる余地は比較的大きい。したがって、第一のグループでは、金融政策の放棄にはいくらかのコストを支払うことになる。

　第二のグループは、第一のグループ同様に比較的経済規模が大きく多様な財に依存しているので、為替相場のボラティリティは相対的に小さい。しかし、経常収支が赤字であるために為替相場には恒常的な下落圧力がかかっている。米国の金利引き上げのような外部の金利環境に対して脆弱であり、国内均衡とは矛盾することになっても、外部環境に対応して金利を変更しなければならない場合も出てくる。このケースでは介入の方向は基本的に「外貨売り・自国通貨買い」であり、為替相場の維持は外貨準備の量に制約される。加えて、赤字国なのでそもそも外貨準備が不十分である。このケースでは、為替相場のコントロールは第一のグループほど容易ではなく、対外均衡が金融政策にかける負担は相対的に大きなものとなる。このような状況では、金融政策は国内均衡を実現する手段として十分ではない。したがって、金融政策の放棄のコストは、第一のグループよりもいくらか小さい。

　第三のグループは、モノカルチャー経済であるために経済規模が小さく、しかも少数の商品の価格変動に左右されるような脆弱な経済基盤であるため、結果的に為替相場のボラティリティは大きい。しかし、黒字国であるため、基本的に為替相場には上昇圧力がかかっており、同時に外貨準備も潤沢であるため、それをコントロールする能力は高い。とはいえ、すでに指摘したように、このグループでは為替相場を動かすことのメリットはほとんどなく、国内経済にとって重要なのは、その安定である。このため、金融政策は対外均衡に強くコミットされるため、金融政策放棄のコストは小さい。それどころか、通貨統合に参加することで対外均衡が容易になるのであれば、金融政策の放棄のコスト

41

はさらに小さくなる。

第四のグループは、脆弱な経済基盤である上に経常収支が赤字であるため、常に為替相場の下落圧力に直面している。もちろん、外貨準備は不十分で自国通貨を買い支える能力に乏しく、為替相場を維持すること自体が困難である。このケースでは為替相場を維持するために金融政策にかかる負担が非常に大きいため、各国の金融政策の放棄はコストにはならない。むしろ域外通貨に対する対外均衡が容易になり、共通の金融政策によって国内均衡を追求できる余地ができれば、それはベネフィットになる。

第3節　途上国の通貨統合における景気の同調性

これまで述べてきたように、途上国では金融政策を放棄するコストは先進国に比べると小さい。しかし、別途検討を要するのは、OCA 論の主要な論点である景気の同調性が期待できるのかについてである。一般的に通貨統合の参加国間の景気は同調的であることが望ましい。金融政策が統一された場合、金利水準が一本化されるため、域内諸国の景気や物価に乖離があると、金利水準が合わない国が出てくるためである。ただし、通貨統合下の共通の金融政策が対外均衡に強くコミットしていて金利決定の自主性が全く存在しない場合、すべての国が名目の金利水準をただ受け入れるしかないので、同調的であるかどうかは問題にはなりにくい。この場合、むしろ、その時の金利水準に合うのか合わないのかという個々の国々の問題になる。もちろん、強力な資本規制が課されている場合は、為替相場のコントロールを維持しつつ、金融政策は国内均衡を重視できるので、各国の同調性は政策運営上の問題となる。また、国内均衡と対外均衡を両立できるようなケースでも、同調性はやはり問題になる。

まず、最初に、労働力の移動が期待できるのかどうかが問われる。これはかなりのところ実証的な分析に頼ることになるため、理論的に明確にすることは難しい。しかし、ユーロ圏の現状を見れば明らかなように、域内の労働力移動

第3章　途上国の通貨統合における為替政策と金融政策の放棄のコスト

は限定的と考えるのが妥当である。これは、言語の違いや移動先で職を得ることが必ずしも容易ではないことに起因している。このような現実を鑑みれば、途上国地域間でも基本的には状況は変わらない。ただし、域内で生活習慣や文化や言語が同じであれば、比較的移動性は高くなるかもしれない。

　第二の論点は、域内貿易による同調性である（内生的OCA論）。この点を明らかするには、各グループにおける域内貿易の大きさに着目する必要がある。財の生産が比較的多様化している第一と第二のグループと、モノカルチャー経済である第三と第四のグループでは域内貿易の水準が大きく異なる。前者は様々な財が交易対象になるため、域内の貿易取引は比較的活発に行われる可能性が高い。このケースでは、たとえ特化が進んだとしても域内の貿易が双方向で大きければ、お互いの景気は影響し合う。しかし、後者の場合は輸出品が少数の財に依存しているため、お互いの貿易取引が活発になることは少なく、域内の貿易は低調である。これは、資源・エネルギー・農産物といった一次産品を域外の国々に輸出して、工業製品等の付加価値の高い製品を域外から輸入する貿易パターンになるからである。また、域内各国で同様の財を生産・輸出しているのであれば、お互いに貿易する必要性は小さい。

　第三は、金融のリスクシェアリングである。残念ながら、途上国間での金融のリスクシェアリングはかなり悲観的といわねばならない。先進国と違って、途上国では金融市場は全体的に未成熟である。ましてや資本市場となると、それが十分に発展しているケースはあまりない。また、域内の資本蓄積が十分ではないため、一部の権力者のような富裕層を除いて一般的な投資家は多いとはいえないし、社会保障が未整備であることから機関投資家の育成も限定的である。これは、経済発展度の低い地域、すなわち第四のグループのようなモノカルチャー経済で特に顕著である。したがって、単一通貨圏内で資本移動規制が撤廃されて為替リスクがなくなったとしても、これら途上国で金融のリスクシェアリングが直ちに機能するとは考えにくい。

　景気の同調性の三つの論点をまとめると、先進国のそれに比べて、途上国ではかなり悲観的な結果とならざるをえない[7]。特に、モノカルチャー経済のよ

43

表3—5　途上国通貨統合の下での景気の同調性

	景気の同調性	
第一のグループ ・生産可能財が比較 的多様化している （域内貿易比率が比較的高い） ・経常収支黒字	・貿易ルートでの同調性 　⇒期待できる 　（域内貿易比率が高ければ高いほど） ・金融リスクシェアリング 　⇒中長期的に可能性あり	同調性は期待できる
第二のグループ ・生産可能財が比較的 多様化している （域内貿易比率が比較的高い） ・経常収支赤字	・貿易ルートでの同調性 　⇒期待できる 　（域内貿易比率が高ければ高いほど） ・金融リスクシェアリング 　⇒あまり期待できない	
第三のグループ ・モノカルチャー経済 　（域内貿易比率が低い） ・経常収支黒字	・貿易ルートでの同調性 　⇒期待できない 　（域内貿易比率が低いので） ・金融リスクシェアリング 　⇒あまり期待できない	
第四のグループ ・モノカルチャー経済 　（域内貿易比率が低い） ・経常収支赤字	・貿易ルートでの同調性 　⇒期待できない 　（域内貿易比率が低いので） ・金融リスクシェアリング 　⇒ほとんど期待できない	同調性は期待できない （産業構造の類似性が必要）

うに産業構造が脆弱であればあるほど、同調性は期待しにくい（表3-5）。このことから、これら地域では、通貨統合当初から産業構造が類似しているか、ある程度、景気の動きが同調的であることが望ましい。これらが、あまりに乖離するような地域では、通貨統合全体のコストがむしろ大きくなってしまうかもしれない。ただし、繰り返しになるが、域外通貨に対する対外均衡に強くコミットしており、金利の自主性がほとんどないような場合では、景気が同調的かどうかはあまり問題視されない。

第 4 章　欧州債務危機・ユーロ危機の教訓

OCA 論の中で、われわれが次に焦点を当てなければならないのは、単一通貨圏内で生じる経常収支の不均衡（リージョナルインバランス）である。欧州ではユーロ発足後、良好な景気とは裏腹に域内の経常収支不均衡が拡大し、黒字国と赤字国の乖離が鮮明となった。そして、このことが 2009 年にギリシャから始まる債務危機の原因となり、さらにはユーロ危機となって欧州経済に多大な負担を強いることとなった[1]。債務危機が残した爪痕は、欧州社会に対する経済的な苦境に留まるものではない。これをきっかけに、欧州社会と国民が分裂し、さらには 60 年かけて作り上げてきた欧州統合をも疑問視する風潮が勢いを増している。これは欧州の債務危機・ユーロ危機であると同時に、欧州統合の危機でもある。

ユーロ圏では危機が生じるまで不均衡が顧みられることはなかった。赤字国は好況を維持しつつ、雇用も物価も安定していたので、誰もそれを問題視しなかったのである。しかし、身の丈に合わない好況は対外債務によって支えられていたのであり、その蓄積こそが後に危機となって顕在化することになる。したがって、われわれは途上国通貨統合においてもリージョナルインバランスの問題を看過するわけにはいかない。しかし、その前にユーロ圏で起こった問題の顛末を整理し、理解することから始めるのが有益である。

欧州通貨統合は本当に正しい選択だったのか。これを明らかにするには今般

45

の危機の原因が通貨統合そのものにあるのか、あるいは、ユーロを創設する過程での制度設計にあるのかを明確にしなければならない。もし、前者が原因であれば、結局は国民通貨のままでいることの方が正しい選択であったということになり、後者が原因であれば通貨統合は適切に管理しさえすれば問題はないということになる。したがって、今般の欧州債務危機の原因を明確にし、通貨統合の下で、なぜこのような危機が起こったのかを明らかにする必要がある。

　本章では、欧州債務危機・ユーロ危機が起こった背景をリージョナルインバランスとそれに伴う対外債務危機に求めている[2]。欧州債務危機を単なる南欧諸国の財政規律の欠如で結論づけるケースが多く見受けられるが、これでは問題の本質を捉えているとはいえない。南欧諸国の債務危機は政府債務の蓄積に加えて、対外債務の蓄積という性格をも兼ね備えているからである。本章では、これらを制度設計上の欠陥の上で生じた問題であると捉えている。

第1節　欧州債務危機の背景

(1) 政府債務の増大の背後にある長期金利の収斂

　今般の欧州債務危機がユーロ危機と呼ばれるようになったのは、ギリシャの政府債務問題が議論される中で、ユーロからの離脱論までもが叫ばれるようになったためである。南欧諸国の政府債務の支払い可能性ばかりが問題視され、これを契機にユーロが分裂・解体するかもしれないとの論調が見られるようになった。

　こうした背景から、債務危機の原因を単なる財政規律の欠如に求める見解は多い。例えば、ユーロはそもそも政治的なものであり、財政基準が最初から守られなかったことが危機の原因であるといったような主張である[3]。確かに、マーストリヒト条約の中で財政赤字と政府債務残高に関するルールが明記されているにもかかわらず、この基準は順守されなかった。財政規律の欠如とそれを抑制するルールが十分に機能しなかったことは、今回の危機の一つの原因で

第4章　欧州債務危機・ユーロ危機の教訓

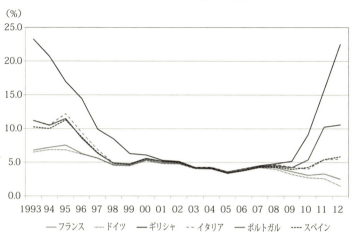

図4—1　ユーロ圏諸国の長期金利

出所：IMF, eLibraty Data, International Financial Statistics.

あることは間違いない。しかし、危機の原因を財政規律の問題だけに求めるのは適当ではない。膨大な政府債務を積み上げることができた背景には、それを可能とするマクロ経済的な環境があったことを忘れてはならない。つまり、南欧諸国が国債を低コストで容易に発行できる環境下にあったことこそが問題なのである。

では、なぜこのようなことが可能であったのか。それは通貨統合によってユーロ圏諸国の長期金利が収斂したからである。通貨統合以前には異なっていた長期金利が、ユーロ発足によってECBの政策金利が統一されると長期金利も一つに収斂した（図4-1）。南欧諸国などの信用力の低い国が発行する国債の価格がドイツ国債にさや寄せする形で上昇したのである。これは、すべてのユーロ圏諸国が発行する国債が市場で同一のものとしてみなされるようになったことを意味しており、通貨統合によって南欧諸国の国債の信用力は著しく向上した[4]。

もちろん、通貨が一つなのだから金利も一つであるとの理解は、一般的には正しい。実際、どの国民通貨であっても金利体系は一つである。しかし、ユーロは共通通貨であって国民通貨ではない。ユーロは独立国家の集合体であると

47

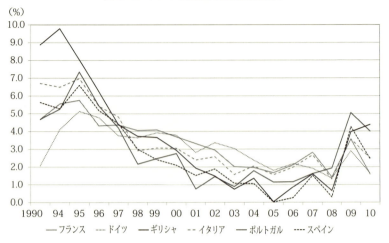

図 4—2　ユーロ圏諸国の実質長期金利

出所：IMF, eLibraty Data, International Financial Statistics.

　同時に、各国の財政が独立している過渡的な形態の単一通貨圏であることを忘れてはならない。このような事情が市場金利に反映されることもなく、一つの通貨だから一つの金利との固定観念の下で引き起こされたのが、南欧諸国にとっての金利の異常な低下とそれに伴う政府債務の増大である。当然のことながら、当初、このような事態は南欧諸国にとってユーロの最も大きなメリットの一つであった。統合以前よりもはるかに低いコストで政府支出を増やすことができたからである。しかし、同時に必要以上に金融緩和的な経済環境を生み出し、財政規律の欠如につながった。

　この当時、問題をさらに深刻にしたのは実質長期金利の低下である。通貨統合によって南欧諸国のインフレ率が低位安定したとはいえ、それでもなおドイツなどの中核国に比べて高かったため、南欧諸国の実質長期金利はドイツなどの信用力の高い国々よりもさらに低下した(図4-2)。例えば、2005年のギリシャやスペインの実質長期金利は0％にまで低下していた。このことは、南欧諸国において高めのインフレ率を勘案すれば、ほぼゼロコストで資金を調達できるとの展望を生み出したことになる。

第4章　欧州債務危機・ユーロ危機の教訓

このようにして、財政赤字や政府債務残高のルールが適切に機能していたかどうか以前に、南欧諸国の財政支出を増大させるインセンティブが通貨統合によって生まれたのである。

(2) なぜ長期金利は収斂したのか

では、そもそもなぜ長期金利は収斂したのか。通常、インフレ率の高い国は当該国通貨の購買力減少の補償として、国債などの債務証券の発行においてリスクプレミアムが求められる。外国人投資家から見れば、インフレによる名目為替相場の下落によってキャピタルロスが生じるため、その分のリスクプレミアムが要求される。一方、ユーロ圏域内の投資家の場合、域内他国への投資においては名目為替相場が存在しないのでインフレ格差があったとしてもキャピタルロスに直結することはない。つまり、域内の投資家が域内他国に投資する場合、投資対象が同じユーロ建てであることから、インフレリスクと為替リスクは存在しないことになる[5]。しかし、通貨を統合したからといってすべてのリスクが消えるわけではない。すなわち、域内他国に投資する際の信用リスクは残っているのである。これは各国国債においても同じである。各国政府が発行する国債の信用力は財政が統合されていない以上、同じであるはずがない。国債が償還されるかどうかは、あくまで各国の支払い能力に依存するのである。しかし、ユーロ圏諸国の長期金利が収斂したという事実は、当時の投資家が各国国債の信用リスクでさえも存在しないものとして見なしていたことを意味している。

南欧諸国は、ユーロによってインフレ率の低下を享受した。これにより名目金利も低下することになるが、インフレ率の低下分に相当する長期金利の低下は問題にはならない。このケースでは、たとえ名目長期金利が低下しても、その分だけインフレ率が低下しているので、実質長期金利では以前と変わらないからである。結果的に、政府の債務負担は実質では変わらないことになる。しかし、実際のところ実質長期金利はユーロ発足の前後から低下し続けた。これは、インフレ率の低下以上に名目長期金利が低下したためである。つまり、こ

49

の差こそが、本来あるはずの信用リスクが覆い隠された部分である。

　では、なぜ各国国債の信用リスクは看過されたのか。もちろん、ユーロ発足以前に、ユーロ加盟候補国は通貨統合に参加するべく、財政赤字の削減やインフレ率の低下に努力した。これにより金利が低下したので、結果として国債の価格が上昇し、当時の優等生であったドイツの価格水準に近づくことができた。しかし、だからといって、通貨統合から危機が起こるまでの数年間、長期金利が完全に収斂（＝信用リスクがドイツと同じ）したというのは、理屈の上ではありえないことである。

　このような事態が生じた背景には、単一通貨なのだから金利体系は一つとの考えに基づきマーストリヒト条約で長期金利の収斂条件が定められたことがある。これにより、ユーロ圏各国が発行する国債の価格は統一され、また質的に同質であることが公に認められたことになる。このような背景の下で、市場参加者はドイツ国債の利回りにさや寄せする形で周辺国の国債に積極的に投資を行った。これ以降、債務危機が顕在化するまでの間、信用リスクは実際には存在しているにもかかわらず無いものとして見なされるようになった。

　ところで、長期金利の低下による南欧諸国の政府債務の増大は、単なる財政問題に終わらない。長期金利の低下は今般のユーロ危機の本質ともいうべきさらなる深刻な問題をも引き起こした。これこそがリージョナルインバランスである。

第2節　リージョナルインバランスと対外債務危機

(1) ユーロの下での対外債務危機

　ユーロ圏の経常収支を見る場合、ユーロ圏各国の経常収支を合計したユーロ圏全体の経常収支と域内各国それぞれの経常収支の両面を見る必要がある。ユーロ圏全体の経常収支の推移は、時期により若干の増減はあるものの、基本的には均衡水準に近い状態にある（図4-3）。ただし、危機後の2011年頃から

50

第4章　欧州債務危機・ユーロ危機の教訓

図4―3　ユーロ圏全体の経常収支　（対 GDP 比）

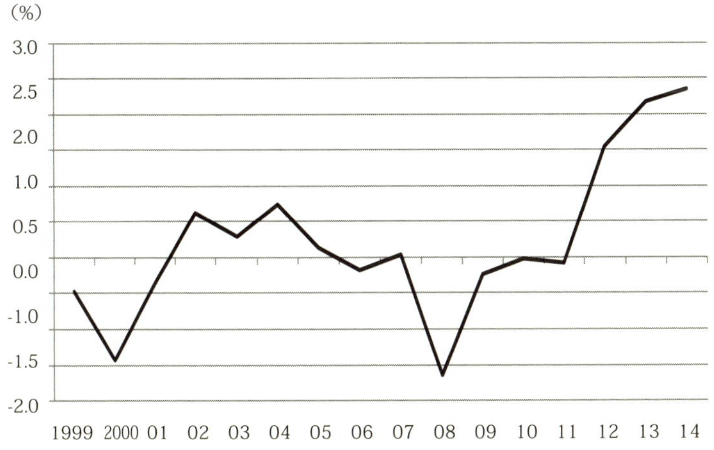

(%)

```
3.0
2.5
2.0
1.5
1.0
0.5
0.0
-0.5
-1.0
-1.5
-2.0
    1999 2000 01  02  03  04  05  06  07  08  09  10  11  12  13  14
```

出所：IMF, World Economic Outlook Database, April 2015.

黒字が拡大する傾向にあるが、この要因は各国別の経常収支を見ることで理解できる（図 4-4）。各国別の経常収支を大きく三つの時期に分けると、第一期は2000 年頃のユーロ発足までの期間で、どの国の経常収支も概ね均衡ラインに近い水準にあった。第二期はユーロ発足後の 2000 年頃から危機が顕在化する2009 年までで、黒字国と赤字国で大きく乖離した時期である。第三期は危機が顕在化した後の 2009 年頃から今日までの時期で、黒字国の黒字水準は微増か変化なしであるのに対して、赤字国の赤字は急速に縮小し黒字化あるいは均衡ラインに近い水準に改善している。ユーロ圏全体の経常収支黒字が危機後に急増しているのは、主に赤字国の赤字が急減したからである。これは、主に赤字国の厳しい財政緊縮により内需が大きく落ち込んだためである。短期間のうちに赤字が急減したことは危機後の緊縮財政がいかに厳しいものであったのかを物語っている。

　第二期の不均衡の拡大期において、このことを政策当局者は問題視しなかったのかといわれれば、残念ながらあまり重要視されていなかったといわざるをえない。それは、金融市場の統合によって、もはや域内の経常収支不均衡は問

51

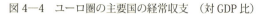

図4—4 ユーロ圏の主要国の経常収支（対GDP比）

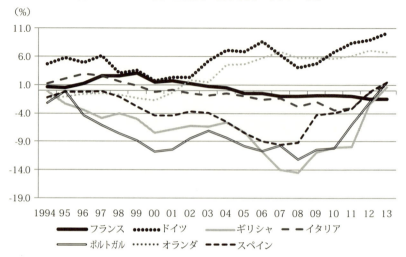

出所：IMF, World Economic Outlook Database, April 2015.

題にはならないとのコンセンサスがあったためである。すなわち、経常収支の赤字は黒字国によって容易にファイナンスされるはずであり、単一通貨圏では域内不均衡の問題は存在しえないと考えられていた。

　しかし、フローの次元である経常収支が直ちに問題にはならなくても、その背後には対外債権と対外債務が蓄積することを忘れてはならない。しかも、赤字国の場合、経常収支が黒字化しない限り改善の見込みは小さい。実際、ユーロ圏諸国の対外投資ポジション（ストック）を見てみると、ユーロ発足から危機直前にかけて南欧諸国の対外投資ポジションが顕著に悪化していることが分かる（表4-1）。今般の危機では過大な対外債務が蓄積したことが問題なのであり、その原因となったリージョナルインバランスこそ問題の核心である。

　ただし、対外債務の構成は各国ごとに異なる。例えば、アイルランドとスペインでは住宅ブームが拡大したのだが、これを支えていたのは主に銀行による国内信用であった。そして、この銀行の信用を支えていたのは対外借り入れである。すなわち、国内の銀行がインターバンク市場からの取り入れやCP

第 4 章　欧州債務危機・ユーロ危機の教訓

表 4—1　対外投資ポジション（対 GDP 比）

	1999 年	2004 年	2008 年
ドイツ	4.2%	11.6%	25.2%
フランス	0.7%	-1.1%	-12.1%
イタリア	-12.6%	-17.8%	-20.3%
スペイン	-35.2%	-56.8%	-75.0%
ポルトガル	-28.6%	-69.3%	-90.9%
ギリシャ	-31.6%	-73.4%	-71.5%

出所：IMF, *International Financial Statistics Yearbook 2011.* 及び World Economic Outlook Database April 2012.

（Commercial Paper）の発行により対外債務を膨らませ、それを国内信用に振り向けていたのである[6]。

　ギリシャとポルトガルでは、消費ブームの拡大が見られたが、それを支えていたのは財政支出であった。そして、これら諸国の国内貯蓄は十分ではないので、財政赤字のファイナンスの多くはドイツなどの黒字国に依存せざるをえなかった[7]。一方、フランスやドイツなどの金融機関も、為替リスクのなくなったギリシャやポルトガル国債を積極的に引き受けた。このようなルートでギリシャとポルトガルの対外債務は大きく拡大した[8]。

　このように南欧諸国の対外債務の裏側には外国の債権者が存在しており、その債務の返済可能性にひとたび問題が生じれば、直ちに国家間の問題となる。実際、大口の債権者であるドイツとフランスは、危機の後に、南欧諸国に対する債券投資残高を大幅に減らしている（表 4-2）。債権者であるドイツやフランスが南欧諸国の救済に乗り出したのは、同じユーロ圏の国々であるとの理由からだけではない。ドイツやフランスの金融機関が保有する南欧諸国の国債がデフォルトに陥った場合、これら金融機関の財務基盤が悪化するため、国内の金融システム全体に甚大な被害を与えうると考えたからであった。その後、民間部門は南欧国債の売却を進め、IMF や ECB がその受け皿となった。以上のことから、欧州債務危機は単なる財政危機ではなく、「対外債務危機」をも兼ね

53

表4—2　ドイツとフランスの南欧諸国に対する債券投資残高　（100万㌦）

	2009年			2011年		
	ドイツ	フランス	全残高	ドイツ	フランス	全残高
ギリシャ	38,579	80,410	271,826	13,404	12,095	70,372
イタリア	174,010	311,137	1,373,295	237,071	165,269	1,015,966
ポルトガル	40,272	77,636	243,387	30,644	21,536	125,996
スペイン	211,886	251,978	1,038,331	174,913	152,465	738,927

出所：IMF, Coordinated Portfolio Investment Survey（CPIS）.

備えた危機であると捉えるべきである[9]。

　今般の欧州債務危機そしてユーロ危機は、たとえ単一通貨圏での問題であっても伝統的な対外債務危機と本質的には同じである。ユーロ圏の金融政策はECBに集約されており、各国の金融政策の裁量の余地は小さい。このため、ユーロ圏の各国のレベルで資金不足に陥った場合、自国中銀の機動的な資金供給に頼ることはできず、たとえユーロ資金であっても外国部門からの借り入れに依存することになる[10]。したがって、ユーロは各国にとって自国通貨でありながらも、他国から外貨を借りた場合の伝統的な対外債務増加と大差はない。このような事情から、たとえ通貨統合の下にあっても、南欧諸国の過大な対外債務は看過できない問題なのである。

(2) リージョナルインバランスに関する通説的見解の問題点

　欧州債務危機が対外債務の蓄積によるものであるとすれば、その原因である域内での経常収支不均衡はなぜ拡大したのか。

　通説的見解によれば、通貨統合によって名目為替相場の調整ができなくなったことが不均衡拡大の原因である。このように主張する論者は、ギリシャはユーロから離脱して、自国通貨の切り下げ政策を実施すべきであるという。例えば、マーティン・フェルドシュタイン（Martin Feldstein 2012）は、ユーロの失敗はアクシデントや政策運営の失敗の結果ではなくて異質な国々に単一通貨を課した不可避の結果であり、それゆえにギリシャはユーロから離脱

図 4―5　ギリシャの為替レートの推移

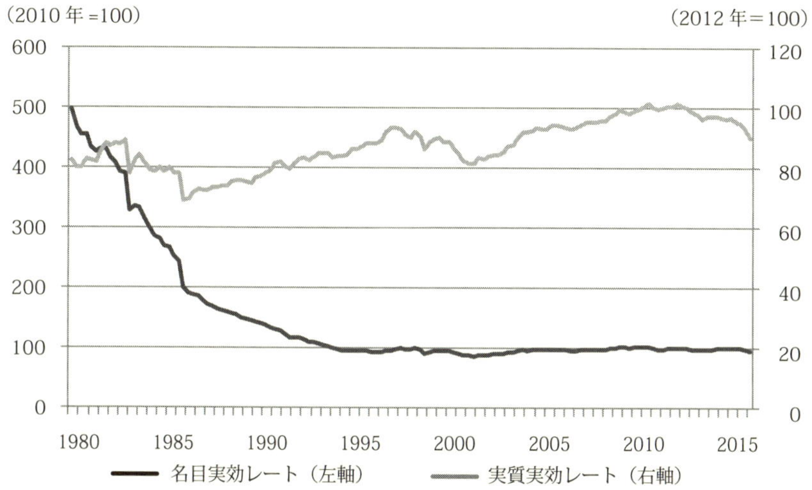
（2010 年 =100）
（2012 年＝100）
600
500
400
300
200
100
0
120
100
80
60
40
20
0
1980
1985
1990
1995
2000
2005
2010
2015
名目実効レート（左軸）
実質実効レート（右軸）

出所：IMF, eLibraty Data, International Financial Statistics.

して競争力を回復すべきであると指摘している。

しかしながら、このような見方は理論的な見地から、必ずしも妥当であるとはいえない。南欧諸国で為替相場の調整が可能になったとしても、域内不均衡が容易に調整されるかどうかは必ずしも明確ではないからである。このように考えるのは、次の三つの理由による。

まず第一に、為替相場の減価によって輸出が増加するかどうかは産業構造に依存しており、競争力のある輸出産業がなければいくら為替相場が下落しても経常収支の改善に結びつかない。例えば、ユーロ圏では、通貨統合以降、ユーロ相場が大きく変動したにもかかわらず、各国の経常収支とユーロ相場に何かしらの関係性を見出すことはできない[11]。したがって、たとえ名目為替相場の調整が可能であったとしても、経常収支の不均衡が改善できるかどうかは明確ではない。

第二に、輸入依存度が高い経済では名目為替相場の減価が容易にインフレ率を上昇させるため、実質為替相場での下落は限定的となり、実質的な価格競争力の向上につながらない[12]。実際に、ユーロ導入前の 1980 年～ 2000 年頃の

図4—6 ギリシャのインフレ率の推移 (消費者物価・前年比変化率)

出所:CEIC.

　ドラクマの名目実効為替相場と実質実効為替相場を比べてみると、ドラクマの名目レートが大きく下落し続けているにもかかわらず、実質実効レートはあまり変化していない(図4-5)。これは、当時のギリシャのインフレ率が通貨不安定の中で20%程度と高い水準で推移していたため、実質為替相場では減価しなかったためである(図4-6)。

　第三に、そもそも為替相場の変動が不均衡の調整に必ずしも有効ではないことは歴史が証明している。1973年の主要国による変動相場制への移行以降、新古典派によって唱えられた国際収支の自動調整機能は一向に機能することなく、むしろグローバルインバランスとして不均衡問題がより顕著になっているという事実を看過してはならない。

(3) リージョナルインバランスが拡大した理由

　そもそも、なぜユーロ圏諸国の不均衡が短期間で持続不可能なほどにまで拡大したのか。この点について次の三つの要因を指摘したい。

　第一に、長期金利の低下による財政支出の増大と信用の拡張が内需を大きく拡大させたことである。すでに指摘したように、通貨統合による長期金利の収

第 4 章　欧州債務危機・ユーロ危機の教訓

図 4―7　ユーロ圏諸国の消費者物価の推移（対前年比変化率）

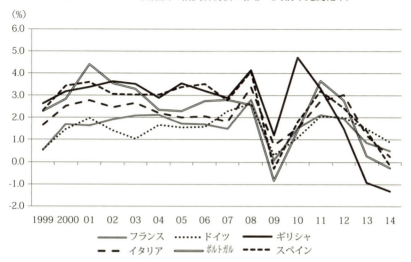

出所：IMF, eLibraty Data, International Financial Statistics.

斂によって異例の低金利を享受した南欧諸国は、借り手としてのディシプリンを喪失し、財政支出を大きく増やした。また、金利低下は国内民間部門の信用へのアクセスを容易にし、銀行の信用創造の拡大に結びついた。これにより南欧諸国の内需が拡大し、結果的に輸入が大きく増加した[13]。

　この背景には、通貨統合の下での実質金利の低下があったことも忘れてはならない。通貨統合によって名目金利が低位安定したにもかかわらず南欧諸国のインフレ率が相対的に高かったため、実質金利が低下し、国内需要の拡大（住宅ブーム等による）や物価の上昇に結びついた（図4-7）。そして、このことがさらなる実質金利の低下と国内需要の拡大を招いた。このことをユルゲン・マッテス（Jürgen Matthes 2009）は「プロシクリカルな実質金利効果（Pro-Cyclical Real Interest-Rate Effect）」と呼んでいる。

　第二に、金融市場の統合によって南欧諸国の経常収支赤字が容易にファイナンスされたため、しばらくの間は不均衡問題が顕在化しないままに赤字の拡大が継続できたためである。通貨統合によって各国通貨建てで分断されていた金

57

融市場が統合されたことで、域内投資家の域内他国への投資のホームバイアスは大きく低下した。加えて、金融統合による市場規模の拡大は流動性の増大に直結し、さらに多くの投資家を市場に参加させることができた[14]。これにより、域内の資本は国境に関係なく流動的となり、南欧諸国へのファイナンスが容易に行われた。

　第三に、このような南欧諸国への資本移動が投資ではなく、投機と消費に向かったことである。ビルギット・シュミッツら（Birgit Schmitz 2011）は、ユーロ圏内では金融市場の統合により、とくに高所得国から低所得国への資本フローが増加していることを示し、このような資本フローによりいずれ域内の経常収支不均衡が収斂に向かうと指摘している。シュミッツらの主張は、金融市場の統合が域内の資本フローを促進したことを明らかにしている点では興味深いものの、そのことが不均衡を収斂させるとの指摘については楽観的過ぎるように思われる。確かに、南欧諸国に流れ込んだ資本の多くが主に直接投資の形態であれば、生産性の向上から徐々に輸出が増加し不均衡の解消に向かうかもしれない。しかし、実際は、このような資本フローは住宅等の資産バブルの形成や財政ファイナンスに向かったのであり、むしろ不均衡を悪化させた。経常収支が収斂に向かうかどうかは、流入した資本がどのような形態をとるのかに大きく依存するのである。

　実質為替相場の乖離が不均衡拡大の一因であったことも指摘しておかねばならない[15]。インフレ率が少しだけ高かった南欧諸国は、物価差による実質的な競争力格差にさらされた。実際、ユーロ圏各国の実質為替相場は、通貨統合がスタートした 1999 年から徐々に乖離している（図4-8）。例えば、ドイツの 2011 年の実質レートが 1999 年に比べて横ばいか若干低下しているのに対して、南欧諸国のそれは 5％〜 10％程度上昇している。このように実質為替相場が乖離したのは、単一通貨圏であってもインフレ率に多少の差があったことが原因である。この背景には、消費に対する国民性の違いや労働組合などの様々な要因がかかわってくるので一概にはいえないものの、長期金利の収斂・低下による資産バブル・過剰消費とそれに伴う賃金の上昇があったことは指摘でき

第4章　欧州債務危機・ユーロ危機の教訓

図4—8　ユーロ圏諸国の実質実効為替レート

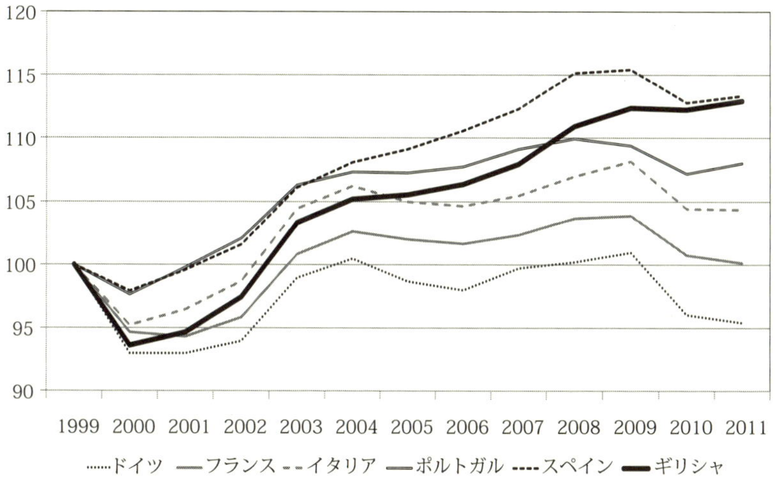

出所：CEIC.

る。債務危機が始まってからの南欧諸国の消費者物価は厳しい緊縮財政とそれに伴う内需の縮小によって大きく低下しているので、実質での価格競争力の格差は今後縮小していくことが予想される。

第3節　リージョナルインバランスはどのように調整されるべきか

(1) 長期金利のリスクプレミアムによる不均衡の抑制

　すでに明らかにしたように、今般の欧州債務危機・ユーロ危機の背景には、長期金利の収斂とそれに伴う財政規律の欠如があった。このような統合政策が進められたのは、通貨が一つになるのだから、あらゆるマクロ経済指標も一つに収斂すべきであるとの考え方があったためである。しかし、このような考え方こそ問題である。すべてのマクロ経済指標を収斂させるのではなく、不均衡が持続可能となるように各国の長期金利にリスクプレミアムを反映させなければならない。

ユーロ圏では、これまで安定・成長協定のような国家間のルールが十分に機能してこなかった。これはユーロ圏諸国が互いに制裁を課すことを避けた結果である[16]。通貨統合の参加メンバーが主権国家という対等な立場にある以上、実際に制裁を課せばユーロ圏の分裂を招きかねない。国家間協定が国益に矛盾する限り、政策当局者は国民に不人気な政策を進めてまで協定を守ろうとはしないからである。安定・成長協定は、生まれながらにしてルールの実効性に乏しい協定である。したがって、今後もこの協定が順守されるとは限らず、このようなルールだけを過信することはできない。だからこそ、長期金利のリスクプレミアムという市場を通じた不均衡抑制策が求められるのである。この長期金利メカニズムによるディシプリンは、安定・成長協定とは異なって強制力を持っている。

　今般の危機によって、それまで収斂していた長期金利が逆に大きく乖離した。このように国債市場で信用リスクが意識されたことは、むしろ適切な状況に向かっていることの証左である[17]。連邦財務省が存在しない以上、各国の国債価格が同じであってはならない。

　今後、政策当局者は、通貨が一つであればすべてのマクロ経済指標を収斂させるべきとの考え方ではなく、財政が統合されるまでの過渡期の通貨統合に適したプロセスがあることを認識すべきである。将来的に財政統合が実現した場合に限り、長期金利は制度的に単一の金利体系に移行できるのである。したがって、ユーロ圏で議論されている「欧州共同債」の発行は、現状では信用リスクに応じた長期金利メカニズムを歪めるものでしかなく、支持できるものではない。

(2) 安定・成長協定における財政基準の見直し

　ユーロが今後も長期持続的な単一通貨圏であるためには、安定・成長協定の見直しも欠かせない。これまで安定・成長協定で課してきた財政赤字および政府債務残高の基準は、すべての加盟国に対して一律に同じ基準である。しかし、一律の基準は域内の不均衡をむしろ温存するので、問題があるといわざるをえ

第 4 章　欧州債務危機・ユーロ危機の教訓

ない[18]。ユーロ圏のように域内貿易依存度が高い地域内で赤字国が不均衡を解消するためには緊縮的な財政スタンスで内需を抑制して輸入を減らすと同時に、黒字国に対して輸出を増加させなければならない。この時、もし黒字国も赤字国と同様に緊縮的な財政スタンスをとれば、赤字国からの輸入を増やすことができず、赤字国の赤字を削減することができない。したがって、黒字国では可能な限り拡張的な財政政策を可能にし、逆に赤字国では財政基準を厳格にすることで緊縮的な財政政策を課す必要がある。このように黒字国と赤字国とで異なる財政基準を設け、貿易を通じて域内の不均衡を常に均衡水準に引き戻せるような制度的措置が必要である。

　経常収支の調整において重要なのは、赤字国責任論のように赤字国にだけ調整の負担を課すのではなく、黒字国と赤字国の両方に公平な調整負担を事前にルール化した上で課すことである。地域統合を長期的に維持しようとする場合、域内各国においてナショナリズムが台頭することは好ましくない。もし、赤字国にだけ調整の負担を課せば、対立が深まりナショナリズムの台頭を許すことになる。これは、南欧諸国にだけ負担を課そうとするユーロ圏の現状そのものである。

　今般の危機の中で行われたトロイカの支援のように、黒字国による赤字国への直接的な財政移転は国民の大きな批判にさらされることになる。しかし、自国の税金を自国のために使うのであれば、国民の理解を得やすいはずである。財政支出による黒字国の内需拡大は、貿易ルートを通じた間接的な財政移転となって不均衡の解消に結びつく。つまり、不均衡の解消プロセスそのものが赤字国への支援となる。

　そもそも安定・成長協定が必要となった背景には、低インフレを良いことに各国が財政赤字を拡大するフリーライダー問題があった。通貨統合の下では域内他国の信認に依存して財政赤字を増やす誘因を持つため、安定・成長協定がなければインフレ通貨になる危険性がある。しかし、財政赤字の拡大にもかかわらず、実際にはインフレ問題は顕在化していない[19]。このように考えれば、ユーロ圏で安定・成長協定を課す意義はインフレ問題よりも、むしろ域内の不

61

均衡問題に求めるべきである。

(3) 制度設計に問題があった欧州通貨統合

今般の欧州債務危機・ユーロ危機は、通貨統合それ自体が引き起こした危機ではない。ユーロ創設の過程での適切な制度設計が行われなかったことによる危機であり、適切に管理しさえすれば長期持続的な単一通貨圏にすることは可能である。

政府債務の返済の問題とユーロからの離脱論は必ずしも同列に論じて良い問題ではない。今般の危機をきっかけにして、たびたびユーロ離脱論[20]が叫ばれているが、ギリシャを含め、その他の南欧諸国はユーロからの離脱を望んではいない。それは、信用力の弱い自国通貨に戻ることがインフレや高金利を引き起こしかねない他、ユーロ圏諸国との貿易取引の縮小が予想されるからである。要は、ユーロには非常に大きな経済的メリットがあるとの考えは今も変わっていないのである。未だユーロに参加していないEU諸国においても、様子見はあるにしてもユーロへの不参加がベストな選択であると考えているわけではない（デンマークやイギリスなど当初からユーロに懐疑的な国を除いて）。また、支援を巡り強硬な姿勢をとるトロイカ側にしてもユーロ離脱論には懐疑的である。ユーロの求心力は決して失われたわけではない。

しかしながら、通貨統合の制度設計や運営・管理が適切でない場合、債務危機のような問題を引き起こすこともまた事実である。このような諸問題が顕在化するのを事前に抑止し、通貨統合のメリットを最大限享受できるようにすることが今日のユーロ圏に求められている。

さて、欧州の危機の背後にあったリージョナルインバランスの問題は、途上国通貨統合の理論を考える上でも決してその重要性を失わない。途上国であっても同じ問題に直面する可能性は否定できない。次章では、欧州の教訓を踏まえつつ、途上国通貨統合とリージョナルインバランスについて理論的な考察を試みる。

第5章　最適通貨圏の理論の限界とリージョナルインバランス

　ユーロ圏での危機を鑑みれば、このような危機とOCA論との関係を論じないわけにはいかない。今般の欧州危機の原因をユーロ圏がOCAではなかったことに求める論調は多い。もし、ユーロ圏が景気の同調性や労働力の移動といったOCAの条件を完全に満たしていたら、危機は起こらなかったといえるのか。答えは "No" である。そもそもOCA論とは景気の同調性やその調整手段といったような短期の分析が中心であり、中長期の構造問題である経常収支不均衡については十分に論じられていない。したがって、本章の目的は、リージョナルインバランスの視点から伝統的OCA論と内生的OCA論の限界を明らかにし、途上国通貨統合のための新たな視点を示すことにある。

第1節　通貨統合下の対外債務問題

(1) 単一通貨圏でも逃れられないリージョナルインバランス

　伝統的な理論と内生的な理論のどちらにおいても、OCA論は共通して分析的な限界を抱えている。それは、OCA論が景気循環とその調整手段といった短期の視点のみに焦点が当てられているからである。そもそも、マンデルのOCA論は「需要のシフト」が発生するところから出発し、その後の景気の同

63

調性やそれを調整するための条件を示している。このため、長期構造的な調整問題である経常収支の不均衡とそれに伴う対外資産負債残高（以下、対外投資ポジション）に問題意識があるかどうかは明瞭ではない。

　確かに、イングラムは OCA 論の中で、地域間の収支不均衡は金融市場の統合によってファイナンスされるため、一時的に調整が可能であることを指摘しており、その意味ではリージョナルインバランスはすでに論じられていた。しかし、これは、経常収支、すなわちフローの側面だけで論じられていることに問題がある。当然のことながら、経常収支はストックである対外投資ポジションに反映される。蓄積された対外投資ポジションの不均衡を根本的に解消する手立ては、経常収支を反転させる、すなわち赤字国なら黒字国に転換するしかない[1]。経常収支が機動的かつ容易に調整できるようなものであれば、対外投資ポジションの不均衡など問題にはならない。しかし、現実には経常収支の不均衡は短期的に調整されるとは限らず、むしろ赤字国への資本流入によって調整が先送りされ、結果的に持続不可能な水準にまで対外債務が蓄積することもある。もちろん、為替相場によって経常収支が機械的に調整できるとの考え方も、今となっては疑問視せざるをえない。

　一般的な経常収支の不均衡と単一通貨圏内での不均衡には異なる部分がある。通常、前者では外国為替の需給関係にダイレクトに影響を与えるため、当該国の為替相場に大きな影響を与える。しかし、後者では、たとえ不均衡があったとしても、域内の名目為替相場が動くことはない。それゆえに問題視されにくい。これに関連して、山下英次（2010.8）は、固定為替相場制の下では、黒字国と赤字国は非対称的で、赤字国にだけ外貨準備の量的制約の問題が存在するので、赤字国には赤字削減の圧力が常にかかると指摘している。一方、単一通貨圏では、域内に対する為替介入の義務から解放され、外貨準備が不要となるため、経常収支赤字を解消しようというディシプリンが働かなくなる。

　このように、単一通貨圏では、経常収支の不均衡が域内の為替相場に影響を与えることはない。とはいえ、不均衡問題を軽視しても良いということにはならない。たとえ単一の通貨圏内であっても蓄積する赤字国の対外債務に限界が

第5章　最適通貨圏の理論の限界とリージョナルインバランス

あることは、今般の欧州危機によって明らかとなったばかりである。リージョ
ナルインバランスは単一の通貨圏内でも逃れられない問題なのである。

(2) 単一通貨圏内での対外債務問題の意味

　対外債務の持続可能な水準とはどの程度なのか。カーメン・M・ラインハー
トとケネス・S・ロゴフ（2011）は、対外債務の蓄積における限界のことを「債
務不耐性」と呼んでいるが、その水準は定量的な基準では明確にできないこと
を明らかにしている。対外債務の持続可能な水準は、実に多くのファクターに
左右されるため、一概に数値的な基準で判断することはできない。とはいえ、「対
外債務の構成」は一つの目安になる。直接投資や株式投資は、対外債務の一つ
のカテゴリーではあるが純粋な債務としての性格を持たない。一方、政府債務
や銀行債務などは文字通りの債務であるから、これらが蓄積すればデフォルト
のリスクが高まることになる[2]。したがって、このような債務性の対外債務が
どの程度蓄積しているかが判断の基準となる。このような事情があるため、一
般的に対外債務危機とは、外貨建てで外国から借り入れた政府債務が返済不能
に陥ることと理解されている。

　債務構成の問題は単一通貨圏であっても同じように重要であるが、共通通貨
建てで負う対外債務と外貨建てで負う対外債務は同じではない。外貨建てでも
なく自国通貨建てでもない共通通貨建てで対外債務を負うことにはどのような
意味があるのか。外貨建ての場合、当該通貨を発行する能力は債務国にはない
ため、返済原資をうるには国際金融市場で調達するか、輸出によって獲得する
しかない。自国通貨建ての場合は、返済原資を租税や国内金融市場から調達す
るか、あるいは自国の中央銀行から調達する。もちろん中銀からの調達は財政
ファイナンスとなるため、望ましい方法ではないが、今日の先進国の量的緩和
政策に見られるように多かれ少なかれ結果的に中央銀行がかなりの政府債務を
引き受けていることに変わりはない。したがって、自国通貨建て対外債務は、
外貨建てに比べて返済に行き詰るリスクが小さい。一方、共通通貨建ての場合、
返済原資を租税や国内あるいは域内金融市場から調達する点で自国通貨建てと

65

同じである。しかし、中央銀行からのファイナンスでは事情が異なる。ECBのような統一中央銀行は自国の中央銀行ではないため、返済原資となる共通通貨を中央銀行から調達するには、あくまでルールに則った流動性支援プログラムを受ける必要がある。加えて、統一中銀による国債の買い入れについては、加盟国による同意が必要となる。以上のことから、単一通貨圏内での対外債務は外貨建てほど厳しいものではないが、自国通貨建て対外債務よりも、その持続性に困難があると考えて良い。

次に、対外債務がデフォルトした場合の影響の違いに着目してみよう。通常、国家が対外債務をデフォルトした場合、国際金融市場から完全に締め出される。このため、新たな債務を負うことが不可能となり、その調整を国内で行わざるをえない。国内での調整とは、為替相場の大幅な減価によるインフレや政府支出の大幅な削減や急激な信用収縮による失業の急増といったような膨大な負担を国民に強いることである。

一方、単一通貨圏内での対外債務デフォルトは、二つの点で為替相場の大幅な減価を回避することができる。第一に、共通通貨であるために域内の為替相場が動くことはない。第二に、域内他国の信用をシェアすることができるので、たとえ一つの国家がデフォルトに陥っても共通通貨の為替相場への影響は、国民通貨単独の場合より小さい。このような二つの理由により、為替相場の減価から生じる悪影響は通貨統合の下では相対的に軽微にとどまる。とはいえ、政府支出の大幅な削減、長期金利の上昇、株価の下落、銀行の経営不安によるクレジットクランチなどが国民経済に大きな悪影響を与える点では同じである。

しかし、単一通貨圏内での対外債務デフォルトは別の問題をも引き起こす。もし、デフォルトに陥った国が債務を主に域内他国から負っていた場合、債務再編を巡る問題が生じるので、保護主義の台頭や地域統合の分裂の危機に直面する。このような状況下では、問題は対外債務デフォルトを起こした当事国だけに留まらず、通貨統合の存続そのものにも悪影響を与えることになる[3]。

このように、通貨統合の下での対外債務は、いくつかの点で一般的な対外債務問題とは異なっている。しかし、この問題の重要性に変わりはないし、軽視

第 5 章　最適通貨圏の理論の限界とリージョナルインバランス

して良い問題でもないことは明らかである。結局のところ、通貨統合の下でも
域内の経常収支不均衡を持続可能な水準に維持できるかどうかが問われること
になる。

第 2 節　リージョナルインバランスのパターンと調整対象

　単一通貨圏での対外債務問題の重要性は途上国通貨統合でも同じである。と
はいえ、途上国の単一通貨圏の貿易構造は地域によって様々であり、必ずしも
ユーロ圏と同じとは限らない。したがって、本節では域内の貿易比率が高いケー
ス（第一と第二のグループ）と低いケース（第三と第四のグループ）の二つのパター
ン（表 5-1）から、リージョナルインバランスの調整パターンの違いについて
考えてみたい。

　域内貿易比率が高いケースでは、域内各国の経常収支を合計すると０に近づ
く。経常収支は、その定義からして黒字国の裏側には必ず赤字国が存在するゼ
ロサムゲームの世界である。したがって、域内での貿易が大きければ大きいほ
ど貿易取引が域内で完結することになるので、単一通貨圏全体の経常収支は均
衡に近づく。ちなみにユーロ圏は、域内の貿易比率がかなり高いのでこのパター
ンに該当する。

　一方、域内貿易比率が低いケースでは、域内の経常収支をすべて合計しても
ゼロサムゲームの世界にはならない。それは、各国とも域外との貿易の方が大
きいからである。このため、すべて黒字国で構成される通貨圏や、すべて赤字
国で構成される通貨圏もありうる。このケースでは、単一通貨圏全体の経常収
支は大幅な黒字か赤字となる。

　域内貿易比率が高いケースでは、不均衡の調整プロセスの対象は主に「域内」
である。つまり、赤字国は黒字国への輸出を拡大しつつ輸入を抑制し、黒字国
は赤字国からの輸入を拡大しつつ輸出を抑制しなければならない。一方、域内
貿易比率が低いケースでは、調整の主な対象は「域外」である。この場合、域

67

表 5—1　途上国通貨統合の下での不均衡の調整パターン

	不均衡の調整パターン
第一のグループ ・生産可能財が比較的多様化している 　（域内貿易比率が比較的高い） ・経常収支黒字	域内での不均衡の調整が必要 　（域内貿易比率が高ければ高いほど）
第二のグループ ・生産可能財が比較的多様化している 　（域内貿易比率が比較的高い） ・経常収支赤字	域内での不均衡の調整が必要 　（域内貿易比率が高ければ高いほど）
第三のグループ ・モノカルチャー経済 　（域内貿易比率が低い） ・経常収支黒字	不均衡は問題にはならない 　（構成国の多くが域外に対して黒字なので）
第四のグループ ・モノカルチャー経済 　（域内貿易比率が低い） ・経常収支赤字	域外との交易条件の改善が必要 　（構成国の多くが域外に対して赤字なので）

内各国間での調整プロセスは重要ではなく、域外との交易条件の改善が求められる。

　このことから、通貨統合下の不均衡問題で最も楽観視できるのは、域内貿易比率が低く、かつ各国の経常収支が黒字傾向にある場合（主に第三のグループのような）である。この場合、域内での調整が不要であるばかりか、各国とも対外債権国である。いずれの国でも対外債務危機が起こる可能性は低く、共通通貨の域外通貨との関係においても通貨価値を維持しやすい。

　一方、ユーロ圏のように域内貿易比率が高く、域内の不均衡が拡大しているケースと、域内貿易比率は低いが構成国の経常収支が全体として赤字傾向にある場合は厄介である。前者は域内各国間で対外投資ポジションの乖離があるので、対外債務国で債務の持続性問題が表面化すれば、域内各国間でその調整が必要となり、通貨統合に緊張が生じる。後者では域内各国間での調整は不要であるが、いずれの国も対外債務国なので対外債務デフォルトが発生する可能性

第5章　最適通貨圏の理論の限界とリージョナルインバランス

が高い。構成国の一つで対外債務危機が生じると、単一通貨圏である以上、域内全体でその負担をシェアすることになるので、通貨統合の存続に緊張が生じることになる。

　ところで、対外債務危機は滅多に起こらない問題であるから、短期的な景気循環の調整問題よりも深刻に捉える必要はないと考えるのは間違いである。ラインハートとロゴフの対外債務デフォルトの歴史的研究によれば、時期により一定の変動はあるものの、長い目で見れば世界のどこかで危機は繰り返されている。通貨統合を長期の視点で捉えるのであれば、対外債務問題は現実に起こりうることとして捉えるべきであり、そのように考えることこそ持続的な通貨統合の実現に必要である。

第3節　通貨統合の下でのリージョナルインバランスの調整プロセス

　結局のところ、リージョナルインバランスは調整可能なのか、可能であればどのように調整すべきなのか。すでに指摘したように、第三のグループのようなケースでは不均衡問題は顕在化しない。したがって、ここでは調整の必要がある二つのケース、①域内貿易比率が高い場合（主に第一と二のグループ）、②域内貿易比率が低く、なおかつ構成国の経常収支が赤字傾向の場合（主に第四のグループ）、を取り上げる。

(1) 域内貿易比率が高い場合の調整プロセス

　域内貿易比率が高い場合、域内での調整が求められるが、最もシンプルな方法として、単一通貨圏を解体し、各国通貨に戻すことが挙げられる。しかし、これは賢い対応とはいえない。前章で指摘したように、為替相場は経常収支を都合よく調整できるようなものではないからである。むしろ、相互依存関係が強い共同市場において、各国の為替相場や為替政策が存在していることの方が域内での利害関係や対立を生み出し、結果的に保護主義の台頭につながってし

まう危険性がある。したがって、通貨統合の維持を前提として、その上でどのような調整手段があるのかについて明らかにしなければならない。

　この点について、前章でも指摘したように「信用リスクに伴う長期金利差」と「非対称的な財政政策」の二つが調整手段として挙げられる。

　「信用リスクに伴う長期金利差」では、短期の政策金利が統一中央銀行下でほぼ完全に収斂するため、市場で決定される長期金利の差が重要な役割を果たす。赤字国では相対的に高い長期金利により内需と物価が抑制されるので、輸入の増加が抑えられ、なおかつ実質為替相場の増価も抑えられるので域内での価格競争力が改善する。逆に、黒字国では相対的に低い長期金利により、赤字国とは逆の効果をもたらす。これにより不均衡の緩やかな調整や持続可能な水準での維持が可能となる。

　「非対称的な財政政策」では、黒字国が緩やかに拡張的な財政政策、赤字国が緩やかに緊縮的な財政政策を行うことで内需がコントロールされ、結果的に貿易に影響を与えることができる。黒字国は赤字国からの輸入を増やし、赤字国は黒字国からの輸入を抑制して貿易収支の調整を行う。

　これらの政策は対外債務危機を顕在化させないための中長期の緩やかな調整を念頭に置いたものであるため、景気の同調性を損なうような短期でのドラスティックなものであってはならない。域内不均衡が持続可能な範囲内に収まるように、緩やかな調整圧力をかけ続けることが目的である。

(2) 域内貿易比率が低い場合の調整プロセス

　域内貿易が小さく、なおかつ主に経常収支赤字の国々で構成されているような場合では、域外との交易条件の改善が最も重要である。このような国々は農産物などの一次産品に依存するモノカルチャー経済であるため、為替相場の減価による経常収支の改善は上手く機能しない。それゆえに、一次産品のドル建て価格が上昇するか、あるいはアフリカ諸国のように著しく低い農産物の生産性を引き上げて国内需要を賄い、輸入を抑制することが求められる。また、これら諸国から農産物等を買い取る際のフェアトレードも重要である。このこと

第 5 章　最適通貨圏の理論の限界とリージョナルインバランス

から分かるように、経常収支の赤字は構造化され慢性化したものであるため、長期構造的な改善プロセスが必要となる[4]。これは通貨統合に関連する問題ではなく、むしろ各国の産業政策や貿易政策上の課題である。

(3) 国民通貨圏内でも地域間不均衡の調整は必要か

　本章では、たとえ通貨統合の下であってもリージョナルインバランスは避けることのできない課題であり、それを抑制する調整プロセスが必要であることを明らかにした。しかしながら、一つの単一通貨圏である国民通貨でも同じことがいえるであろうか。例えば、わが国、日本は円圏という単一通貨圏を形成していることになるが、各県ごとに経常収支の不均衡を調整しているわけではない。これは米国のドルでもロシアのルーブルでも同じである。このように考えると、今日のユーロのような国家連合による単一通貨と国民国家の単一通貨（国民通貨）では何が異なるのか。その大きな違いは政治統合が高いレベルにまでに達し、財政が統合されているかどうかにある。したがって、われわれは政治統合・財政統合を含めた地域統合プロセス全体から改めて通貨統合を考えなければならない。この課題については、第 7 章で扱う。

71

第6章　途上国の通貨統合におけるベネフィット

　途上国とOCA論に関するこれまでの考察では、主に通貨統合のコストについて見てきた。本章では、もう一方の側面であるベネフィットについて取り上げてみたい。とはいえ、伝統的OCA論では、この課題に十分にアプローチできない。その理由は、第一に、伝統的OCA論では通貨統合が適切であるかどうかの判断において参加国が負うコストに議論が集中しており、ベネフィットの面が重要視されていないからである。現実に通貨統合という一大事業を進めるのであれば、コストのみならずベネフィットについても関心が向けられるのは当然である。実際、ユーロ圏は、伝統的OCA論の条件を十分に満たしていたわけではなかった。それでもなお、ユーロ創設に邁進したのは、通貨統合がもたらす大きなベネフィットに政策当局者達の大きな期待があったからである。

　第二に、伝統的OCA論の「最適性」の定義が狭い範囲に限定されているとの問題もある。伝統的OCA論の「最適性」とは、一つの通貨圏の中で雇用の安定化、物価の安定化が達成できることである[1]。失業とインフレーションを防ぎ、経済を安定させることは、途上国はもちろんすべての国にとって重要であることに変わりはない。しかし、途上国では経済的な安定のみならず、産業育成による雇用の拡大や国際競争力の向上といったような産業政策にとりわけ大きな関心が向けられる。したがって、途上国の通貨統合が産業の発展にどう結びつくのかについても目を向けなければならない。

73

さらに、第三に、伝統的 OCA 論では統合時点の経済的諸条件・指標を OCA の条件としており、通貨統合の後に表れる構造変化については考慮されていない。通貨統合は、それ以前とは経済的な環境が大きく変わるため、企業の投資行動の変化など域内経済に何かしらの影響を与える。したがって、統合時点で OCA かどうかを判断するだけではなく、将来の構造変化やベネフィットにも目を向ける必要がある。

　以上のことから、途上国通貨統合のベネフィットを考えるにあたって、伝統的 OCA 論ではなく、どちらかといえば内生的 OCA 論の考え方に基づいた方が良さそうである。内生的 OCA 論は通貨統合の後の変化に着目して、それが事後的に OCA の条件を満たすとの考え方なので、ベネフィットの視点が織り込まれているからである。なお、結論を先取りすれば、途上国通貨統合のベネフィットは概ね先進国のそれよりも大きい。

第 1 節　域内貿易と直接投資の拡大

(1) 通貨統合が貿易に与える影響——域内貿易比率の高い場合

　ローズは内生的 OCA 論の枠組みの中で、単一の通貨圏内では貿易量が 3 倍以上になることを明らかにした（ローズ効果）。確かに、域内の為替リスクと通貨交換の手数料がなくなるため、貿易にとっては好ましい環境である。とはいえ、通貨統合が貿易に与える影響は「域内貿易比率が高い」場合と「域内貿易比率が低い」場合とでは同じではない。

　前者の代表的な例はユーロ圏であり、域内貿易依存度が 7 割以上に達している。すでに域内の相互依存性が高い状況下では、内生的 OCA 論が示すような域内貿易の増加は容易ではない[2]。この場合の通貨統合のベネフィットは、むしろ切っても切り離せない関係にある共同市場を守ることにある。逆にいうと、通貨統合のない緊密化した共同市場は脆弱である。それは実体経済の障壁が完全に取り払われる共同市場では、同種の製品の価格弾力性が高くなるため、

第6章　途上国の通貨統合におけるベネフィット

域内の為替相場の変動による微妙な価格競争力の変化が保護主義勢力を台頭さ
せる契機となるからである[3]。これはたんに地域統合の停滞・後退の可能性を
強めるだけではなく、それを分裂させてしまうことにもつながりかねない。ち
なみに、ユーロ圏に限っていえば、域内の農産物価格を共通化するための共通
農業政策（CAP）を守るため、域内の為替相場の安定が求められた[4]。以上の
ことから、域内経済の相互依存性が高い場合、すなわち域内貿易比率が高い場
合の通貨統合では、自由貿易地域や共同市場を守ることに主要なベネフィット
がある。

(2) 通貨統合が貿易に与える影響——域内貿易比率が低い場合

　後者の「域内貿易比率が低い」場合には、程度の差はあるものの途上国中心
の通貨統合の多くが該当する。一般的に途上国の自由貿易地域や共同市場では
域内の相互依存度が低い、すなわち域内貿易比率が低いため、通貨統合による
域内貿易拡大の余地は大きい。

　とはいえ、域内の相互依存度は地域によって様々であり、たとえ途上国と
いえどもひとくくりにすることはできない。域内貿易が大きいのは、生産物が
比較的多様化している地域である（第一と第二のグループのような地域）。なぜ
なら、このケースではお互いに交易できる財が存在するからであり、生産され
る財が多様であればあるほど、域内の貿易取引だけで完結できる。一方、域内
貿易が少ないのはモノカルチャー中心の産業構造を持つ地域である（第三や第
四のグループのような）。この場合、お互いに交易できる財は限られており、多
くの財を域外からの輸入に頼らざるをえない。

　この二つのケースでは、通貨統合が貿易に与える影響は同じではない。交易
可能な多様な財が生産される地域では、通貨統合によって為替リスクや通貨交
換のコストが除かれるので、域内貿易が増加する余地が大きい。同時に、すで
に相互依存度の高い共同市場を守る役割も果たすことができる。したがって、
このケースでは、域内貿易の拡大と共同市場の防衛の両面からのベネフィット
が期待できる。

一方、域内貿易が小さいモノカルチャー産業中心の地域では、単一通貨圏内であっても域内貿易が拡大するとは限らない。それは、たとえ為替リスクがなくなったとしても、そもそも交易できる財が限られるからである。加えて、国際市場で取り引きされる一次産品に依存する国では、むしろ対ドル相場の安定の方が重要である。それは、このようなコモディティーがドル建てで契約・決済されるからである。これらのことは、モノカルチャー地域の域内貿易取引にとって通貨統合や域内為替相場の安定が果たす直接的な役割は必ずしも重要ではないことを意味している。とはいえ、次に見るように、たとえこのような地域であっても通貨統合の意義は決して失われるわけではない。

⑶ 通貨統合の下で拡大する対外直接投資

　通貨統合の二つ目のベネフィットは域内クロスボーダーの直接投資の拡大である。実際、欧州ではユーロ発足後に域内直接投資の拡大が顕著となった[5]。モンジェッリ（Francesco Paolo Mongelli 2008）は、ユーロ導入以降、ユーロ圏内の対外直接投資がかなり増加しており、1998 ～ 2004 年の間に約 240% 以上もの拡大が見られたことを指摘している。

　対外直接投資は、金融商品への投資とは異なり、一度実行したら簡単に引き揚げられるような性格のものではない。この意味で、対外直接投資は長期の投資である。また、貿易取引のように為替リスクを負う期間が商品を生産・輸出してから決済に至るまでの短期であれば先物でヘッジできるが、長期の投資では為替リスクのヘッジは不可能である[6]。このため、企業が対外直接投資を行うかどうかの判断において、為替相場が長期的に安定していることは重要である。通貨統合には、長期にわたる為替相場の固定だけではなく、それが続くとの保証がビルトインされるため、企業は対外直接投資を容易に行うことができるようになる[7]。これは、とりわけ中小企業のような比較的規模の小さい企業にとって重要な意味を持つ。通常、多国籍企業などの大きな企業は国際展開するにあたって、財務戦略や CMS（キャッシュ・マネジメント・システム）などの高度な手法を用いて、たとえ変動相場制下であったとしても為替リスクをある

第6章　途上国の通貨統合におけるベネフィット

程度は管理できる。一方、中小企業ではこのようなノウハウも設備投資の余力もないため、為替リスクのヘッジは困難である。

　通貨統合による直接投資の増加は、モノカルチャー産業中心の単一通貨圏であっても域内貿易の拡大につながる可能性があることを示している。ジェームズ・イエットマン（James Yetman 2003）は、単一通貨圏で域内貿易比率が高まる要因は、貿易の取引コストが直接的に減少することよりも、投資の障害が除かれることにあると分析している。域内で為替相場が変わらないとの長期的な投資収益が期待できるからこそ、クロスボーダーの投資が拡大し、域内の国々の産業的つながりが強まる。このような結びつきの結果として、域内貿易が増加する。したがって、たとえモノカルチャー中心の単一通貨圏でも、投資を起点とする域内貿易の拡大が期待できる。もちろん、これは短期ではなく長期的に期待できるベネフィットである。

　通貨統合の下での対外直接投資の増加は、途上国にとって別の重要な意味もある。それは、投資の増加自体が産業育成や経済発展につながることである。これは産業育成を望む途上国にとっては、大きなベネフィットである。とはいえ、単一通貨圏内だからといって、必ずしも直接投資が増えるとは限らない。投資が増加するかどうかには様々なファクターがかかわっており、その代表的なものは域内に存在する資本の量である。財の生産が多様化している地域（第一と第二のグループ）では、資本の量が相対的に多い（とりわけ第一のグループ）。モノカルチャー経済で経常収支黒字国中心の地域（第三のグループ）では、域内資本の蓄積は高い程度にある。しかし、モノカルチャー経済でも経常収支赤字国中心の地域（第四のグループ）では、域内に十分な資本が存在しないばかりか、クロスボーダーの直接投資を行えるだけの規模の大きな企業は多くはない。

　ところで、単一通貨圏に直接投資を行うのは、域内の企業だけに限らない。経済のグローバル化により資本が自由に移動する今日、その資本がどこに向かうのかについては世界各国にとっての重大関心事である。したがって、域外の企業による域内への直接投資についても考えなければならない。

77

個々の途上国は国内市場が偏狭であり購買力に限界があるため、製造業を代表とする企業が育成されにくい環境にある。このような市場では、規模の経済が働きにくいため、大きな生産性の向上は見込めない。しかし、途上国間で共同市場が立ち上がれば、国内と同等のビジネス環境となり、企業にとって市場規模が大きく拡大することになる。さらに、これに通貨統合が加わることで、域内他国において国内市場とほぼ同等の環境下でビジネス展開ができるようになる。個々では投資魅力が乏しい途上国でも、より大きな市場が生まれれば、外資系企業は大きなビジネス上の機会を得ることになる。これにより、当該地域への域外資本による直接投資の増加が期待できる。経済基盤が弱い途上国において、近年の主流である外資主導の経済発展を目指すのであれば、域外資本にも目を向けざるをえない。

　とはいえ、通貨統合を行えば、必ず上手くいくというような楽観論を支持しているわけではない。それは、直接投資が実に多くのその他のファクターに左右されているからである。例えば、紛争や治安といったようなカントリーリスクやインフラの状況、労働力や資本などの生産要素、外資企業に対する出資規制などの規制的な障壁、そして次に述べるインフレ率や金利といったマクロ経済環境、などの企業活動上の様々な制約もまた直接投資の判断において欠かせないものである。

第2節　インフレ率の安定と名目金利の低下

　途上国通貨統合のベネフィットとして、インフレ率と名目金利の低位安定も挙げられる[8]。通貨統合は、通貨価値の信認の欠如に起因する物価の高騰に対して有効に機能する。インフレに悩む小国では、ドルを自国通貨として流通させる、いわゆるドル化によってインフレ率を安定させることに成功している。これは米ドルとの通貨統合を意味しており、米ドルの信認を輸入することでの国内の物価安定を目的としている。途上国の通貨統合でも同じ文脈で理解する

第6章　途上国の通貨統合におけるベネフィット

ことができる。たとえ、個々の国々の通貨価値が不安定であっても、通貨統合によってその他の国々の通貨価値の信認を輸入できるので、インフレ率の低位安定を期待することができる[9]。この意味では、インフレ率の低位安定は本質的には通貨統合の事前的な条件などではなく、内生的OCA論の考え方のように事後的に達成されるものと理解すべきである[10]。

とはいえ、インフレ率の低下がどの程度期待できるかは、単一通貨圏を構成する国々のマクロ経済的な基盤次第である。高インフレ・経常収支赤字のような脆弱な経済基盤の国々ばかりで構成される共通通貨に比べて、低インフレ・経常収支黒字の国々で構成する共通通貨の信認は高いものとなる[11]。

さらに、とりわけ発展水準の低い途上国では、中央銀行の財政ファイナンスを防ぐ上で通貨統合が有効に機能する。中央銀行が完全に政府の支配下にあり、財政ファイナンスを中央銀行に強要するような国では、インフレ率が高いことが多い[12]。統一中央銀行の下では、各国の個別の事情だけがその政策決定に影響を与えるわけではないため、財政規律の欠如から生じる高インフレが抑制される。

通貨統合によってインフレ率が低下すれば、名目金利の低下も期待できる。一般的に途上国は、先進国に比べてインフレ率が高止まりするため、名目金利も高いことが多い。高インフレは資産の蓄積を阻害し、生産意欲の減退や生産性の低下、国際競争力の低下をもたらす。同時に、高金利は企業の資本コストを上げるため、投資の阻害要因となる。通貨統合によってこれらが改善できるのであれば、産業発展、経済発展の基盤となるマクロ経済的環境が整うことなる。

インフレ率の低下は域外通貨との為替相場の安定にも有効である。インフレ通貨は慢性的な為替相場の下落圧力にさらされているからである。また、通貨統合によって外国為替市場の規模が拡大することも、資本移動による為替相場の変動圧力を弱めることにつながる。域外通貨に対して変動相場制を採用する場合はそのボラティリティが小さくなり、固定相場制を採用する場合は固定レートの維持が容易になる。また、後者の場合、変動圧力が弱まることから、為替介入に必要な外貨準備が大幅に節約できるメリットもある。これは途上国、

79

特に第四のグループのような慢性的な通貨下落の圧力に晒されている国々にとっては大変大きなベネフィットである。

第3節　金融統合と金融市場の発展

　途上国の通貨統合は、金融統合を通じて未成熟な金融市場の発展にも結びつく。一般的に、途上国では金融システムや金融市場の発展が遅れている場合が多い。とりわけ発展水準の低い国々では、資本市場はおろか銀行を通じた間接金融システムですら脆弱である。このような場合、規制やルール、決済インフラといったような金融インフラが整備されていないばかりか、そもそも国内の資本蓄積が不十分であるため、資金の出し手である投資家が十分に育成されていない。このため、市場流動性に乏しく、資本市場において流通市場が機能していないことも多い。

　通貨統合はこのような状況を変える契機となる。通貨統合による金融統合の進展が、金融市場の発展につながるからである。これは、次の三つの理由による。

　第一に、インフレ率が低下すれば名目金利の低位安定が期待できるので、域内の投資家からの資金調達が容易になる。途上国では一般的に、高インフレ・高金利が常態化しているため、企業の信用アクセスに困難を抱えている場合が多い。通貨統合による金利の低下は、企業の資金調達環境を大きく改善する。

　第二に、為替リスクの消滅による域内他国への投資に対するホームバイアスの低下である。これは、域内の資金調達者から見れば、より多くの域内資本にアクセスできるようになることを意味している。加えて、投資家が域内他国への長期投資に乗り出すことが期待できるので、資金の調達者は長期の資金調達が容易になる。

　第三は、第二の理由と関連するが、域内他国への投資が拡大することによって金融市場の流動性が向上することである。一般的に、途上国は国内貯蓄が不十分なので、金融市場の流動性に乏しい。しかし、通貨統合によるホームバイ

第6章 途上国の通貨統合におけるベネフィット

アスの低下によって、それまで国内投資だけに限定していた保守的な投資家が域内他国の市場に参加できるようになる。保守的な投資家の存在は、とりわけ債券市場の流動性の向上にとって重要な意味を持つ。積極的にリスクを取れるアクティブな投資家だけでは、株式市場の発展は望めても、債券市場の発展は期待できない。

さらに、市場の流動性が高いこと自体が、より多くの投資家を市場に導入し、流動性を高めることにつながる。ADB（Asian Development Bank 2012）は、東アジア域内の投資家（ここでは主に銀行とファンド）がどのような動機に基づいて投資を行っているのかについて分析したところ、最も重要なものに「高い流動性」、次に「リスクとリターンのプロファイル」を挙げている。つまり、市場に参加する多くの投資家は一般的に潤沢な流動性を重要視していることになる。有価証券をいつでも購入でき、それをいつでも売却できる安心感がなければ投資家は容易には市場に参加しない。これは、資金の調達者にとっても同じことで、流動性の高い市場で債券を発行するインセンティブを持つ。

一般的に、偏狭な国内市場しか持たない途上国において、金融市場、とりわけ資本市場を育成することは困難なプロセスである。しかし、各国通貨ごとに分断されている金融市場が通貨統合によって結びつけられることで、途上国の金融市場といえども規模の経済性を享受することができる。もし、途上国地域で金融市場が効果的に機能するようになれば、それまで停滞していた産業育成や経済発展の契機となるかもしれない。

とはいえ、金融市場の発展のためには、金融機関や中央銀行システム、金融規制やルール、決済システムといった金融インフラの整備や投資家の育成などの多くの要素が必要であり、通貨統合はその一つに過ぎない。加えて、域内全体の貯蓄が極端に不足しているケース（第四のグループのような）では、通貨統合の有無に関係なく、金融市場発展の前提条件が整っていない。このように、金融市場の発展には様々な前提条件が必要であり、通貨統合はその手助けとなる一つの手段に過ぎないということを忘れてはならない。

第4節　途上国の通貨統合は経済成長をもたらすのか

これまでのところで、途上国通貨統合のベネフィットは、概ね域内の産業育成や経済発展に関連していることが明らかとなった。これは、欧州で議論されてきた通貨統合が経済成長を促すのかとの論点と本質的には同じである。では、ユーロ圏はユーロ導入によって成長の果実を手にできたのであろうか。残念ながら、ユーロ圏では経済成長率が高まったとの事実を見出すことはできない（図6-1）。グラウエもユーロが成長を押し上げるという証拠はほとんど全くないと結論づけている[13]。

では、途上国の通貨統合が経済成長に貢献できるのかといわれれば、これまでのユーロ圏での現実を見る限り悲観的な見方をせざるをえない。とはいえ、ユーロ圏が全体として先進国中心であることを差し引いて考えなければならな

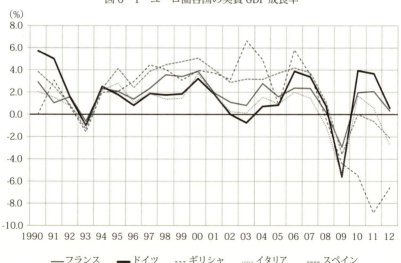

図6—1　ユーロ圏各国の実質GDP成長率

出所：IMF, World Economic Outlook Database, April 2015.

第6章　途上国の通貨統合におけるベネフィット

表6—1　途上国での通貨統合のベネフィット

①先進国よりも域内貿易拡大の余地が大きい
　（交易可能財が多い場合は短期間で拡大するが、少ない場合は長期のプロセス）
②域内貿易比率が高い場合は共同市場の分裂を防ぐのに役立つ
③クロスボーダーの直接投資の拡大が期待できる
　（域内に十分な資本がない発展レベルの低い途上国では期待薄）
④域外からの直接投資の流入が期待できる
⑤インフレ率と名目金利の低下が期待できる
　（発展レベルの低い途上国ほどベネフィットは大きい）
⑥金融統合によって金融市場の発展が期待できる
　（貯蓄が少ない発展レベルの低い途上国では期待薄）
⑦先進国に比べて経済成長が期待できる

い。先進国では経済の成熟化に伴い低成長経済へ移行することは必然である。一方、途上国は先進国にキャッチアップする途上にあるとすれば、産業発展とその後の経済成長の余地は先進国よりも大きいと考えられる。

　繰り返しになるが、決して通貨統合万能論を支持しているわけではない。経済発展には、多くの前提条件が必要である。通貨統合が途上国経済の発展に貢献できるとしても、それは多くの前提条件の一つに過ぎないのであり、決して過大評価してはならない。

　本章では途上国通貨統合のベネフィットについて、いくつかの側面から検討してきた（表6-1）。冒頭でも指摘したように、OCA論の「最適性」の定義は、もっぱら安定化の議論に終始してきた。しかし、これではインフレや失業などの限られた範囲の中でしか「最適性」を論じていないことになる。本章で明らかにしてきたように、通貨統合が途上国の産業育成や経済発展に与えるポジティブな影響を重要視すべきである。したがって、途上国通貨統合のベネフィットには、「産業政策」の視点も含めるべきである。

第7章　地域統合プロセス全体からみた通貨統合

　通貨統合を現実的に考えるのであれば、避けて通れないのは「政治」である。前章までの考察では、主に経済の論理に焦点を当ててきた。しかしながら、主権国家の統合である以上、政治的な壁が立ちはだかっているのであり、通貨統合とは主権をいかにして放棄できるのかという問題でもある。したがって、われわれは、次に「政治」的な側面を含めた地域統合プロセス全体のより幅広い視点から通貨統合を考えなければならない。

第1節　通貨統合の三段階論

(1) 財政統合と政治統合

　通貨統合が次の段階に進むためには財政統合が必要であると主張する論者は多い[1]。今般の欧州債務危機でもユーロの不完全性が問題視され、その解決策として財政統合が必要であるとの論調が多く見られるようになった[2]。

　では、なぜ通貨統合には財政統合が必要なのか。このロジックはおおよそ次のようなものである。もし、域内の諸国間で景気の同調性に乖離が生じた場合、財政統合にはそれを和らげる効果がある。景気が良い国では所得税などの税負担が増えるために税収が増えるが、景気が悪化している国では逆に税負担

が減り、失業手当などの社会保障給付を受け取ることができる。これは、財政資金が景気の良い国から景気の悪い国に移転することを意味している。OCA論では、労働力の移動、資本移動、貿易ルートや金融リスクシェアリングなど景気の同調性を実現する様々な条件が示されているが、この財政統合も同様の文脈で捉えることができる。

　加えて、財政統合ではいったん全体の財政予算に組み入れられた後に、地方（単一通貨圏の構成国）に予算を配分するといった直接的な財政移転もある。例えば、日本では地方交付税交付金がこれに該当する。中央と地方の財政調整の観点から、多くの先進国では多かれ少なかれこのような制度が確立している場合が多い。このような所得移転は一時的なものに留まらず、長期的な調整を可能にするので、地域間格差の平準化が期待できる。

　もし、このような財政調整がなければ、経常収支の赤字により国内貯蓄が十分ではない国の政府は、十分な貯蓄がある経常収支黒字国から借り入れを行わなければならない。この場合、結果として対外債務が積み上がるのであり、これはいずれ返済しなければならない貸し借りの関係である。ユーロ圏では、欧州債務危機によって北部欧州諸国が南欧諸国に対して資金的な支援を行っている。これは、一見すると財政統合の下での財政移転メカニズムのようにも見えるが、実際のところそうではない。北部欧州諸国の支援は貸し付けであり、債務返済のリスケジューリングを行っているに過ぎない。ユーロ圏のように財政統合が確立していない単一通貨圏で対外債務危機が生じると、貸借の関係が政治的な軋轢を伴って前面に出て来ざるをえなくなり、通貨圏の存続に緊張が生じることになる。逆にいえば、財政統合によって、単一通貨圏のリージョナルインバランスは解決可能な問題となる。

　とはいえ、現実的には財政統合は容易ではない。それは国家主権の中でもとりわけ重要な財政主権の放棄を各国が許容しなければならないからである。そして、これは政治統合が非常に高いレベルに達して初めて可能となる。政治統合とは、一般的には超国家的機関の設立とそれへの国家主権の委譲を意味している。また、これをより広く解釈すれば、統合に対する政治的な意志や単一通

第 7 章　地域統合プロセス全体からみた通貨統合

貨圏内の国民のアイデンティティーの統合を含めることもできる（この点は後述する）。財政統合は、単に超国家的な機関（統一財務省といったような）に主権を移譲すれば実現するというわけではない。地域間の財政移転が容認されるかどうかは、統一財務省があるかないかに加えて、結局のところ単一通貨圏内の国民のアイデンティティーに依存することになる[3]。われわれ日本人が、居住している都道府県を理由に地方交付税交付金に対して不満を持つことが少ないのは、日本人としてのアイデンティティーが確立しているからである。

(2) 財政統合と金融システムの統一

　財政統合は金融システムとも無関係ではない。それは、財政統合によって体系的な単一の金利体系が確立されるからであり、この段階で初めて単一通貨圏内の金融システムの統一が実現される。ユーロ圏で見られたような長期金利の収斂は、各国の金利水準が同じになっただけで、金利体系が一本化されたわけではない。財政が統合されていない場合、各国ごとに信用リスクの異なる国債を発行するのだから、長期金利は本質的に収斂することはない。事実、欧州債務危機によって各国国債の信用リスクが強く意識されるようになると、長期金利は大きく乖離した。

　しかし、財政が統合されれば、域内で発行される国債が統一財務省によって発行される単一の共同債に限定されるので、長期金利が制度的に一つに統合される。短期から長期までのすべての金利体系が一つに統合される段階で初めて、単一通貨圏での金融システムは完成する。

　このことが意味するところは、金融統合の概念の中に財政統合も含めるべきということである。金融統合は、一般的に資本移動の自由化から始まり、域内で統一的な金融市場が整備され、さらに通貨統合で単一の金利体系が確立することと理解されている。しかし、これだけでは十分とはいえない。繰り返しになるが、財政が統合されて初めて金融システムが完成するのであり、通貨統合だけでは制度的な単一の金利体系は確立しえない。したがって、金融統合の定義は①資本移動の自由化、②単一の金融市場の整備、③通貨統合、④財政統合、

87

と理解すべきである。

　ところで、単一通貨圏で単一の長期金利体系を確立するだけであれば、財政が統合されなくとも、共同国債を発行すれば実現できるとの考え方もある。しかし、これには問題がある。財政統合を伴わない通貨統合では、長期金利差が財政規律の維持と不均衡拡大の抑制につながるからである。したがって、共同国債の発行は、財政統合と同時に実現すべきである。

(3) 通貨統合の三段階論

　今般の欧州債務危機・ユーロ危機ではユーロが財政統合を伴わない過渡的な通貨統合であるにもかかわらず、すべてのマクロ経済指標を収斂させようとしたところに問題があった。通貨統合は、それが実現した時点では過渡的なもの、不完全なものでしかない。このことから、通貨統合それ自体を三つの段階で捉える必要がある（図7-1）。

　第一段階は、現在のユーロのように通貨と中央銀行システムだけが統合され、財政や政治の統合があまり進んでいない状態である。この段階では、経常収支と対外投資ポジションは持続可能な水準であることが求められる。また、マネーマーケットの統合を通じて短期金利は統一されるが長期金利は統合されない。したがって、金融統合は不完全なままであり、統一的な金融システムは実現していない。

　第二段階は、通貨と中銀のみならず、財政統合に向けた税制の統一や財政政策の協調が高いレベルで実施される段階である。この段階は、あくまで財政政策の「協調」である。それゆえに、引き続きリージョナルインバランスに注視する必要があるし、金融システムの制度的統一も実現していない。ただし、この段階である程度の財政移転メカニズムに関する協調が得られているのであれば、不均衡に対する耐久性は高まるかもしれない。

　第三段階は、徴税と分配が超国家的機関に集約し、かつ税制が統一される段階である。この場合、統一財務省の下で共同国債の発行が可能となるので長期金利は一本化され、一つの金利体系の下で金融システムの統合が完成する（完

第7章　地域統合プロセス全体からみた通貨統合

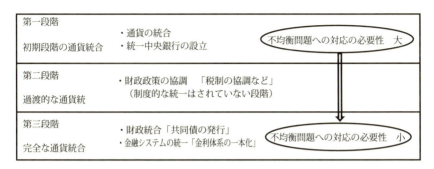

図7—1　通貨統合の三段階論

全な金融統合)。この段階では、高度な政治統合と財政統合によって地域間再分配が容易になるので、リージョナルインバランスはもはや問題ではなくなる。

　ここで示した三段階論は、必ず最終段階まで到達することを求めるものではない。いい換えると、第一段階や第二段階で留まるような単一通貨圏もありうるということである。各段階での適切なマクロ経済運営が行われれば持続的な通貨統合は実現可能である。

　付言すれば、この三段階論は、あくまで今日のユーロや通貨統合を計画している途上国のような機能主義的な統合を前提としたものである。しかし、現実には、このような通貨統合ばかりとは限らず、国家統一のような政治的な統合に伴って通貨統合が行われる場合もある。このようなケースでは、上記の三段階論は全く見当違いの道筋となる。

第2節　地域統合のプロセスと通貨統合

　前節では、政治統合と財政統合が通貨統合とどのように関わるのかを明らかにした。次に、われわれは、それらを含めて地域統合プロセス全体にまで視点を広げて、通貨統合がその中でどのように位置づけられるのかを見ていかなければならない。したがって、本節では、主に二つの枠組みから、この課題にア

プローチしたい。一つは、経済統合に限定したベラ・バラッサ（1963）の枠組みである。二つ目は、経済統合・通貨統合・政治統合の三者から捉えるオトマール・イッシング（Otmar Issing 2001）の枠組みである。この二つの枠組みに共通しているのは、地域統合を段階論的に捉えている点である。つまり、統合の個々の要素は段階ごとに進んで深化するものと考えられている。しかし、このような理解で問題ないかどうか再検討しなければならない。本節では、地域統合の個々の要素は相互に影響を与え合いながら、同時並行的に進むのであり、決して段階論的に捉えるべきではないことを明らかにしていく。

(1) 経済統合における通貨統合の位置づけ──バラッサの枠組みから

バラッサによれば、経済統合の一連の展開は次のように分類される。①自由貿易地域、②関税同盟、③共同市場、④経済同盟、⑤完全なる経済統合である。一般的には、地域経済統合はこの順序に従って進むと考えられており、実際にEUの経済統合はこの過程に従ってきた。

この枠組みの中では、通貨統合は金融政策の統一や超国家的機関の設立を前提とする「⑤完全なる経済統合」の一部に位置づけられる。一方、金融統合はその初期段階が資本移動の自由化であることから、まず生産要素の自由移動である「③共同市場」として分類できる。次に、金融規制・監督の統一や決済システムの統合など金融面での政策協調が実施される段階にまで進むと、経済政策の調整が伴う「④経済同盟」に分類できる。さらに、通貨統合による金融政策の統一や財政統合による金利体系の一本化が実現して金融統合が完成する段階は、超国家的機関の設立、金融政策・財政政策等の統一を前提とする「⑤完全なる経済統合」に該当する。このように、金融統合はバラッサの枠組みでは、③〜⑤の段階に位置づけられる概念である。

バラッサの段階論は今日の経済統合の一連のプロセスを概ね適切に捉えている[4]。とはいえ、どの段階で通貨統合が行われるべきかについては、なお検討の余地がある。グラハム・バードら（Graham Bird et al. 2006）は、自由貿易地域と共同市場の形成が通貨統合に、より有利な状況を生み出す可能性がある一

第7章　地域統合プロセス全体からみた通貨統合

方で、通貨統合が貿易を促進し、自由貿易地域に対する保護主義の台頭を抑制する可能性もあるので、自由貿易地域と通貨統合には双方向の関係があることを指摘している。すでに明らかにしたように、通貨統合は貿易や投資を拡大したり、共同市場を守る役割を果たす。要するにこれは「通貨統合⇒自由貿易地域」であり、経済統合の一連のプロセスの中で必ずしも自由貿易地域がそれに先行する必要がないことを意味している。したがって、バードらの指摘のように自由貿易地域と通貨統合が相互にプラスに作用し合うとする見方には妥当性がある。そうであるとすれば、自由貿易地域と通貨統合は必ずしも段階論的に捉える必要はなく、両者の同時進行が可能である。

　しかしながら、現実の多くの経済統合プロセスにおいて、最初の出発点になるのは自由貿易地域である。この理由についてバードらは、経済的側面ではなく政治的側面から説明している。自由貿易協定による貿易自由化の利益は小さいが、政治的コストが小さいために結果的に政治的利益が上回る。しかし、通貨統合の場合、誰が利益を得るのか明確ではないために潜在的な政治的コストが大きい。それゆえに、まず自由貿易地域が先に選択されやすいとしている。自由貿易地域の形成は参加国に何らかの主権の放棄を要求するわけではないために政治的なコストが小さい[5]一方で、通貨統合は通貨主権を手放すことになるので政治的なコストが大きい。通貨主権の放棄は、通貨発行のコントロールができなくなることによる金融政策上の不自由や、通貨発行特権の喪失を意味する[6]。それゆえに、自由貿易地域や金融統合に比べて、通貨統合にはベネフィットがより一層明確であることが求められ、同時に政治的協調のレベルを引き上げないと通貨主権の放棄は許容されない。このため、バラッサの段階論が現実的な選択肢にならざるをえない。

⑵ 地域統合全体における通貨統合の位置づけ——イッシングの枠組みから

　イッシングによると、戦後の欧州統合は機能主義を優先したので、経済統合を出発点にして、それが通貨統合に影響を与え、さらにこの両者が政治統合に影響を与えてきた（図7-2）。確かに、貿易統合から始まった統合プロセスは、ユー

図7—2　「機能主義的」統合プロセス（ローマ条約〔1957年〕に基づく）

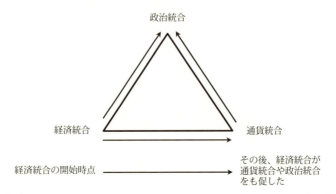

出所：Otmar, Issing(2001), "Economic and Monetary Union in Europe: political priority versus economic integration?," Paper for the Conference 2001 of the European Society for the History of Economic Thought, February 2001.

図7—3　地域統合プロセス全体の概念図

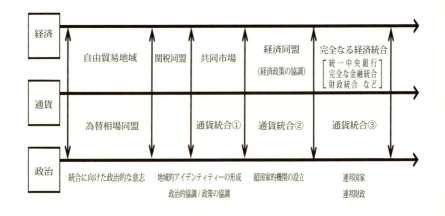

ロの創設につながり、さらに欧州債務危機を経て財政統合の必要性が叫ばれるようになった。すなわち、欧州では「経済統合⇒通貨統合⇒政治統合」と段階的に進んできたと見ることもできる。とはいえ、単純な段階論だけで理解するのは早計である。ユーロが発足したのは1999年であり、「経済統合⇒通貨統合」

第 7 章　地域統合プロセス全体からみた通貨統合

といえるかもしれない。しかし、欧州ではスネークや EMS といったような為替相場同盟の時期からすでに通貨協力が始まっていたのであり、この意味では経済統合プロセスと通貨協力プロセスは同時並行的に進んできた。

　政治統合についても同じことがいえる。欧州統合では、政治統合も経済統合と同時並行的に進んできたと見るべきである。イッシングによると、現在の欧州の政治統合には少なくとも三つの補足的次元が存在しており、国家形成のいくつかの要素をすでにシェアしている。具体的には、①ユーロ圏のメンバーはすでに欧州レベルの政策決定をシェアしている、②すでに国家主権のいくつかの領域を超国家レベルに移している、③すべての国々は、多様なプレッシャーの下で伝統的な国家の機能の一部がかなり変質している。

　さらにいえば、政治統合は統合の最初期の段階からすでに始まっている。欧州統合において、当局者や国家のリーダー達による政治的な意志（Political Will）がそもそも統合の初期の段階で必要であったことを鑑みれば、これも一つの政治統合と見るべきである。欧州では、戦後復興の中での欧州統合への機運があったからこそ、それが統合への原動力になった。したがって、統合のための具体的な制度や政策だけが政治統合とは限らないということをわれわれは理解しなければならない。いうまでもないことだが、政治的な意志が伴わない東アジアでは、今のところ統合プロセスはほとんど進展していない。

　結局のところ、イッシングによる統合の三つの次元「経済・通貨・政治」も同時並行的かつ相互に影響を与え合う関係にあり、必ずしも段階的に進んでいくとは限らないことを指摘しておきたい。

⑶ 相互依存的に進む統合の各次元

　では、地域統合プロセス全体を、どのように理解するのが正しいのか。結局のところ、「経済・通貨・政治」の各次元は段階的ではなく動態的であり、相互依存的にお互いに影響し合いながら、統合プロセス全体は進んでいく（図7-3）。経済の次元では自由貿易地域から共同市場へと進み、その後、経済政策の協調や統合が行われる。同時にこの次元では、金融統合も他の次元と影響し

合いながら進む。通貨の次元では為替相場同盟からスタートし、次に通貨統合が行われ、さらに通貨統合の第三段階まで深化する。そして、政治の次元では統合に向けた意志から地域レベルでのアイデンティティーが形成され、政策協調や超国家的機関の設立、そして連邦財政や連邦国家へと展開していく。い繰り返しになるが、これら各次元は決して独立したものではない。相互に影響を与え合いつつ、統合全体が進むのである。

　これらの関係を欧州のケースで具体的に見てみよう。経済と通貨の関係では、関税同盟や共同市場の発足が為替相場同盟や通貨統合につながったと同時に、為替相場同盟や通貨統合も貿易統合や金融統合などの多くの経済領域の統合を促してきた[7]。また、政治と経済・通貨との関係では、戦争の反省に基づく欧州統合の政治的な意志が高まるにつれて、貿易から始まる経済統合の進展、さらには為替相場同盟や通貨統合に影響を与えてきた。逆に経済統合の進展や通貨統合といった機能主義的な統合が、一定程度の超国家機関の設立や政策協調、そして欧州人としてのアイデンティティーの強化（今のところ高いレベルではないにしても）に結びついてきた。

　もっとも、欧州債務危機・ユーロ危機により、欧州人としてのアイデンティティーはむしろ後退しつつある。各国では、ナショナリズムをむき出しにしたような対立構造が顕在化し、反EU的な勢力が力を増している。通貨統合の運営上の失敗が、政治統合と経済統合の後退につながったのである。すなわち、統合の各要素が相互に影響を与え合う関係にあるからこそ、通貨統合の次元で引き起こされた問題が政治統合と経済統合の領域にも悪影響を与えているのである。

　ここでの議論は、途上国の通貨統合でも重要な視点となる。すなわち、地域統合プロセス全体をイメージしながら、統合の各段階がどこまで進んでいて、どのように影響を与え合うのかを理解しなければならない。通貨統合は独立した経済政策ではないのである。われわれは常に経済統合や政治統合との関連の中で通貨統合を捉えるべきである。

94

第 8 章　GCC 通貨統合の概要とそのねらい

　現在、湾岸産油諸国の地域共同体である「湾岸協力会議（Gulf Cooperation Council）」（以下、GCC）において通貨統合が計画されている。GCC の構成国はサウジアラビア・アラブ首長国連邦（UAE）・クウェート・カタール・バーレーン・オマーンの 6 ヵ国だが、このうち通貨統合に当初から参加する予定なのは UAE とオマーンを除く 4 ヵ国である。2008 年の GCC 首脳会議で「GCC 通貨統合協定（GCC Monetary Union Agreement）」が 4 ヵ国により調印され、翌 2009 年に発効した[1]。これにより、GCC で通貨統合が行われることが正式に決定した。しかしながら、当初、予定されていた 2010 年の導入は延期となり、今のところ次のスケジュールが定められないまま、計画の延期が続いている。もっとも、具体的な細部については今後の制度設計に委ねられているため、通貨統合の実現までにはさらなる準備期間を要する。通貨統合は白紙になったわけではなく、制度設計を検討しながら少しずつ前進している。

　前章までは、もっぱら途上国通貨統合の理論に焦点を当ててきた。次に、われわれが明らかにしなければならないのは、具体的な地域を対象とした途上国通貨統合の構造についてである。本章とそれに続く第 9 章、第 10 章、第 11 章では、現在進行する途上国の通貨統合の一つであり、なおかつ最も実現に近いと考えられる GCC 通貨統合を対象にして論を進めていく。まず、本章では、GCC 通貨統合の概要やその背景について見ていく。

第1節　湾岸諸国の経済構造

(1) 湾岸経済と石油市場

　湾岸諸国で最も重要な産業は石油産業である。したがって、湾岸諸国の経済構造を明らかにするには、石油市場を理解することから始めなければならない。表 8-1 は、湾岸諸国の GDP における産業別構成を示したものである。表に示されている「工業」には「鉱業」、すなわち石油産業が含まれている。したがって、湾岸諸国の場合、「工業」から「製造業」を除外したものが、おおよその石油産業の割合と見てよい。どの国でも総じて「製造業」の割合が低いことを鑑みると、約 5 割〜 6 割が石油産業であり、石油に極度に依存した経済構造となっている。加えて、2012 年のサウジアラビアの輸出総額における鉱物資源（大半が石油）の割合が 86.9％であることからも、極度の石油依存の構造が見て取れる[2]。

　湾岸諸国が経済的に台頭したのは、20 世紀初頭から半ば以降、石油が発見されたことによる。しかし、これらの地域が産油国として当初から経済的に潤ったかといえば、必ずしもそうではなかった。それは、この当時、欧米の国際石油資本が中東の石油を支配していたからである。国際石油資本は自らに都合の良い水準に石油価格をコントロールし、湾岸諸国に支払う利権料を低く抑えることで莫大な利益を手にしていた。

　しかし、国際石油資本の繁栄は、1950 年代をピークに徐々に陰りを見せ始める。この当時、下落傾向にあった石油価格と国際石油資本による一方的な公示価格の設定は、産油国の石油収入を圧迫し、資源ナショナリズムの台頭に結びついた。その結果、1960 年に国際カルテル・OPEC が結成された。しかし、この後 10 年間で OPEC が果たした役割は限定的なものであり、国際石油資本の支配から完全に脱却するのは、1970 年代に入ってからのことである。

　1970 年代のオイルブーム（非産油国ではオイルショック）は湾岸諸国にとっ

第8章　GCC通貨統合の概要とそのねらい

表8—1　湾岸諸国のGDPにおける産業別構成（2013年）

	農業	工業（うち製造業）	サービス業
サウジアラビア	1.9%	60%（10%）	38.1%
UAE	0.7%	59%（ 9%）	40.3%
クウェート	0.3%	67.2%（ 6%）	32.5%
オマーン	1.3%	68.6%（11%）	30.1%

注：工業には農業とサービス業以外のすべて、製造業・鉱業・建設等が含まれる。
出所：World Bank, World Development Indicators.

て大きな転機となった。1973年の第一次オイルブームは、1960年代から蓄積してきた資源ナショナリズムの基盤の上に、第四次中東戦争、石油需要拡大、ニクソンショックによるドル下落、交易条件悪化などの、いくつかの要因が重なったために生じた。これにより、湾岸諸国は莫大な石油収入を手にすることになった。続く1979年の第二次オイルブームは、イラン革命による石油供給量の減少の下で生じた。しかし、この石油価格高騰は長続きしなかった。OPECの中でも比較的減産に耐えられたサウジアラビアは価格調整において中心的な役割を果たし、自らが主体的に生産調整を行っていたが、1985年にこれを放棄したために石油価格は大きく下落することとなった。この後、1990年代の末まで石油価格の低迷が続き、湾岸諸国の財政は悪化し、実体経済も停滞を余儀なくされた。

　湾岸経済が活況を取り戻すのは、2000年代に入って石油価格が再び高騰してからであった。リーマンショック後の石油価格の暴落などの一時的な調整はあったものの、基本的に高値水準を維持したため、湾岸経済は好調を維持し続けることができた。ところが、シェールオイルの台頭や新興国経済の減速により石油市場の構造が変化したため、2014年の後半頃から石油価格は再び低迷し、現在に至っている。このような石油価格の下落の直接の引き金を引いたのはOPECにおいてサウジアラビアが減産を拒むという形で再び価格の調整役を放棄したことにある。石油市場の供給過剰に直面して、湾岸経済が今後も盤石であるとは必ずしもいえない状況となっている。

97

⑵ 湾岸経済における製造業とサービス業

　湾岸諸国の経済は、現在においても石油の輸出が最も重要であることに変わりはない。しかしながら、製造業や観光・金融といったサービス業も徐々に育成されてきており、湾岸経済を石油だけで理解することは必ずしも適切ではない。

　湾岸諸国の製造業は、石油に付加価値を加える石油精製や石油化学などの石油関連産業が中心となっている。特にエチレンやエタノールの生産といった石油化学産業は国際的競争力を有するまでに成長している。例えば、サウジアラビアではサウジアラビア基礎産業公社（Saudi Basic Industries Corporation）が中心となって、製造業の育成に従事している。2008 年末時点で、サウジアラビア国内で操業している同公社傘下の企業は、石油化学 11 社、化学肥料 4 社、鉄鋼 1 社、産業用ガス 1 社、ポリエステル繊維 1 社、プラスチック 1 社の計 19 社となっている[3]。

　また、バーレーンと UAE のドバイ首長国では、アルミニウム産業が大きく成功している。アルミニウム産業が成長産業となったのは、湾岸諸国でのエネルギーコストの低さにある。アルミニウムの精錬には多くの電力が必要となるが、エネルギーの生産国である湾岸諸国には安価な電力を提供できる競争上の優位性がある。

　サービス産業については、とりわけ UAE のドバイ首長国に言及しておく必要がある。ドバイは産油国ではあるものの、その生産量は年々減少しており近い将来枯渇するといわれている。それゆえに、ドバイは限りある石油資源を有効活用して、石油以外の産業育成に注力してきた。このような開発戦略の中心となっているのが国内規制の適用を受けないフリー・ゾーンの設置である[4]。このような戦略の下での発展の礎となったのがジュベル・アリ港に併設された「ジュベル・アリ・フリー・ゾーン（JAFZ）」である。100％出資による企業の設立や法人税の長期免除などの優遇措置により、多くの外国企業の誘致に成功してきた。これにより、ドバイは中東の中継貿易の拠点として大きな成功を収めることができた。その後、ドバイ・インターネット・シティ（DIC）、ドバイ・

第8章　GCC 通貨統合の概要とそのねらい

ヘルスケア・シティ（DHCC）、ドバイ国際金融センター（DIFC）などのフリー・ゾーンが次々に設置され、これらをテコに外資を呼び込み成長に結びつけることがドバイの基本経済戦略となった。

　また、ドバイは観光産業にも力を入れている。ドバイには歴史的な建造物が少ないためにリゾート地としての観光開発を行っており、高級ホテルのブルジュ・アル・アラブ、巨大ショッピングモールのドバイ・モール、世界最大のタワーであるブルジュ・ハリファなど、豪華絢爛な観光資源を建設して世界中から多くの観光客を招き入れている。これに関連して、ドバイのエミレーツ航空はそのサービスの高さから急成長を続けており、世界的にも競争力の高い航空会社として台頭している。

　サービス産業で忘れてはならないのは金融産業である。湾岸諸国での金融産業は、バーレーンがその先駆けとなった。もともと、石油資源に乏しいバーレーンは早くから産業の多角化を迫られ、その一つとしてオフショア金融センターをテコにした国際金融業の育成があった。進出してきた外資系金融機関に対して国内法制を課さないオフショア・バンキング・ユニット（OBU）が 1975 年に創設され、現在ではバーレーン・フィナンシャル・ハーバー（BFH）となっている。これにより多くの外資系金融機関を誘致することに成功し、最近ではイスラム金融にも力を入れている。しかし、近年ではビジネス拠点としてのドバイの優位性からドバイ国際金融センターが急速に台頭しており、中東の金融ハブとしての地位を失いつつある。

　湾岸経済は基本的には石油産業が中心であり、石油価格によって国内実体経済の良し悪しが決まるといっても過言ではない。しかし、その中でもドバイに代表されるように、石油以外の産業も徐々に育成されつつある。しかし、細井長（2005）が指摘するように、湾岸諸国では労働コストが比較的高いなどの要因により製造業については石油関連産業以外の発展を望むことは難しく、むしろサービス産業の育成に注力した方が成功する可能性が高い。実際にドバイの成功を受けて他の湾岸諸国でもサービス産業を育成しようとの動きが広がっている。

99

⑶ 湾岸諸国の為替政策

　現在の湾岸諸国の為替相場制度は、基本的にドルペッグ制である（表8-2）。ただし、クウェートだけは、2007年にドルペッグ制から通貨バスケットペッグに変更している。とはいえ、バスケットの構成通貨の大半がドルであるため、事実上のドルペッグ制となっている[5]。

　湾岸諸国の為替相場の推移を見ると、1980年代半ば頃から為替相場に大きな変動がなく、実に30年近くにわたって対ドル相場の安定を維持しているのは驚くべきことである（図8-1）。湾岸諸国が対ドル相場の安定を重視するのには理由がある。第一に、典型的な一次産品である石油がドル建て取引であることから、自国通貨ベースでの石油収入を安定させるためである。湾岸諸国では税金がないため、財政収入は石油収入で賄われている。しかし、石油は安定的な財源とはいえない。それは「価格変動要因」「数量要因」「為替リスク」の三つの不確実性にさらされているからである。とはいえ、「価格変動要因」は、OPECを通じた生産量の調整によって一定程度コントロール可能である[6]。「数量要因」は顧客開拓や時には政治的な交渉を通じて増やすことができるが、これは機動的に増やしたり減らしたりできるような性格のものではない[7]。「為替リスク」は、各国がドルペッグ制を採用することでヘッジ可能である。つまり、三つのリスクのうち、「数量要因」を除く二つは比較的コントロール可能な部分である。湾岸諸国が対ドル相場を安定させるのは、まさにこの点にある。

　第二に、国内の物価安定のためである。湾岸諸国では国内で生産できる財が限られているため、生活に必要な多くの財を国外から輸入しなければならない。このため、為替相場の減価は、国内の物価上昇に直結しやすい。したがって、為替相場の安定は、国内の物価を安定させるための重要な政策である。

　第三に、石油輸出によって獲得したドル資産の自国通貨ベースでの価値の安定と、そこから得られる投資収益の安定のためである。湾岸諸国の対外資産の多くは政府の外貨準備等の公的資産であるが、王族などの富裕層の個人的な資産も含まれる。

　第四は、対内投資の促進である。海外企業や投資家にとって為替相場の安定

第 8 章　GCC 通貨統合の概要とそのねらい

表 8—2　湾岸諸国の公式の為替相場制度

バーレーン	1980 〜 2001 年：SDR ペッグ
	2002 年〜：ドルペッグ
クウェート	1975 〜 2002 年：通貨バスケットペッグ
	2003 〜 2007 年半ば：ドルペッグ
	2007 年半ば〜：通貨バスケットペッグ
オマーン	1970 年代〜：ドルペッグ
カタール	1975 〜 2001 年半ば：SDR ペッグ
	2001 年半ば〜：ドルペッグ
サウジアラビア	1970 年代〜 1986 年半ば：SDR ペッグ
	1986 年半ば〜：ドルペッグ
UAE	1970 年代〜 2001 年：SDR ペッグ
	2002 年〜：ドルペッグ

出所：Elias El-Achkar and Wassim Shahin, "The Impact of Monetary Policy and Financial Sector Development on Economic Growth in GCC Countries," in Eckart Woertz (ed.), *GCC Financial Markets : The World's New Money Centers,* Gerlach Press, 2012, p.167 に基づいて作成。

図 8—1　湾岸諸通貨の対ドル相場（月次）（National Currency per Dollar ）

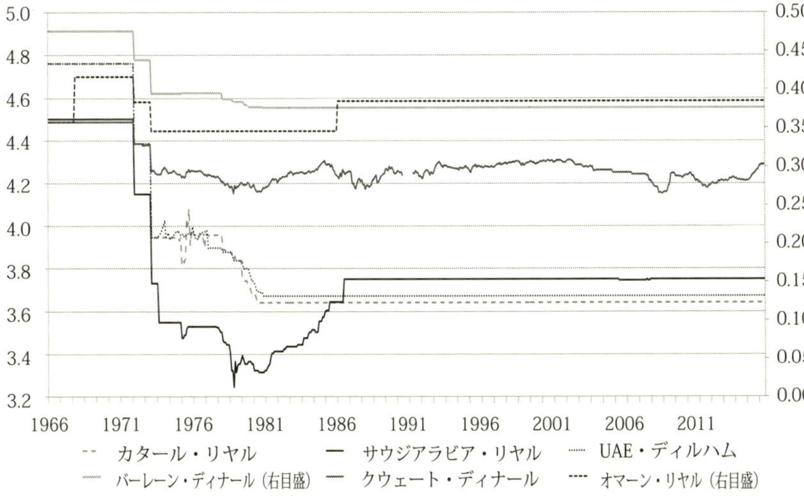

　　　　-- カタール・リヤル　　　　— サウジアラビア・リヤル　　　‥‥ UAE・ディルハム
　　　　— バーレーン・ディナール（右目盛）　— クウェート・ディナール　　‥‥ オマーン・リヤル（右目盛）

出所：IMF, IFS, eLibrary Data.

101

は、湾岸諸国に対する投資の不確実性を和らげる（特にデリバティブ市場が発達していない途上国において）。湾岸諸国では、産業育成のために外資導入政策を積極的に展開しており、ドルペッグ制はその政策と整合的である。

そして、第五に、通貨統合の準備的措置である。2001年に通貨統合が正式に決定されると、通貨統合に向けた域内為替相場の安定を企図して、各国は2001年～2003年にかけて一斉にドルペッグ制に変更した。ドルペッグ制は、ドルを重視するそれまでの為替政策に大きな変更を迫る必要がない点で最も都合のよいものであった[8]。

第2節　GCC通貨統合の概要

(1) GCCの設立と発展

湾岸諸国6ヵ国で構成される地域共同体「湾岸協力会議（GCC）」は、1981年に結成された。当初、GCCの設立は経済的な協力を目的としたものではなく、中東地域の安全保障上の協力を築くためのものであった。

直接の契機となったのは1979年のイラン革命である。革命前夜、イランのパーレビ朝は世俗主義・非イスラム化政策を推し進めていたが、ホメイニを中心とするイスラム勢力はこれらの政策に不満を募らせ、パーレビ朝との対立が激化した。民衆による反政府デモの結果、パーレビ朝は崩壊、イランはイスラム教シーア派が統治する純粋なイスラム国家となったのである。このことは、イスラム教スンニ派が多数を占める湾岸諸国にとって脅威となった。これに続いて、ソ連のアフガニスタン侵攻やイラン・イラク戦争により地域の情勢が不安定化する中で、安全保障上の協力が不可欠との機運が生まれ、GCCが創設されるに至った。

その後、GCCの機能は経済の領域にも及んだ。1983年に地域経済協力の萌芽として統一経済協定（UEA: Unified Economic Agreement）が発効し、それに伴って自由貿易地域が設定された。しかしながら、その後しばらくの間、経済統合

第 8 章　GCC 通貨統合の概要とそのねらい

は思うように進展しなかった。1990 年代後半になって、ようやく経済統合が前進する機運が見え始め、1999 年に関税同盟の結成が合意され、予定よりも 2 年早い 2003 年に関税同盟が発足した。関税同盟とは各国が関税自主権を放棄し、域内各国間の関税の撤廃はもちろんのこと、域外に対しても共通の関税率を適用するものである。GCC 関税同盟では 5％の対外共通関税が適用されたが、食料品や医療品などで例外が設けられたために不完全なままとなっている [9]。その後、2008 年には域内のすべての経済主体に対等な競争条件が与えられる共同市場が発足した。GCC 共同市場では域内の資本移動の自由、労働者の移動・居住地の自由が認められるようになったが、その一方でビジネス環境や各国の規制の調和など統合に関する多岐に渡る問題が残されており未だ完全な共同市場には至っていない。

　今日の GCC は国際政治の面でも様々な問題を抱えている。2010 年にチュニジアで始まった革命は GCC にも波及し、バーレーンでは国内多数派のシーア派勢力によるデモが拡大した [10]。これに対応するため、GCC の合同軍が出動する事態にまで発展した。また、GCC にとって米国とイランの関係改善も懸念要因となっている。対米強硬派だったイランのアハマディネジャドから穏健なロウハニ体制に移行したことで核開発に関する協議が進展し、欧米による対イラン経済制裁が緩和される見通しとなった。GCC としては、イランと欧米が接近することは外交上好ましいことではないため、GCC と米国との関係は非常に難しい状況に直面している。

　このように、GCC は地域の安全保障問題で多くの懸念を抱えており、経済協力だけに注力できる状況にはない。GCC の経済統合は、多くの困難を抱える中で進めなければならないのである。

⑵ GCC の通貨統合構想

　GCC 通貨統合の出発点となったのは、1983 年に発効した統一経済協定（UEA）である。しかしながら、経済統合のプロセス自体がゆっくりとしか進まない中で、通貨統合構想もしばらくの間、特段の進展を見ることはなかった。1990

103

年代後半になって経済統合が進み始めると、ようやく通貨統合構想も動き出し、2000年のGCC首脳会議で将来的に通貨統合を行うことが決定された。したがって、1981年がGCC通貨統合の萌芽であるとすれば、2000年は具体的な統合プロセスの始動の年として位置づけることができる。

2001年には通貨統合に至るまでの具体的スケジュールが決められ、2010年までに通貨を統合することで合意した。2005年になると、ユーロ圏に倣って通貨統合に向けたマクロ経済指標の収斂基準が決められた。

順調に見える通貨統合構想であったが、2006年にオマーンが通貨統合からの一次離脱を表明し、遅れて参加することとなった。オマーンは、他の湾岸諸国に比べて石油資源に乏しく、資源の枯渇が懸念されていることから、産業構造の多角化を特に急いでいる。そのためには、産業政策を担う政府による高水準の投資が必要である。通貨統合に参加した場合、財政赤字の制限が課せられるので、オマーン政府はこれを回避する選択をしたことになる。

さらに、2009年にはUAEが通貨統合からの脱退を表明したため、GCC通貨統合協定は残る4ヵ国での発効となった。これは、サウジアラビアとUAEが将来のGCC中央銀行の設置場所を巡って対立したことが背景にあると見られている[11]。UAEの離脱は、GCC通貨統合の求心力からして非常に大きな損失である。

通貨統合協定の発効を受けて、2010年にはGCC中央銀行の前身となる通貨評議会（GMC: Gulf Monetary Council）が発足した。初代総裁には、サウジアラビアの中央銀行であるサウジアラビア通貨庁（SAMA: Saudi Arabian Monetary Agency）のジャーセル総裁が指名された。今後、この通貨評議会の場で通貨統合に向けた具体的なプロセスが話し合われることになる。とはいえ、2010年に通貨統合が延期された後の新たなタイムテーブルが策定されないままとなっており、なし崩し的に延期になる可能性が懸念される。

⑶ GCC通貨統合のフレームワーク

GCC通貨統合は、どのような制度設計となっているのか。全6章で構成さ

104

第8章　GCC通貨統合の概要とそのねらい

れる「GCC通貨統合協定」の内容を具体的にフォローしながら、GCC通貨統合の全体像を把握してみよう。

第1章は「一般規定」であり、用語の定義や基本原則について定められている。とりわけ、第3条では通貨統合の基本原則と特徴について規定されている。これによるとGCC通貨統合には次の五つの事項が含まれるとしており、①経済政策の協調、②単一通貨に必要な決済システムに関する金融インフラの準備、③銀行規制や銀行監督の統一[12]、④通貨評議会の設立、⑤単一通貨の導入、である。このことから、GCC通貨統合とは単に通貨を統合することに留まらず、金融統合を含めたより幅広い領域での統合を目的としていることが分かる。

続く第2章では、統一中央銀行の前身となる「通貨評議会」に関する事項が定められている。通貨評議会の目的と運営については第6条に規定されており、その主要な目的は通貨統合のための必要なインフラ（特に統一中銀）を準備することと、その分析能力と運営能力を構築していくことである。このための具体的なタスクとして、統一中銀、決済システム、統計システムの構築などが定められている。この中でとりわけ注目すべき点は、「単一通貨導入のためのタイムテーブルを作る」が盛り込まれていることである。前述したように、統合が延期されたにもかかわらず、次の目標時期が明示されないままとなっている。時期についての目標が明確でなければ、統合は遅れがちになる。統合を前に進めるためにもタイムテーブルは必要であり、GCC通貨統合にとって重要性の高いタスクである。

第3章は、「単一通貨」に関することが定められている。第10条では単一通貨の発行の前に、固定された不可逆的な交換レートが明示されなければならないと定められている。また、第11条では統一中央銀行によって発行される銀行券と硬貨が唯一の法貨であるとされるが、各国の銀行券と硬貨は当該国内にのみ限定して引き続き法貨であることが認められている（ただし、単一通貨への交換をフォローすること）。

第4章は、「統一中央銀行」に関することが規定されている。第14条で統一中銀の目的と運営について定められており、統一中銀の目的が「物価の安定」

105

であることが明記されている。さらに、統一中銀のタスクが具体的に示されているが、中でも重要なのは金融政策の決定と実行について為替政策を含むことと各国中央銀行を通じた矛盾のない政策の実行を確保することが定められている点である。つまり、これまでと同様、対外均衡、すなわち為替相場の安定が金融政策の中間目標となっている。また、各国の中央銀行を通じて実際のオペレーションを行うと定められていることから、ユーロ圏と同じような（ECBの下で各国中銀が実務を担当する）システムを展望していることが分かる。そして、第15条では、統一中銀の独立性が明示されており、いかなるGCC諸国政府やGCC機関であっても、統一中銀や各国中銀を「指導（instructions）」してはならないことが明記されている。

　第5章では、「協調の原則とルール」について定められている。この章でのポイントを列挙すると、まず第17条ではGCC中銀が上手く機能するように、各国の国内法制をこの協定に定められている規定に適合させることが求められている。第19条では国際組織や通貨金融協力における国際会議においては統一中銀が単一通貨地域を代表するとしている。また、第20条では参加国は収斂基準に従って、マクロ経済の収斂を達成するための経済政策を実施しなければならないと定められている。さらに第21条では統一中銀及び各国中銀による財政ファイナンスの禁止が明記されている。ただし、統一中銀と各国中銀による国債の直接引き受けは禁止されるが、セカンダリーマーケットからの購入については可能であり、この点では先進国の中央銀行と同様な制度となっている。今のところ湾岸諸国の中央銀行の独立性は低いため、通貨統合を契機に統一中央銀行の独立性が追及されるのは通貨価値の減価を抑止する観点から重要である。

　第6章では、「最後の規定」として、その他に該当することが定められている。中でも重要なのは第27条で、すでに同協定に参加している以外のGCC諸国でも、この協定に加盟できると定められている。つまり、UAEとオマーンの同協定への参加を排除しておらず、これらの国々が将来的に通貨統合に復帰することを展望している。

第 8 章　GCC 通貨統合の概要とそのねらい

　「GCC 通貨統合協定」で特徴的なのは、途上国を中心とした通貨統合であるにもかかわらず、統一中央銀行の独立性がいくつかの点で担保されていることである。実際の運用においてどの程度の独立性が確保されるのか疑わしい面もあるが、民主主義国家ではなく君主の権限が強い王政下で独立性の高い中央銀行が誕生するかもしれないという意味では注目に値するところである。とはいえ、このような独立性を疑問視する見方もある。エルウィン・ニエロップら（Erwin Nierop et al. 2012）は、協定の第 15 条において統一中央銀行の透明性とアカウンタビリティの規定がないことを問題視している。確かに先進国の中央銀行では一般的となっている説明責任が果たされず、政策運営が密室で行われることになれば、十分な独立性が確保されるかどうか疑わしい面も出てくる。

　統一中央銀行について付言すれば、政策決定権をどのように構築していくのかも重要な論点である。例えば、ユーロ圏の ECB の場合、金融政策決定の場である政策理事会（Gvoerning Council）は、ECB 総裁を中心とする常駐のスタッフと各国の中央銀行の総裁から構成されており、一人一票の投票権を持っている。一方、米 FRB の金融政策決定の場である FOMC（Federal Open Market Cmmittee）は、FRB 議長を含む理事 7 名とニューヨーク連銀総裁が常に投票権を持ち、その他の連銀総裁は 4 名がローテーションで投票権を持つ。この二つのケースを比べると、ECB の政策理事会がすべての国に平等に投票権を付与しているのに対して、FOMC の場合はニューヨーク連銀総裁だけがつねに投票権を持つ一方で、他の地区連銀総裁はいつでも投票権があるわけではないとの不平等性がある。GCC 中央銀行のフレームワークにおいて、金融政策決定の投票権をどのように付与するのかは、一つの重要な課題である。大国であるサウジアラビアの意思が反映されやすいような仕組みになるのか、それとも各国に平等に投票権が与えられるのかという問題である[13]。

第3節　GCC通貨統合のねらいとは何か

　GCCで通貨統合が構想されているのはなぜか。この単純だが、根本的な問いの答えは、それほど明確ではない。しかし、この答えは極めて重要である。目的のない政策ほど意味のないものはない。同様に、政策の目的が明らかではないのに政策の効果を論じることも無意味である。したがって、われわれは、まずGCCで通貨統合が計画されている理由について明らかにしなければならない。

(1) 欧州通貨統合の背景

　欧州でユーロが誕生した大きな理由の一つは政治である。二度の大戦は、欧州に悲劇的な分裂をもたらした。戦後、これを繰り返してはならないとの思いが欧州の悲願となった。欧州の経済統合や通貨統合は、一つの欧州であるとのアイデンティティーの醸成を通じて、政治的な結束を促すことを目的の一つとしている。このような事情こそ、ユーロが政治的な通貨であるといわれる所以である。

　一方、ユーロの経済的な動機も見逃すことはできない。戦後、欧州では貿易統合や共同市場などの経済統合が進展したが、統合が進めば進むほど域内の為替相場の変動が大きな問題となった。域内の経済的な結びつきが強まるほど、域内為替相場の変動がもたらす価格競争力の変化に敏感にならざるをえない。このため、為替相場の変動を究極的に抑制する手段として通貨統合が必要となった。同時に、このような事情は政治的にも重要な意味を持った。為替相場の変動によって競争力に変化が生じれば、余計なナショナリズムを喚起することにつながるリスクがあったからである。

　欧州の共通農業政策（CAP）の維持にとって、通貨統合が果たした役割も大きい。農産物の統一価格・共同市場は域内為替相場の安定が前提であり、この

第 8 章　GCC 通貨統合の概要とそのねらい

激しい変動は農産物共同市場の維持を困難にした。欧州で通貨統合が必要であるとの機運が高まった背景には、CAP を維持しなければならないとの事情も大きかった。このように、経済統合が進んでいた欧州経済にとって、為替相場の変動は到底容認できるものではなく、このために通貨統合が必要とされたのである [14]。

(2) 欧州通貨統合と GCC 通貨統合の背景における共通点と相違点

　欧州通貨統合と GCC 通貨統合の背景を比べると、「政治」ではある程度、共通点が見出されるものの、「経済」では大きく異なっている。

　GCC の設立は、イラン等の外敵からの共同防衛が当初の目的である。欧州の場合は内部での政治的対立を防ぐこと、GCC の場合は外敵からの防衛といったような違いはあるものの、外交・安全保障が統合の契機となっている点では共通している。

　一方、通貨統合の経済的な背景は、欧州と GCC で大きく異なる。まず、第一に、欧州に比べて GCC では域内貿易依存度が低いので、共同市場を守るとの観点から通貨統合を説明することは困難である。残念ながら、GCC の域内貿易比率は非常に低いといわざるをえない（表 8-3）。時系列で見ても域内貿易が増加する傾向は見出せず、貿易統合の進展は限定的である。これは、どの国も石油などのエネルギー資源が主な輸出品であるため、域内で貿易取引を行う必要性がないからである。ただし、例外として、バーレーンは原油の精製事業やアルミ精錬のためにサウジアラビアから原油を輸入しているため、域内からの輸入比率が相対的に高くなっている [15]。オマーンは伝統的に UAE との経済的な結びつきが強く、多くの財を UAE 経由で輸入しているため、域内からの輸入割合が高い [16]。とはいえ、これらの例外的ケースは特定国の特定の関係によるものであり、経済統合に伴って貿易統合が進んだ結果であるとはいえない。

　第二に、湾岸諸通貨の対ドル為替相場が長期にわたって安定している（＝域内諸通貨間の為替相場の安定）ため、為替相場の変動を抑制する観点では通貨統合の必要性が低い点である。欧州では、たとえ EMS 下であっても、為替相場

表8―3　湾岸諸国の域内貿易の割合

		サウジアラビア	UAE	クウェート	カタール	バーレーン	オマーン	域内平均
域内向け輸出 (FOB)	1999年	6.8%	7.9%	1.9%	3.7%	6.3%	12.5%	6.5%
	2004年	4.0%	6.3%	1.7%	5.3%	6.6%	9.9%	5.6%
	2009年	4.7%	6.6%	1.9%	7.2%	7.3%	16.0%	7.3%
	2014年	4.3%	6.1%	1.6%	7.2%	7.4%	15.8%	7.1%

		サウジアラビア	UAE	クウェート	カタール	バーレーン	オマーン	域内平均
域内からの輸入 (CIF)	1999年	3.9%	5.8%	10.4%	17.6%	28.0%	32.7%	16.4%
	2004年	4.9%	5.1%	10.0%	18.4%	29.1%	35.0%	17.1%
	2009年	4.3%	6.5%	11.2%	15.6%	27.5%	29.9%	15.8%
	2014年	5.4%	7.2%	15.7%	15.9%	30.3%	39.3%	19.0%

出所：IMF, DOT, eLibrary Data.

が大きく変動することがあり、しばしばその不安定性に悩まされてきた。しかし、GCCでは通貨統合の構想以前から為替相場は一貫して安定している。

　結局のところ、GCCでは低調な域内貿易と為替相場の安定という二つの点で欧州とは事情が異なっており、通貨統合の目的も欧州のように明確ではない。では、それでもGCCが通貨統合を進めようとしている理由はどこにあるのか。エミリー・J・ラトリッジ（Emilie J. Rutledge 2009）は、GCC通貨統合の動機についてGCCの有識者にアンケート調査を行っている。これによると、「政治的な動機」が25％、「経済的な動機」が34％、「この両者」が19％、「EMUの模倣」が22％である[17]。この結果を見る限り、通貨統合の動機はそれほど明瞭ではない。しかも、約2割の有識者が通貨統合に何かしらの目的があるわけではなく、単にEMUを真似ただけであると考えている。とはいえ、「経済的な動機」が最も多いこともまた事実である。したがって、主に経済的な側面からGCC通貨統合のねらいを明らかにしていく必要がある。

110

第 8 章　GCC 通貨統合の概要とそのねらい

⑶ GCC 通貨統合のねらい①——対外的プレゼンスの拡大

　GCC 通貨統合のねらいの一つは、対外的なプレゼンスの拡大にある。通貨
統合は、GCC という経済共同体の一体性の強化につながる。なぜなら、より
統一的かつ不可逆的な共同体とみなされるからである。これにより、GCC の
対外的な発言力の拡大や外交交渉・通商交渉などの交渉力が強まることになる。

　また、共同市場の有望性が高まることから、通商交渉ではより有利な条件を
引き出せる可能性が高まる。同時に、先進国のような大国との通商交渉の土台
に乗ることが容易になる。通常、先進国にとって小国は有望な市場とは見なさ
れないため、通商交渉において優先順位が低くなりがちである。しかし、この
ような小国でも、より高度な共同市場となれば、大国にとって有望な市場とみ
なされるため通商交渉の優先順位が上がることになる。

　この点について、ラトリッジも GCC 通貨統合に関連する利益の一つとして
バーゲニング・パワーの拡大を挙げており、GCC を経済的に強化するだけで
はなく政治的にも強固にすることに地域の有識者のコンセンサスがあるとして
いる[18]。同様に、細井も GCC が関税同盟や通貨統合といったように統合の高
度化を模索している背景には「対外経済関係」があるのであり、そのためのバー
ゲニング・パワーを獲得・拡大することがねらいであるとしている[19]。

　通貨統合による対外プレゼンスの拡大は、GCC に大きな経済的ベネフィッ
トをもたらす。しかし、これだけでは、各国が通貨主権を放棄してまで通貨統
合に乗り出す理由としては弱いといわざるをえない。やはり、GCC 域内、あ
るいは各国経済に対する直接のベネフィットについても見ていかねばならない。
これらが展望できなければ、通貨統合に参加する意義を見出すことは難しい。

⑷ GCC 通貨統合のねらい②——経済統合の促進と非石油産業の育成

　1998 年、アブダビで開催された GCC 首脳会議において、当時のサウジア
ラビアのアブドラ皇太子（前国王）は今後の湾岸経済について注目すべき演説
を行った。それは、GCC 諸国民が国家に全面的に依存することを改め、民間
部門を主体とする経済構造に転換する必要性、そして国際競争力向上に向けた

111

強力で統一された湾岸経済の確立のため、湾岸共同市場、湾岸共通関税、産業への民間部門進出の促進が不可欠であるというものである[20]。この発言の意味するところは、民間企業を育成すること、そして、そのために経済統合を利用することである。当時のアブドラ皇太子がこのような問題意識を抱えていた背景には、湾岸経済が今日でも抱える二つの難題がある。

　一つは将来の石油資源の枯渇や需要の減少、そして価格の不安定性にある。湾岸諸国は石油の富に極度に依存しているため、石油資源が枯渇した場合、経済は根本的に成り立たない[21]。石油が枯渇しないまでも、代替エネルギーの台頭や省エネルギーによって石油の需要が減少することがあるし、逆に石油の供給量が世界的に増加することで、価格が下落することもある。さらに、近年では石油市場がマネーゲームの舞台となっているため、何かしらの政治的イベントや経済的イベントによって、その価格は大きく乱高下しやすい。石油依存型のモノカルチャー経済は、石油という幸運な富に支えられている反面、大きなリスクも抱えているのである。

　いま一つの問題は、湾岸諸国の人口の急増とそれに伴う構造的失業の増加である。湾岸諸国の人口は、1970年代初頭でわずか800万人であったが、近年ではおよそ5000万人にまで急増している[22]。とりわけ、二度のオイルブーム以降は、人口増加率のペースが加速している。これはオイルブームによる所得の増加に加えて、生活インフラの向上や医療・衛生面の改善による死亡率の低下など、生活全般が豊かになったためである。

　湾岸諸国政府は、これまで石油の富を配分することで国を統治してきた（例えば公務員として丸抱え）。しかし、この富には限りがある。生活が豊かになるにしたがって人口が増えれば、国民一人ひとりの豊かさは損なわれることになる。例えば、サウジアラビアでは、1970年代のオイルブームの時期は石油の富の増加に対して人口が少なかったため、一人当たりGDPの伸び率は名目GDPのそれを大きく上回っていた。ところが、2000年代に入ってからは、人口の増加により、名目GDPよりも一人当たりGDPの伸び率の方が緩やかになってきている[23]。

第 8 章　GCC 通貨統合の概要とそのねらい

　たとえ人口が増加したとしても、それに見合うだけの追加の雇用があれば失業は問題にはならない。しかし、莫大な所得を生み出すはずの石油産業は資本集約的産業であるため、十分な雇用を生み出すことができない。したがって、今後、石油の富だけで国民を支え続けるのが困難になる中で、人口増加に見合うだけの雇用が確保できず、失業が拡大し、社会が不安定化するおそれがある。

　実のところ失業問題はすでに深刻化しつつあるが、それは特定の層、とりわけ自国民の若年層に集中している。湾岸諸国では若年層の人口が急増しており、自国民人口のおよそ半分が 20 歳未満の若者である[24]。今後も、若年層が労働市場に大量に供給され続けることを考えると、失業問題はより一層深刻化することになる。

　このような事態に対応するため、サウジアラビア政府は民間企業に勤める外国人労働者を自国民に置き換える政策を進めている（サウダイゼーションと呼ばれている）。しかし、この政策は必ずしも成果を上げているわけではない。サウジアラビア人の賃金が外国人労働者よりも高いことや職務上の経験不足のため、民間企業がサウジアラビア人の雇用を躊躇しているからである。同時に、教育がこの事態に拍車をかけている面もある。サウジアラビアの大学教育は宗教教育こそ重要であり、ビジネス教育は軽視されがちである。このことがサウジアラビア人労働力の質の向上を阻む一因となっている。さらに、サウジアラビアにはブルーカラー的な職業に就くことを快く思わない社会通念が浸透しており、このような仕事は外国人労働者の仕事であるとの認識が一般的になっている。実際にサウジアラビア人のブルーカラーへの就業者数は極端に少ない[25]。

　さて、仮にこのような政策が成功し、ある程度の自国民化が進んだとしても、それだけで雇用問題は解決されない。雇用の受け皿となる民間企業がそもそも不足しているからである。結局のところ、近い将来、石油が枯渇しないとしても非石油産業の育成が必要なのは、若者が労働市場に大量に供給されるためである[26]。そして、このことは、多かれ少なかれ、すべての湾岸諸国が抱える共通の課題である。

113

ところで、これらの経済的諸問題と経済統合・通貨統合とはどのように関連するのであろうか。湾岸諸国が経済統合を推進しているのは、増え続ける労働力と遅々として進まない非石油産業の育成といった難題に直面しているからである。そして、その延長線上にこそ、GCC 通貨統合がある。すなわち、GCC通貨統合の主要なねらいは、経済統合の深化を促し、これによって非石油産業を育成し、さらには雇用問題の解決と経済的基盤の強化を実現することにある。

　とはいえ、通貨統合がどのようにして非石油産業の育成に結びつくのかは未だ明確ではない。この点を明らかにするため、われわれは最適通貨圏の理論（OCA 論）に再び戻らねばならない。途上国通貨統合のベネフィットやコストといった理論的な問題に立ち返り、その上で GCC 通貨統合の構造を明らかにできれば、この問いに対する答えが見えてくるはずである。

第 9 章　GCC 通貨統合の構造と理論

　本章は、GCC 通貨統合の構造を理論的に明らかにしていくことを目的としている。本書の前半で明らかにした途上国通貨統合の理論に基づいて、GCC 通貨統合の構造をベネフィットとコストの両面から浮き彫りにしていく。

　GCC は、途上国グループの分類では、第三のグループに該当する（第 3 章の表 3-1 を参照）。湾岸諸国が石油に依存する典型的なモノカルチャー経済であると同時に、経常収支が黒字傾向にあるからである[1]。これを前提としながら、論を進めていく。

第 1 節　GCC 通貨統合の域内経済に対するベネフィット

　前章から引き継いだ課題は、GCC 通貨統合のねらいを明らかにすることであり、その中でも非石油産業の育成と通貨統合の関係を明瞭にすることである。本節では、GCC 通貨統合のベネフィットから、この課題に接近していきたい。

　GCC 通貨統合の域内経済に対するベネフィットは、主に次の三つである。①域内直接投資の拡大による非石油産業の育成、②物価の安定、③金融市場の発展である。順に説明しよう。

115

(1) 域内直接投資の拡大による非石油産業の育成

通貨統合への参加で為替相場の安定が確約されるのであれば、域内諸国間の貿易が増加する可能性がある。実際、GCC 通貨統合を肯定的に捉えている論者の多くは、域内貿易の拡大を主張している。例えば、ベルカセム・ラーバスら（Belkacem Laabas et al. 2002）は、内生的 OCA 論が GCC でも当てはまるとし、適切な産業政策を採用するなら共通通貨による域内貿易拡大の可能性があるとしている。アハメド・アルクホリフェイら（Ahmed Alkholifey et al. 2009）は、通貨統合の共通の利益は時間の経過に伴って拡大する長期的性格のものであり、緩慢な域内貿易依存度それ自体が GCC 通貨統合を指向する一つの理由であるとしている。さらに、エステバン・ヤドレシク（Esteban Jadresic 2002）は、石油に依存しない経済を目指すのであれば共通通貨の潜在的利益は大きく、共通通貨が域内の貿易と投資の拡大を促すかもしれないとしている。

確かに内生的 OCA 論の考え方にそのまま依拠するのであれば、GCC でも域内貿易が拡大し、それが通貨統合の主要なベネフィットになるであろう。しかし、ここで二つの疑問が生ずる。一つは、たとえ完全な為替安定を手に入れたとしても、石油の他に交易できる財に乏しい GCC では、域内貿易は拡大しようがないのではないかとの疑問である。いま一つは、湾岸諸通貨間の為替相場がドルペッグを介してすでに安定しているので、通貨統合のベネフィットが小さいのではないかとの疑問である。

結論からいえば、それでも通貨統合には域内貿易拡大のベネフィットがあり、非石油産業の育成に結びつく。これを明らかにするには、貿易そのものではなく直接投資から考えた方が良い。

ドルペッグを介しての域内為替相場の安定と通貨統合では、その意味合いは大きく異なる。通貨統合は加盟と脱退が容易にできるような性格のものではないため、長期で為替相場が変動しないとの確約を民間部門に与えることになる。これにより、民間企業がビジネスチャンスを求めて、より大きな共同市場を舞台に直接投資を行うことが期待できる。クウェートなどの人口の少ない小国にとってみれば、大国であるサウジ市場との統合は巨大なマーケットを取り込む

第 9 章　GCC 通貨統合の構造と理論

ことになる。逆に、サウジは一人当たり GDP の伸びが鈍化する中で、カタールなどの裕福な国々の購買力を得ることができる。このように、GCC では域内貿易が増えること自体はあくまで結果であって、直接のベネフィットは域内直接投資の拡大と、それに伴う非石油産業の育成にある。

とはいえ、クロスボーダーの直接投資が増えるかどうかは、第 6 章でも指摘したように、その他の多くの諸要因に関係している。通貨を統合しさえすれば域内直接投資が自動的に増えるわけではない。この点について GCC は、域内の資本量の点では楽観的に見てよい。第三のグループである湾岸諸国は莫大な石油収入によって十分な貯蓄形成が可能であり、2013 年の国内総貯蓄の域内平均は対 GDP 比で約 43% となっている。これは、ユーロ圏の約 21% の倍近い値である[2]。

クロスボーダーの直接投資を阻害するような諸規制があるかどうか、そしてそれらがハーモナイズされているかどうかも重要である[3]。例えば、出資規制などの投資環境の標準化や緩和、その他の様々な法的規制や税制などのハーモナイゼーション、ビジネスにとって必要不可欠なインフラ等である。実際のところ、GCC 域内の企業が成長の阻害要因と考えているのは「制約的規制（33.9%）」、「技術を持った労働力の不足（15.9%）」、「明確な財産権の不足（14.1%）」、「保護的な関税と割当て（14.1%）」、「信用へのアクセスの不足（14.1%）」、「為替相場に関連するコスト（6.6%）」、「その他（1.3%）」である[4]。このことから分かるように、為替相場に関する問題以上に、規制などのその他の諸要因が問題視されている。ただし、約 76% の企業が通貨統合によって企業活動に良い影響をもたらすとも考えている[5]。したがって、通貨統合に対する期待も決して過小評価すべきではないが、それと同時に規制緩和やハーモナイゼーションといった制度面での改革や統合も必要である。

GCC 域内に向かう域外資本の動向にも注目すべきである。GCC のマーケットには富裕層が多いので、通貨統合によって共同市場が一体化すれば、域外資本にとって有望な投資先の一つとなる。GCC では賃金コストの問題等があるため、製造業のような生産基地としてはメリットが小さい。一方、内需を取り

117

込む形でのサービス産業への投資は期待できるところである。

　GCC 通貨統合が非石油産業の育成につながるのはなぜか。この前章で残された問いに対する答えは、通貨統合による域内直接投資の拡大にあると結論づけられる。

(2) 物価の安定・金融市場の発展

　通貨統合のベネフィットの二つ目は、物価の安定である。GCC でも、通貨統合による物価の安定が期待できる。とはいえ、湾岸諸国の物価は時期によっては不安定な場合もあるが、長期のトレンドでは 1 ～ 5％の範囲内に収まっている場合が多く、比較的低位で安定している（図 9-1）。しかし、それでも通貨統合の物価安定効果を過小評価すべきではない。そもそも、GCC の物価が安定しているのは、強固なドルペッグ制とそれを維持する能力があるからである。通貨統合によって通貨の信認が高まり為替市場の規模が拡大すれば、対外均衡の維持が容易になるので物価の安定を達成しやすくなる。外部環境に左右されにくい長期的な物価安定を目指すのであれば、通貨統合のメリットは大きい。

　GCC 通貨統合の三つ目のベネフィットは金融市場の発展である。通貨統合は域内の金融統合を促すので、金融システムの発展につながる。これは、通貨統合の下ではホームバイアスが低下するため、域内の資金調達者と供給者のマッチングを容易にするからである。前述したように、GCC の企業にとって「信用へのアクセスの不足」も大きな障害となっている。より効果的な金融市場によって域内の企業の信用アクセス（特に長期の）が改善できれば、直接投資の増加や非石油産業の育成に結びつく可能性がある。GCC 域内の貯蓄は高い水準にあるため、投資余力は大きく、金融市場の発展の余地は大きい。

第9章 GCC通貨統合の構造と理論

第2節　GCC通貨統合の為替政策と金融政策の放棄のコスト

(1) 為替政策の放棄のコスト

　湾岸諸国の為替政策の放棄のコストは、かなり小さい。湾岸諸国はそもそも為替相場を動かすような政策調整を避けてきたので、それを政策手段とはみなしていない。長年にわたってドルペッグ制を維持してきたのは、その方が国内経済にとって有益だからである。

　湾岸諸国で為替政策が調整手段として適当でないのは、主要な輸出品が石油などのエネルギー資源だからである。石油は国際価格で取り引きされるので、為替を減価させたとしても価格競争力の改善とそれに伴う輸出数量の拡大には結びつかない。結果的に、ドル建て収入が増えないまま、単に見かけ上の自国通貨建て収入が増えるだけである。

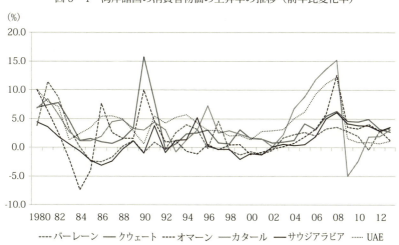

図9―1　湾岸諸国の消費者物価の上昇率の推移（前年比変化率）

出所：IMF, World Economic Outlook Database, April 2015.

このことは、湾岸諸国の財政にも当てはまる。湾岸諸国の石油は国家管理されており、財政は石油収入によって賄われている。このため、為替減価は自国通貨建ての財政収入の増加に直結するが、これは単に裏付けとなる外貨に対して自国通貨をより多く割り当てただけに過ぎない。ある種の財政ファイナンスのようなものである。この場合、国内物価の不必要な上昇を招くので、社会の不安定化につながりかねない。

さらに、湾岸諸国ではエネルギー以外の多くの財を国内で生産できないため、為替相場の変動に伴う輸入コストの変化は、国内物価に大きな影響を与える。このため、為替減価政策によって非石油産業の価格競争力を改善しようとしても、物価の上昇によって為替減価分のいくらかが相殺されることになる。

(2) 金融政策の放棄のコスト

湾岸諸国の独自の金融政策の放棄のコストも、同じように小さい。湾岸諸国では基本的に資本規制が課されていない[6]一方で、厳格なドルペッグ制であるため、金融政策の裁量の余地は皆無であり、米国のFFレートに厳格に連動せざるをえない。このことは湾岸諸国においては、金融政策の自主性がそもそも存在しないことを意味している。それゆえ、湾岸諸国が通貨統合によって金融政策を放棄しても、調整手段を失うことにはならないため、コストにはならない。それどころか、むしろベネフィットになるかもしれない。通貨統合によって対外均衡にかかる金融政策の負担が減少すれば、GCC中銀による共通の金融政策をいくらか国内均衡にコミットできるようになるかもしれないからである。

第3節　GCC通貨統合における景気の同調性

次に、共通の金融政策下において域内各国の物価と景気の同調性が実現できるのか、あるいは乖離した場合にそれを調整する代替手段があるのかについて見ていこう。

第9章　GCC 通貨統合の構造と理論

　図 9-2 から各国の経済成長率の推移を見ると、1970 年代と 1980 年代に比べて、1990 年代以降は成長率の振れ幅が縮小傾向にある[7]。短期的な振れ幅を平準化して中期的な傾向値を見るため、5 年移動平均で算出したものが図 9-3 である。これによると、いくらかの成長率格差はあるものの、1990 年代以降では比較的対称的な変動を見ることができる。とはいえ、湾岸諸国の成長率が同調的かどうかは必ずしも明確ではない。物価の収斂については、カタールや UAE で若干の振れ幅が見られるものの成長率に比べて概ね収斂する傾向が見出せる（前掲の図 9-1）。

　湾岸諸国の物価や景気の同調性についてはいくつかの実証研究がある。例えば、シャフィク・ヘボウス（Shafik Hebous 2006）はホドリック・プレスコットフィルターを用いて湾岸諸国の産出ギャップを見たところ、湾岸諸国の景気循環において非常に高い相関性が見られると結論づけている。M・S・ラフィク（M.S. Rafiq 2011）は、GCC の産出変動の同調性は過去 25 年間で増してきており、さらに景気循環における産出変動のかなりの部分は共通のファクター（原油価格だけではなく、ある程度は米国の金融政策と需要ショック）に起因しているとしている。キム・ウォン・ジュンら（Won Joong Kim et al. 2013）は、クウェート、オマーン、サウジアラビア、ヨルダンについてインフレ率と経済成長におけるグローバルショック（為替相場ショック、石油価格ショック、米国・ユーロ圏・日本・中国の輸出価格ショック）に対する反応を分析したところ、CPI については高い正の相関が認められるが、経済成長についてはヨルダンだけが負の相関を示したとしている。一方、スレイマン・アブバダーら（Suleiman Abu-Bader et al. 2006）は、GCC において一時的な需要ショックについては典型的に対称的であるとする一方で、長期の供給ショックについては非対称的であるとしている。このような実証研究から、湾岸諸国では物価と景気の両方について概ね同調的であるとする考えに異論はないように思われるが、アブバダーらの指摘のように、一部悲観的な見方があることもまた事実である。

　一方で、景気の同調性を調整するための手段は限定的であるといわざるをえない。まず第一に、湾岸諸国は域内相互の経済的な結びつきが弱く、しかも、

121

図9—2　湾岸諸国の名目成長率の推移

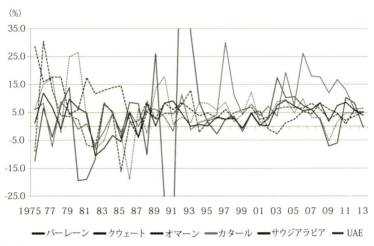

出所：UN, National Accounts Main Aggregates Database.

図9—3　湾岸諸国の名目成長率の5年移動平均

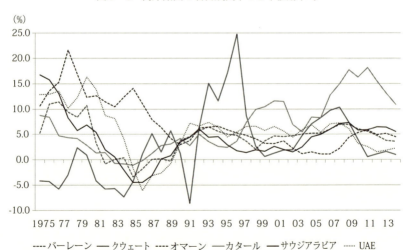

出所：UN, National Accounts Main Aggregates Database より作成。

第9章　GCC 通貨統合の構造と理論

それは通貨統合の後もしばらくは変わらないため、貿易を通じた同調性はあまり期待できない。第二に、金融市場が未成熟で金融統合も緩慢であることから（第 11 章で詳述する）、金融のリスクシェアリングによる域内景気の平準化も限定的である。しかしながら、GCC の特殊な労働市場の構造により、唯一、労働力の移動性だけはいくらか期待できそうである。湾岸諸国の労働力の半分以上は出稼ぎを目的としている外国人労働者であり、彼らは仕事がある地域へ比較的簡単に移動する。加えて、これら外国人労働者はリストラの対象になりやすく、なおかつ賃金の伸縮性も高いことから、各国間の景気の調整役として機能しやすい。これら外国人労働者に対する労働問題については別に議論があるとはいえ、少なくとも調整手段としては期待できそうである。

　ただし、GCC では、たとえ共通の金融政策下で景気の乖離があったとしても、問題にはなりにくい事情がある。それは、第一に、共通通貨の為替相場制度がこれまでと同様のドルペッグ制か、それに近いような制度である場合、共通の金融政策を巡って域内各国が直接対立することはない。なぜなら、この場合、米国の FF レートに厳格に連動することに変わりはないので、自国の景気や物価に適切な水準ではない金利でも、各国はそれをただ受け入れるしかないからである。

　第二に、国内均衡を目的とした共通の金融政策が可能となる場合でも、金利のトランスミッションメカニズムが脆弱であるため、政策の波及効果はあまり期待できない。この原因は、金融市場が未成熟であるために金利裁定が十分に機能しないことと、そもそも多くの中小企業が金融システムから疎外されていることにある（第 11 章で詳述する）。また、湾岸諸国の企業（特に大企業）の資金調達にとって重要なのは、銀行信用よりも政府の財政資金であるため、この面からも共通の金融政策における金利の波及効果が期待できそうにない。

第4節　GCC通貨統合におけるリージョナルインバランス

　今般の欧州債務危機・ユーロ危機で、経常収支や対外投資ポジションの不均衡が問題となった以上、GCC通貨統合でも同様のことを検討しておかねばならない。

　湾岸諸国全体の経常収支は黒字傾向にあり、とりわけ2000年代に入ってからは、その黒字額が急増している（図9-4）。これは、湾岸諸国の主要な輸出品である石油などのエネルギー資源の価格高騰により、輸出収入が大きく増加したためである。また、図9-5の各国別の経常収支（対GDP比）で見ても、2000年頃からすべての国で黒字となっている。もちろん、今後の石油価格の動向や国内の人口増などの経済構造の転換により、経常収支が大きく変わる可能性は否定できない。実際のところ、2014年以降の石油価格急落により、湾岸経済は大きな試練に直面している。

　湾岸諸国の経常収支が基本的に黒字であれば、通貨統合下にあっても対外債務が問題になる可能性は低い。また、GCCの域内貿易依存度が低く、調整の対象が域内ではなく域外となるので、調整を巡っての域内での対立は基本的に存在しない。したがって、域内の経済的な結びつきが弱い状態でリージョナルインバランスが顕在化しても、通貨統合の存続を脅かすような問題には発展しない（例えば通貨統合から離脱して、自国通貨を切り下げれば良いといった議論）。

　通貨統合の下でのインフレ格差による実質為替相場の乖離がリージョナルインバランスの原因となる懸念はGCCでも同じである。しかし、これは域内貿易が大きく、域内の価格競争力が問われる場合に、とりわけ問題になるのであって、GCCのように域内貿易が小さい場合はたとえ実質為替相場の乖離があったとしても、その調整が直ちに必要になることはない。とはいえ、通貨統合によって徐々に域内の経済構造が変化し、中・長期的に湾岸諸国間の域内貿易が拡大することになれば、不均衡の調整は避けられない問題となる。結局のとこ

124

第9章 GCC通貨統合の構造と理論

図9−4　湾岸諸国全体の経常収支の推移

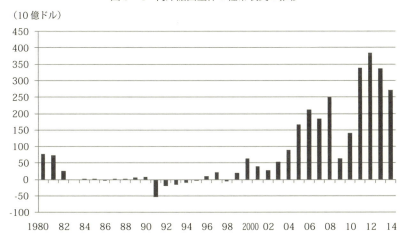

出所：IMF, World Economic Outlook Database, April 2015.

図9−5　湾岸諸国の経常収支の推移（対GDP比）

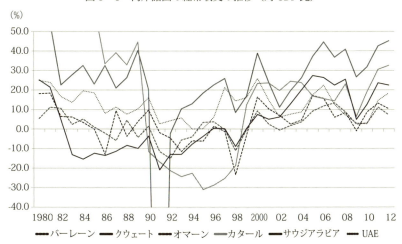

出所：IMF, World Economic Outlook Database, April 2015.

ろ、GCC 通貨統合では、ユーロ圏で問題となっているようなリージョナルイ
ンバランスについては、今のところあまり問題視する必要はない。

第 10 章　GCC 通貨統合の制度設計上の課題

　次に検討しなければならないのは通貨統合の制度設計についてである。具体的には次のようなことが論点となる。第一に、GCC 通貨統合に参加するための収斂基準の意義である。第二に、通貨の統合時に各国通貨と共通通貨をどのように交換するのかという技術的な問題である。そして第三に、共通通貨の為替相場制度の選択である。順に見ていこう。

第 1 節　GCC 通貨統合にとっての収斂基準の意義

　GCC 通貨統合では、ユーロ圏と同様に通貨統合に参加するための条件であるマクロ経済指標の収斂基準が設けられている。その収斂基準とは①公的債務残高が GDP の 60％以下であること、②財政赤字が GDP の 3％以下であること[1]、③インフレ率が参加国平均値から 2％以上乖離しないこと、④金利水準（3 ヵ月のインターバンクレート）が下位 3 ヵ国平均から 2％以上乖離しないこと、⑤外貨準備が輸入の 4 ヵ月分以上確保されていること、である。これらは、国債の発行残高が少なく、参考となる長期金利が算出できないために短期金利を採用している点、外貨準備を基準としている点でユーロ圏の基準とは異なっている。

127

これら収斂基準の近年の達成度では、どの国も概ね基準を満たしていると評価できる。①債務残高と②財政赤字は、財政収入の基盤となる石油の価格が2000年頃から高騰しているため、いずれの国でも比較的余裕がある。ただし、2014年後半以降の石油価格の下落により、湾岸各国は厳しい財政状況に直面している。このため、今後、とりわけ②の財政基準が満たされなくなる可能性は否定できない[2]。③インフレ率は、世界金融危機が起こるまでの石油価格高騰局面でカタールやUAEでかなりの上昇が見られたものの、2011年頃からは概ね問題のないレベルにまで収斂が進んでいる（前掲の図9-1）。④金利水準は、各国の3ヵ月インターバンクレートの変動の仕方が似ており、さらにその乖離幅も小さく、概ね収斂している（図10-1）。⑤外貨準備は、2000年代に入ってからの石油価格の高騰とそれに伴う経常収支黒字により、今のところ潤沢である。

　しかしながら、これらの基準を事前に満たすことにどれほどの意義があるのかについて改めて問わねばならない。これらの収斂基準はいわばユーロのイミテーションとしての意味合いが強く、通貨統合の安定的な運営のために本当に必要なのかどうかは必ずしも明瞭ではない。この点については論者の間でも意見が分かれており、肯定的に捉える見解のみならず、その必要性を疑問視する見方もある。

　肯定的に捉えている見解として、アーウィン・ニーロプら（Erwin Nierop et al. 2012）は、通貨統合そのものが経済統合や収斂を促すこと（マネタリスト派的考え[3]）を認めつつも、それには時間がかかるとし、単一の金融政策と為替政策の下で上手く機能するためには、高いレベルの持続的な収斂と適合性が整った時に通貨統合すべきであるとしている[4]。

　一方、アブドゥルラザク・アル・ファリス（Abdulrazak Al Faris 2010）は、インフレ基準だけが唯一適切であり、その他の基準については見直しが必要であることを指摘している。例えば、輸入の4ヵ月分の外貨準備が必要との基準は今の湾岸諸国では簡単に達成できる水準であることや、財政に関してはそれが石油価格によって大きく左右されてしまう点や若年層への雇用創出のため

128

第 10 章　GCC 通貨統合の制度設計上の課題

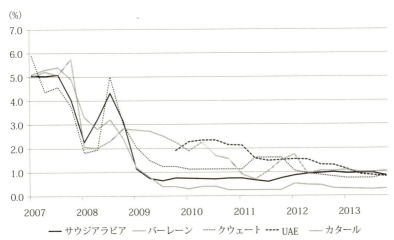

図 10―1　3 ヵ月インターバンクレートの推移

出所：CEIC.

のインフラや社会サービスに多額の投資が必要となる点で非現実的な基準であるとしている。

またさらに、グラウエ（Paul De Grauwe 2010）はユーロ誕生に至るまでの過程を振り返りながら、GCC のマクロ収斂基準自体に意味がないことを指摘している。GCC 通貨統合には政治的・制度的統合こそが必要なのであり、すべての収斂基準は不要か通過儀礼的なものに過ぎない。通貨統合の実現には共通の制度の構築を含む政治統合の長期的プロセスが必要であり、通貨協力のための制度構築がさらなる制度的統合を実現するという政治的な力学を生み出すとしている。同様のことは高木信二（Shinji Takagi 2012）も指摘しており、マーストリヒトタイプの収斂基準はあまり意味がなく、GCC が通貨統合を実現できるように強力な超国家的機関を創設する必要があるとしている。

これらの見方は、マクロ経済の観点よりも政治的な力学を重視しており、第 7 章で明らかにした「経済・通貨・政治」が相互に影響を与え合いながら地域統合が同時並行的に進んでいくとの本書の考え方と基本的に共通している。つまり、GCC の統合が深化するためには機能主義的な統合を進めることが肝

要であり、そのことが政治統合を促し、さらに統合が前進するというプロセスが重要である。

　結局のところ、マクロ収斂基準を参考指標として用いることは可能であっても、それを通貨統合の参加条件にすべきではない。振れ幅が大きいマクロ経済指標を一時点で満たしているからといって、それを根拠に通貨を統合することに意味を見出せないからである。湾岸諸国はモノカルチャー経済であるため、マクロ経済指標の振れ幅が大きい。それは本書で示した成長率やインフレ率からも明らかである。また、財政収入が石油価格という外部要因によって受動的に影響を受けているにもかかわらず、それを基準にすることも無意味である。GCC で財政赤字を基準にすることは、外部環境に指標を委ねることと同義である[5]。たまたま石油価格が上昇したから基準を満たせた、あるいは、たまたま石油価格が下落したから基準を満たせなかった、となれば、もはやここに通貨統合の条件としての意義を見出すことは不可能である。

第2節　域内為替レートメカニズムと通貨交換

(1) 域内為替レートメカニズム

　通貨統合の準備段階では、域内の為替相場を安定させるプロセス、すなわち「域内為替レートメカニズム」が必要である。ユーロ圏では、1979 年に EMS（欧州通貨制度）が発足し、域内各通貨の変動幅が制限された。EMS は対域内では固定相場、対域外では共同フロートの為替相場制度であり、同時に域内諸通貨で構成されるバスケット通貨 ECU（欧州通貨単位）も導入された。ECU は域内の国民通貨を GDP や域内貿易額などでウェイトづけした通貨バスケット[6]であり、域内為替相場安定のための参考指標として機能した。また、ユーロ導入の際には 1ECU ＝ 1 ユーロで交換するプロセスが採られた。

　一方、GCC の「域内為替レートメカニズム」は、EMS とは大きく異なる。GCC では、各国通貨の変動幅を直接のターゲットにするのではなく、各国が

130

第 10 章　GCC 通貨統合の制度設計上の課題

ドルを目標にドルペッグ制を採用することで、結果的に域内の為替相場を安定させるシンプルな手法となっている。GCC では域内の為替相場と対ドル相場の安定を同時に追求しているが[7]、EMS では対ドルで共同フロートを採った点で異なっている。GCC では、今のところ ECU のような通貨バスケットの創設は検討されていない。

　GCC でこのようなメカニズムが採られたのは、第一に湾岸諸国の対ドル相場がこの 40 年近くほとんど変動しておらず、域内各通貨の乖離指標として共通通貨単位を用いる必要性が小さいからである。第二に、通貨統合の参加国が少数なので、統合に関する技術的な困難が少ないからである。第三に、これまで湾岸諸国の為替相場制度が事実上のドルペッグ制であったため、これまでの制度をそのまま継続すれば良いだけであり、導入コストが極めて小さいためである。第四に、湾岸諸国では物価や石油収入の安定のために対ドル相場の安定が必要不可欠であり、ドルペッグ制のほうが共同フロートよりも都合が良いためである。

(2) 共通通貨への交換手順

　実際に通貨を統合する際には、既存通貨との具体的な交換プロセスが必要になる。GCC では、これをどのように行うべきか。

　もし ECU のような共通バスケットを用いないのであれば、バスケット通貨を共通通貨に置き換える方法を用いることはできない。このことから、アハメド・アルクホリフェイら（Ahmed Alkholifey et al. 2009）は、次のようないくつかの方法を提案している[8]。一つ目は、1 新通貨＝ 1 ドルとし、統合時点での各国の対ドル相場で交換する最もシンプルな方法である。二つ目は、より分かりやすい計算方法を用いることで早期の新通貨への切り替えを促す方法である（表 10-1）。湾岸諸国の通貨をドル価値の水準が類似している二つのグループに分けた上で、各グループからその中間的なレートを持つ国のドル価値を抽出し、両者の平均を新通貨のドル価値とする方法である（ただし、グループ 1 のバーレーン・ディナールは 1/10 にして計算する）。最後に、新通貨と各国通貨のドル

131

表 10—1　新通貨への交換レートの計算方法 2

通貨		ドル価値	各グループにおける中間的レート	新通貨
グループ 1	バーレーン・ディナール	2.660	2.6596 （バーレーン・ディナール）	0.269
	クウェート・ディナール	3.415		
	オマーン・リヤル	2.601		
グループ 2	カタール・リヤル	0.275	0.2723 （UAE・ディルハム）	
	サウジアラビア・リヤル	0.267		
	UAE・ディルハム	0.272		

注：ドル価値とは US Dollars per National Currency のことで、2014 年 12 月末時点のものである。

出所：IMF, IFS, eLibrary Data と Alkholifey and Alreshan（2009），p.33 に基づいて作成。

表 10—2　新通貨への交換レートの計算方法 2 の修正版

通貨		ドル価値	新通貨
グループ 1	バーレーン・ディナール	2.660	0.260
	クウェート・ディナール	3.415	
	オマーン・リヤル	2.601	
グループ 2	カタール・リヤル	0.275	
	サウジアラビア・リヤル	0.267	
	UAE・ディルハム	0.272	

注：データの出所は表 10—1 と同じ。

出所：Alkholifey and Alreshan（2009），p.34 に基づいて作成。

表 10—3　新通貨への交換レートの計算方法 3

通貨		ドル価値	新通貨
グループ 1	バーレーン・ディナール	2.660	0.275
	クウェート・ディナール	3.415	
	オマーン・リヤル	2.601	
グループ 2	カタール・リヤル	0.275	
	サウジアラビア・リヤル	0.267	
	UAE・ディルハム	0.272	

注：データの出所は表 10—1 と同じ。

出所：Gurrib（2012），p.29 に基づいて作成。

第 10 章　GCC 通貨統合の制度設計上の課題

価値が等価（グループ 2 の場合）、または 10 倍（グループ 1 の場合）になるように対ドル為替相場を切り下げ・切り上げを用いて調整する。これにより、1 新通貨＝ 1 カタール・リヤル、1 サウジ・リヤル、1UAE・ディルハム、10 バーレーン・ディナール、10 クウェート・ディナール、10 オマーン・リヤルとなる。この方法の特徴は、非常に明快で分かりやすい交換レートが得られることである。しかし、この方法では統合前に対ドル相場の変更が必要となるため、各国経済にいくらかの影響が出てしまう（特にクウェート・ディナールは 20% 近くの切り下げが必要となる）。また、切り上げで対応しなければならない国と切り下げで対応しなければならない国に分かれてしまう。

　このような問題に対処するため、アルクホリフェイらは別の方法も提案している。すべての国が切り下げで対応できるように、オマーン・リヤルを新通貨の基準に用いる方法である（オマーン・リヤルを 1/10 にしたもの）（表 10-2）。切り上げを避けるべきと考えるのは、切り上げは公的債務の実質的な増加をもたらすのと、非貿易財に対する貿易財の相対価格の下落によって輸入の拡大を引き起こすためであるとしている。ちなみに、これとは別の方法として、カタール・リヤルを新通貨と等価値に設定することで、各国の為替相場の調整を最小限にできるとの考え方もある [9]（表 10-3）。

　今後の具体的なプロセスの進展次第では共通通貨単位の創出も考えられるが、今のところこのような手順は計画されていない。したがって、上述したようなドルペッグに基づいた交換方法が用いられる可能性が高い。

第 3 節　GCC 共通通貨の為替相場制度

(1) 湾岸諸国のドルペッグ制の評価

　GCC 通貨統合の重要な制度設計の一つに為替相場制度の選択がある。もし現在の為替相場制度を踏襲するのであればドルペッグ制を継続することになるし、ユーロと同じように変動相場制を選択する道もある。この点を考えるにあ

133

たって、さしあたり現在のドルペッグ制の評価が必要不可欠である。すなわち、現在のドルペッグ制が上手く機能しているのか、あるいは見直すべきなのかということが為替相場制度の選択のカギを握っている。

　これまで湾岸諸国のドルペッグ制は長年にわたって経済の安定に貢献してきた。しかし、近年ではこれらドルペッグ制の弊害を指摘する向きは多い。ドルペッグ制こそが、2000年代から世界金融危機までの期間に湾岸諸国の物価を高騰させた原因であるとする見解である。このような見方には、主に二つの根拠がある。第一に、同期間のドル下落によって湾岸諸通貨がユーロに対して下落したため、国内物価が上昇したとの説明である。ドルペッグ制の場合、その他の通貨に対してはドルと同じように変動する。つまり、ドルが下落した場合、湾岸諸通貨もその他の通貨に対して下落する[10]。湾岸諸国は相対的に欧州からの輸入が大きいため、対ユーロ相場が輸入物価に与える影響は大きく、これが物価上昇の一つの要因となっている[11]（図10-2）。

　とはいえ、EUからの輸入だけが際立って高いわけではないので、この意味でのドルペッグの弊害は過大評価されている。加えて、その他の輸入相手国の多くが対ドル相場を管理していることを鑑みると、米国を含むそれら諸国からの輸入インフレは限定的である。したがって、ドルペック制下のドル下落がインフレの主要因と考えるのは早計である。

　マーハー・ハサンら（Maher Hasan et al. 2008）も、ドルペッグ制のインフレへの影響を懐疑的に見ている。湾岸諸国（サウジアラビアとクウェートのみ）の長期のインフレの主な要因は貿易相手のインフレによるものであり、為替のパススルーは影響はあるものの控え目であると結論づけている[12]。ただし、2003年頃からの湾岸諸国のインフレは貿易相手のインフレが主要因であるが、それだけではなく、ドル下落や急速な国内需要の拡大、かなり限定的ではあるがドルペッグによる拡張的金融政策スタンス（詳しくは次に述べる）も影響を及ぼしているとしている。

　第二は、湾岸諸国の政策金利を米国のFFレートに連動させることから生じる低金利に物価高騰の原因があるとする見方である。湾岸諸国は資本勘定が開

第 10 章　GCC 通貨統合の制度設計上の課題

図 10—2　GCC の輸入相手国の割合 （2014 年）

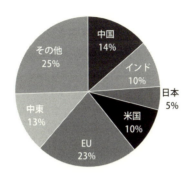

出所：IMF, DOTS, eLibrary Data.

放されている中で為替相場を固定しなければならないため、政策金利を米国のFF レートに厳格に連動させている。これは、国内の物価や景気の状態とは無関係に政策金利を設定しなければならないことを意味している。インフレが進行する局面では通常、金融引き締め政策が必要となるが、2001 年の米国の IT バブル崩壊による FF レートの引き下げにより、湾岸諸国は国内の物価高騰にもかかわらず金融緩和を継続しなければならなかった。これがインフレに結びついたというのである。

　このように、金融政策の自立性がないことがインフレの主要因なのであれば、変動相場制を採用して独立した金融政策を行った方が良いことになる。このような観点から、より柔軟な為替相場制度に移行した方が良いと主張する論者もいる[13]。しかし、これは湾岸諸国の金融政策が有効に機能することが前提でなければならない。モーシン・S・カーン（Mohsin S. Khan 2010）は、このような前提自体を批判的に見ており、湾岸諸国では金利のトランスミッションメカニズムが弱いので変動相場制ではなくドルペッグ制が現実的な選択肢になるとしている。途上国の金融システムは一般的に脆弱であり、中央銀行の金利政策が広く実体経済に浸透するとは限らない。湾岸諸国では主に大企業だけが信用

にアクセスできるのであり、家族経営などの中小零細企業は銀行システムから疎外されている。このため、湾岸諸国での金利政策の波及効果を過大評価すべきではない。

また、今日、多くの途上国が金融政策のアンカーを為替相場に置いている理由についても改めて問わねばならない。もし、どんな国でも金融政策が国内の物価や景気の安定にとって最も有効な政策手段であれば、それをわざわざ為替相場の安定に用いる必要性は全くない。それでも多くの途上国が金融政策の目標を為替相場の安定に置いているのは、金利波及効果が十分ではないことに加えて、為替相場の方が国内物価に多大な影響を及ぼすからである。先進国に比べて途上国の為替相場のボラティリティの方が高いのであれば、なおさらである。

ドルペッグ制下でのドル下落が湾岸諸国のインフレにいくらか影響したことは事実である。しかし、このような近視眼的な視点だけで、ドルペッグ制を評価するのは適切とはいえまい。湾岸諸国では、基軸通貨ドルにリンクしてきたからこそ長期にわたる物価安定を実現できたのであり、近年のインフレはその基盤の上で生じた現象に過ぎない[14]。つまり、ドルペッグであったからこそこの程度で済んでいるのであり、それがなければ、より物価が不安定であったことは想像に難くない。実際、長期的な湾岸諸国の消費者物価は、途上国であるにもかかわらず概ね5%以内に落ち着いている。以上のことから、湾岸諸国のドルペッグ制は、概ね物価安定に大きく寄与していると評価できる。

(2) GCC 共通通貨の為替相場制度の展望

湾岸諸国にとって現状でドルに対する安定が重要であることを鑑みると、GCC 共通通貨の為替相場制度は、当面はドルペッグ制の継続が最も現実的な選択肢となる。同時に、豊富な対外資産や外貨準備を保有しているので、それを維持、持続するだけの能力も持ち合わせている。

とはいえ、未来永劫、ドルペッグ制が最適な制度であり続けると考えるのも非現実的である。将来的に GCC の経済構造が変化する中で、為替相場制度も

136

第 10 章　GCC 通貨統合の制度設計上の課題

それに対応して変わらなければならない。では、どのような観点から制度設計
を考えるべきか。ジョージ・T・アベドら（George T. Abed et al. 2003）は、対
外安定と国際競争力の観点から、GCC 共通通貨の為替相場制度について検討
している。通貨統合の当初は石油収入の安定やドル建て金融資産の価値の安定
のためにドルペッグが最も望ましいが、これでは対ユーロやその他の通貨に
対して為替相場が変動するので非石油産業の競争力上問題が多い。したがって、
非石油産業の育成や非ドル建て金融資産の蓄積に伴い、より柔軟な為替相場制
度に移行すべきであると指摘している。エリアス・エル・アシュカールら（Elias
El-Achkar et al. 2012）も同様の見方をしており、GCC 通貨統合が経済構造や輸
出構造の多様化を促すかもしれないが、そのような状況になった場合は対外安
定と国際競争力を追求するため、より柔軟な為替相場制度が求められる。しか
しながら、現在のように金融市場が未発達でヘッジ手段が限られている中では、
変動相場制は明らかに為替リスクを拡大させるとしている。このように、通貨
統合を行うことで中長期的に非石油産業が育成され、産業構造が変化した場合
には、変動相場制のような、より柔軟な為替相場制度が選択肢の一つとなる。

　結局のところ、GCC 共通通貨の為替相場制度においてドルを軽視したシス
テムを作ることは今のところ難しい[15]。したがって、単独ペッグにしてもドル
のウェイトを落とす通貨バスケットペッグにしても、何かしらの形でドルに対
する変動幅を抑制する必要がある。とはいえ、具体的にどのような為替相場制
度を選択するかはいくらか議論の余地がある。ドルペッグなのか、対ドルを
重視した管理フロートなのか、あるいはドルのウェイトが高い通貨バスケット
ペッグなのかといったような選択肢である。ちなみに、通貨バスケットペッグ
の場合、構成通貨にユーロをどの程度加えるべきかが重要となる[16]。欧州から
の輸入インフレを一定程度遮断できるようにするためである。

137

第 11 章　湾岸諸国の金融市場と金融統合の現状

　通貨統合に至るまでのプロセスを考えると、それは単に通貨を統一すること
だけに留まらない。通貨統合とは貿易統合から始まる経済統合の一連の流れの
中で位置づけられるのであり、このプロセスの中には金融統合も含まれる。既
に指摘したように、通貨統合と金融統合は個々の独立した要素ではなく、相互
に依存する関係にある。また、金融のリスクシェアリングが単一通貨圏内で上
手く機能するかどうかは、金融統合の進展次第である。このように、通貨統合
と金融統合は密接な関係にあるため、通貨統合を理解するためには金融統合に
ついての理解も必要不可欠となる。

　本章では、GCC 金融統合がどこまで進んでいるのかを明らかにしていく。
残念ながら、これまでのところ湾岸諸国の金融統合についての研究蓄積は少な
い。それゆえに、本章自体が新しい知見になると同時に、ユーロ圏とは異なっ
た途上国金融統合の独特な特徴を浮き彫りにすることができると考えている。

第 1 節　湾岸諸国の金融市場の構造と特徴

　最初に、湾岸諸国の金融市場について概観しておきたい。とりわけ、銀行部門、
株式市場・ミューチュアルファンド、債券市場の構造と特徴について見ていく。

139

(1) 銀行部門

　湾岸諸国の金融構造は一般的な途上国と同様、間接金融が主体である。したがって、当該地域の金融システムにおいて商業銀行が果たす役割は大きい。

　湾岸諸国の銀行部門の特徴は主に次の3点に集約できる。第一に、銀行部門が少数の大規模銀行に集中していることである。例えば、2007年時点での銀行資産全体に占める上位5行の割合は、クウェート、カタール、オマーンで約80％、サウジアラビアで約70％となっている[1]。サウジアラビアでは2008年時点で貸し出し合計の48％、預金合計の49.8％、資産合計の49％、総支店数の50％がナショナルコマーシャルバンク（NCB）、SAMBA（サウジ・アメリカン銀行）、アルラージヒー銀行[2]の3行に集中している[3]。

　第二に、銀行の資本構成において公的部門の資本が少なからず入っている点である。各国銀行の資本構成のうち公的部門の割合（王族による出資を含む）は、UAEが52％、サウジアラビアが35％、オマーンが30％、カタールが21％、バーレーンが20％、クウェートが13％となっている[4]。ちなみに、サウジアラビアには大規模なイスラム銀行で民間資本のアルラージヒー銀行がある一方で、およそ半分が政府資本のリヤド銀行や大半が政府資本のNCBなどがある。

　第三に、湾岸諸国に進出する外国銀行は限定的である。外銀の進出は、サウジアラビアやオマーンで若干確認できる程度に過ぎない[5]。これは、GCC市場への外銀の参入が容易ではないことを示している。

　湾岸諸国の銀行部門が抱える問題点として、とりわけ中小企業（大半が同族系企業）による銀行信用へのアクセスが非常に困難であることが挙げられる[6]。湾岸諸国の銀行の主な貸出先は①財閥系の大企業や一部の富裕層、②個人ローンといった消費者金融である。一方、中小企業は銀行からの資金調達が難しいため、主に内部留保によるファイナンスを余儀なくされている。

　また、貸し出しと預金の満期構造の違いが長期の貸し出しを難しくしているとの問題もある。例えば、サウジアラビアでは短期の要求払い預金や1年未満の定期預金が多いため、1年以上の中長期の貸し出しとのマチュリティミスマッチが問題となっている。特に、1年～5年の中期においてこの傾向が顕著

第 11 章　湾岸諸国の金融市場と金融統合の現状

であり、中長期の資金ニーズに対する大きな障害となっている[7]。

(2) 株式市場とミューチュアルファンド

　湾岸諸国の資本市場は歴史が浅いこともあり、銀行部門と比べるとその発展の程度は限定的である。しかし、その中でも株式市場はこの 10 年で急速に発展しており、流通市場では活発な取り引きが行われている。これは 2000 年以降の石油価格高騰による域内経済の活況や民営化の促進によるところが大きい。また、湾岸諸国の株式市場の特徴として、どの国もエネルギー中心の経済構造であるため、株価の連動性が強いことが挙げられる（図 11-1）。

　しかし、これら株式市場は次に指摘する三つの点でいびつな構造となっている。第一に、域内各国の株式市場の時価総額（2012 年 2 月時点）はサウジアラビア（49%）、カタール（17%）、UAE（16%）、クウェート（13%）、オマーン（3%）、バーレーン（2%）となっており、サウジ市場の規模が圧倒的に大きいことが挙げられる[8]。

　第二に、上場銘柄が少数のセクターに集中しており、とりわけ金融関連銘柄が圧倒的に多いことである。例えば、UAE やバーレーンでは約半分が金融関連銘柄となっている。ただし、サウジアラビアやオマーンでは「サウジアラビア基礎産業公社（SABIC: Saudi Basic Industries Corporation）」に代表されるような素材関連の銘柄も多い[9]。このような偏った銘柄構成は、湾岸諸国の産業構造の多様化がまだ発展途上であることを反映している。そして、このことは投資家による部門別分散投資を難しくしている。

　第三に、市場参加者が個人に偏っている点である。2012 年時点での市場参加者に占める個人の割合は、サウジアラビアで 92% であり、UAE のドバイで 77% である[10]。機関投資家や外国人投資家の市場への参加は、かなり限定的であるといわざるをえない[11]。

　株式投資については、ミューチュアルファンド（投資信託）で保有されるケースにも目を向ける必要がある。なぜならば、ファンド形態による資産運用業は近年急速に成長しており、投資チャネルの拡大を通じて金融市場の発展を支

141

図 11—1　湾岸諸国の株価指数の推移

出所：CEIC.

えているからである。例えば、2012年時点でのサウジアラビアのミューチュアルファンド（公募）の本数では、株式で運用するものが圧倒的に多く（54%）、その他で運用するもの「債券ファンド（4%）、MMF（18%）不動産ファンド（4%）、ファンドオブファンズ（17%）」は相対的に少ない[12]。債券ファンドが極端に少ないのは、債券市場の発展が大きく遅れているからである（詳しくは後述する）。

ちなみに、サウジアラビアの株式ファンドにおける運用資産総額の内外の内訳では、外国株式の割合が38%（うちGCC諸国への投資は6%）、国内株式が62%となっている[13]（2012年時点）。これを主要先進国と比較すると、株式ファンドの外国株式比率では日本が29.9%、英国が51.1%[14]（2012年末時点）なので、サウジアラビアの外国株式比率はとりわけ高いわけでも低いわけでもないが、同国の金融市場が発展途上の段階にあることを考慮すると対外投資に対する積極性が伺える。これは強固なドルペッグによって為替リスクがヘッジできることに一因がある[15]。

湾岸諸国の資産運用業はミューチュアルファンドに限らない。近年、マネー

第 11 章　湾岸諸国の金融市場と金融統合の現状

ジドアカウントと呼ばれる富裕層向けの資産運用ビジネスも急成長している[16]。これは、資産管理に加えて投資アドバイスなど包括的な資産運用サービスを行うもので、富裕層が多い湾岸諸国では有力な資産運用チャネルに成長しつつある。

⑶ 債券市場

　湾岸諸国の債券市場は、金融取引において極めて限定的な役割しか果たしていない。当該市場では発行市場、流通市場共に流動性に乏しく、特に流通市場は実質的に機能していない[17]。2012 年上半期時点での既発債残高の半分以上は UAE によるもので、次いでカタールが 24％である[18]。同様に、流通市場での取引高もやはり両国が相対的に大きい。しかしながら、この両国ですら債券市場の規模は小規模なものに留まっている。例えば、ドバイで上場している債券は 2009 年時点でせいぜい 7 銘柄に過ぎない[19]。

　湾岸諸国の債券市場は国債よりも社債の発行の方が多く、特異な構造となっている。2007 年〜 2012 年上期で社債は新規発行債券全体の約 40％を占めており、国債の約 20％を大きく上回っている[20]。ただし、社債の発行主体の多くが石油・ガス、金融機関などの政府資本が入っている企業であり、純粋な民間企業による社債発行は限定的である。

　また、債券の多くがドルを中心とする外貨建てで発行されていることも特徴的である。湾岸諸国では投資家層が薄いため、国内で十分な投資需要が期待できないからである[21]。加えて、債券の発行者は外国で起債してもドルペッグ制により為替リスクを負うことがないため、投資家層の厚い国際金融市場で起債することにインセンティブを持つ[22]。

　湾岸諸国の債券の一部は、イスラム金融方式のスクーク[23]で発行されている。各国の発行債券に占めるスクークの割合（2001 年〜 2010 年）はアラブ首長国連邦で 16.33％、サウジアラビアで 7.78％、バーレーンで 3.19％、カタールで 1.27％、クウェートで 0.8％となっている[24]。今のところ債券発行の一部のみがスクーク形態であり、まだまだ発展途上ではあるものの、今後、重要な資

143

金調達チャネルの一つになる可能性が高い。

　湾岸諸国の債券市場が抱える問題点として、債券取引の基準となる国債市場の育成が大きく遅れていることが挙げられる。一般的に社債発行時の金利決定の指標となるのは、利回りやリスク評価の基準となる中長期の金利、すなわちイールドカーブである。しかし、湾岸諸国では近年の石油価格高騰のおかげで国債は断続的にしか発行されず、そのことがイールドカーブの形成を難しくしている。

　また、市場流動性の不足によって債券流通市場の発展が著しく遅れていることも問題である。主な市場参加者は国内銀行、富裕層、外国機関投資家が大半であり、年金や保険会社といった国内機関投資家や一般個人の参加は限定的である[25]。このように、市場に参加する投資家層は薄く、なおかつ参加者が偏っているようないびつな構造となっている。

第2節　湾岸諸国の金融統合の現状

　湾岸諸国の金融統合は、経済統合のプロセスの中では「初期段階」に位置づけられる。現在の GCC の経済統合が資本移動の自由化を含む共同市場の段階にあるからである。これは、欧州統合でいえば共同市場が発足した 90 年代の EMS（欧州通貨制度）の段階に相当する。しかし、これは大雑把な分類であり、金融統合が具体的にどの程度まで進んでいるのかについては、データに基づいたより精緻な分析が求められる。

　まず最初に分析の方法論について検討してみたい。岩田（1996）によると金融統合は①自由な資本の移動、②金融業の単一市場（金融業や資本市場の監督・規制等の法体系の統一）、③通貨統合の三つの段階に分けられ、各段階の統合の程度は数量面と価格面から測ることができる[26]。「①自由な資本の移動」の数量面はフローの資本流出入額やストックのクロスボーダーの資産・負債残高であり、価格面は金利平価条件の成立による為替変動を勘案した国際投資収益率

144

第 11 章　湾岸諸国の金融市場と金融統合の現状

の平準化である。「②金融業の単一市場」では、数量面が国境を越えた金融機
関の各種業務展開や金融サービスの提供であり、価格面が各種金融商品の価格
の平準化と金融機関の収益構造の収斂である。「③通貨統合」については単一
金利体系の成立が指標である。

　以上の整理にしたがって、データの許す限り①銀行部門、②マネーマーケッ
ト、③資本市場の各市場ごとに数量面と価格面の両面から金融統合の現状につ
いて明らかにしていく。

(1) 銀行部門の統合

　ユーロ圏では金融統合の進展により、各国銀行による域内他国への支店の開
設や貸し出しなどクロスボーダーの金融サービスの提供が活発化した。このこ
とから、一般的にはユーロ圏の銀行部門の統合は大きく進展したと理解されて
いる[27]。

　一方、湾岸諸国の銀行部門の統合は、かなり遅れているといわざるをえない。
地場銀行の総資産と総負債に占める対外資産と対外負債の割合を示す表 11-1
から、湾岸諸国の銀行が国内営業に重点を置いている様子が伺える（域内のク
ロスボーダーの銀行活動に関する統計が存在しないための代替）。2013 年時点で、
銀行の対外資産と対外負債はバーレーンを除いて概ね低い割合にとどまってい
る。これは各国の銀行が基本的に国内営業を基盤としていることを示しており、
域内他国への支店形態での進出やクロスボーダー貸し出しが限定的であること
を示している。

　また、時系列で見ても他国との取り引きが増加しているとの明瞭な関係は見
出せない。クウェートの銀行の対外資産やカタールの銀行の対外負債などの一
部の項目を除いて、対外資産・負債の割合はむしろ縮小する傾向すら見られる。
とりわけサウジアラビアではこの傾向が顕著である。

　ちなみに、バーレーンの対外資産・負債の割合が突出して大きいのは、同国
が内外一体型のオフショア金融センターであり、銀行の多くが外資系銀行だか
らである[28]。サウジアラビアのマネーの多くや欧州のマネーがバーレーンの銀

145

表 11—1　銀行セクターの資産・負債総額

	バーレーン		クウェート		カタール	
	対外資産	対外負債	対外資産	対外負債	対外資産	対外負債
	89%	85%	13%	10%	18%	4%
	85%	82%	21%	18%	30%	21%
	75%	74%	20%	6%	18%	23%

出所：CEIC.

行を経由して域外に向かっており、同国は中東の金融ハブとしての性格を有している。

　銀行による域内他国への支店形態での進出も限定的である。2008年時点でサウジアラビアに進出している域内他国の銀行は「Emirates Bank」「National Bank of Kuwait」「Bank Muscat」のわずか3行で、UAEが5行、オフショア金融センターであるバーレーンでもわずか2行にとどまっている[29]。ただし、規制緩和を背景に域内他国での銀行の支店設立は徐々に増加する傾向にある[30]。以上のことから、湾岸諸国の銀行部門の統合は数量面では今までのところ緩やかなものにとどまっていると評価できる。一方で、価格面ではコストの観点から銀行部門の統合が進んだと見る向きもある[31]。結局のところ、湾岸諸国の銀行セクターの統合は限定的であるとするのが妥当であるが、その一方で異なる見方もあり、今のところ明確な評価を行うことは難しい。

(2) マネーマーケットの統合

　ユーロ圏ではユーロの発足により、各国マネーマーケット間での裁定取引が活発化したため、域内各国のインターバンクレートの違いがほとんどなくなり、ほぼ完全に統合された市場となった。

　前掲の図 10-1 によると、近年の湾岸各国のインターバンクレートは、基本的に収斂している。とりわけ最近では乖離幅が小さくなっており、各国とも約1%の低位安定水準を維持している[32]。未だ通貨が統合されていないにもかか

第 11 章　湾岸諸国の金融市場と金融統合の現状

に対する対外資産・対外負債の割合

オマーン		サウジアラビア		UAE	
対外資産	対外負債	対外資産	対外負債	対外資産	対外負債
9%	14%	21%	13%	33%	10%
16%	13%	14%	10%	16%	27%
11%	9%	11%	4%	18%	18%

わらず、かなりの程度で収斂している状況は注目に値すべきものである。

　ただし、このような収斂が資本移動の活発化による裁定取引の結果であるかどうかは必ずしも明確ではない。この理由について二つの点を指摘したい。第一は、3ヵ月インターバンクレートが通貨統合におけるマクロ収斂基準の一つとなっていることである。湾岸諸国では通貨統合の参加条件として、インターバンクレートが下位3ヵ国平均から2%以上乖離しないことが求められている。このため、各国には金利の乖離を抑制するためのインセンティブが働いていることになる。

　第二は、ドルペッグ制により、政策金利を米 FRB の FF レート（フェデラルファンドレート）にほぼ完全に追随させなければならないことである[33]。湾岸諸国では、外国為替取引にかかわる国際資本移動が自由化されている。このため、ドルペッグを維持するために政策金利を FF レートに連動させ一定の金利差を厳格に維持し続ける必要がある。

　このような二つの事情から、湾岸諸国のインターバンクレートの収斂は民間部門の裁定取引の結果ではなく、政策的な動機に基づくものである可能性を排除できない。

⑶ 資本市場の統合

　資本市場の統合度について、域内クロスボーダー証券投資がどの程度の規模で行われているかとの観点から検証する（データの制約上、投資側のデータはバー

147

レーンとクウェートの2ヵ国に限定される)。なお、サレム・ネチ (Salem Nechi 2010) は 2001 年〜 2008 年を対象に同様の分析を行っているが、域内証券投資を証券投資としてひとくくりにしており、株式と債券を区別していない。このような点を考慮して、ここでの分析ではクロスボーダー証券投資を株式と債券に分けた上で、その違いに焦点を当てながら 2012 年までの動向をフォローする。

　まず、比較の対象になるユーロ圏のクロスボーダー証券投資について見ておこう。通貨統合直前の 1997 年とユーロ発足から 10 年以上が経過した 2012 年の対外証券投資全体に占める対域内の割合 (ストック) を比べると、顕著に増加していることが分かる (表 11-2)。とりわけイタリアやポルトガル、スペインなどでは 30%〜 40%の大幅増となっている。通貨統合に伴う金融市場の統合が域内資本市場にいかに大きな影響を与えたかが伺える。

　次に、湾岸諸国 (バーレーンとクウェート) の域内クロスボーダー証券投資の現状について見てみよう (表 11-3)。まず、直近の 2012 年の対外証券投資残高に占める域内への証券投資の割合を見ると、全体的に高い水準にあることが分かる。特にクウェートでは対外証券投資のうち約半分が域内他国向けであり、これはユーロ圏と十分に比較可能な水準である。バーレーンの債券投資は規模の面では対域外・対域内ともにクウェートを凌駕しているものの、その多くが域外で運用されているため、域内向けの割合は低い水準にとどまっている。

　これを時系列で見ると、2004 年〜 2008 年にかけて域内への証券投資の割合は両国ともに概ね増加していることが分かる。しかし、着目すべき点は、共同市場が発足し域内資本移動の基盤が整った 2008 年から 2012 年にかけての時期に全体的な増加傾向が観察できないことである。唯一、クウェートの域内への債券投資の割合だけは大きく増加しているが、これはカタールやドバイで開発にかかわる債券の発行が急増したことによるものと推測できる。以上のことから、直近での域内への証券投資の割合は比較的高い水準にあると評価することもできるが、その一方で共同市場の発足による資本移動の自由化が資本市場の統合にどの程度の影響を与えているのかは明瞭ではない。

第 11 章　湾岸諸国の金融市場と金融統合の現状

表 11—2　ユーロ圏の対外証券投資残高に占める域内割合

	1997 年	2012 年
オーストリア	46.3%	62.3%
ベルギー	66.3%	79.1%
フィンランド	29.8%	44.8%
フランス	42.7%	62.1%
ドイツ	N.A	65.3%
アイルランド	31.5%	30.5%
イタリア	30.4%	75.2%
ルクセンブルク	N.A	39.2%
オランダ	44.3%	49.6%
ポルトガル	44.8%	73.4%
スペイン	35.3%	63.9%

注：ユーロ圏の初期メンバーの 11 ヵ国
出所：IMF, Coordinated Portfolio Investment Survey より作成。

　続いて、視点を変えて投資受け入れ国側からの動向についても確認しておこう。表 11-4 は、サウジアラビア、UAE、カタール、オマーンの 4 ヵ国が域内他国であるバーレーンとクウェートからどの程度の割合で資金調達（投資受入れ）を行っているのかを示している。これによると、株式では約 6 割～7 割が域内からの投資であるのに対して、債券はむしろ減少傾向にあることが分かる。これは、債券による対外的な資金調達において、域内他国よりも域外他国に依存する傾向がむしろ強まっていることを示している。

　債券による資金調達の域外依存の傾向はとりわけ UAE で顕著である。非産油首長国であるドバイは、2000 年代半ば以降の大規模な建設ラッシュの中で、必要となる資金をスクークなどのイスラム債券の発行により調達したのであるが、この多くを域外の投資家に依存している。域内他国からの調達が 13.5%に過ぎない一方で、イギリス（11%）、ルクセンブルク（11%）ドイツ（6%）、アイルランド（6%）、フランス（4%）、バミューダ（18%）、タイ（5%）[34] といっ

149

表11—3　湾岸諸国間のクロスボーダー証券投資残高　（ストックベース）（100万㌦）

株式　2004年

受入国 ＼ 投資国	バーレーン	クウェート	受入れ合計
バーレーン	...	1,516	1,780
クウェート	146	...	195
オマーン	1	21	115
カタール	1	172	282
サウジアラビア	40	488	1,473
UAE	15	330	429
域内合計	203	2,527	4,273
対外投資合計	4,433	6,305	
対域内投資割合	4.6%	40.1%	

債券　2004年

受入国 ＼ 投資国	バーレーン	クウェート	受入れ合計
バーレーン	...	296	580
クウェート	239	...	1,229
オマーン	117	0	191
カタール	40	303	1,035
サウジアラビア	1,109	157	1,313
UAE	40	30	561
域内合計	1,545	787	4,910
対外投資合計	19,080	5,493	
対域内投資割合	8.1%	14.3%	

株式　2008年

受入国 ＼ 投資国	バーレーン	クウェート	受入れ合計
バーレーン	...	7,055	7,565
クウェート	377	...	1,549
オマーン	17	169	422
カタール	56	2,682	3,895
サウジアラビア	1,008	3,296	5,906
UAE	325	2,189	5,068
域内合計	1,783	15,391	24,404
対外投資合計	6,129	32,977	
対域内投資割合	29.1%	46.7%	

債券　2008年

受入国 ＼ 投資国	バーレーン	クウェート	受入れ合計
バーレーン	...	580	2,193
クウェート	686	...	2,024
オマーン	95	0	275
カタール	755	262	2,855
サウジアラビア	1,263	305	3,662
UAE	2,016	779	16,440
域内合計	4,815	1,927	27,449
対外投資合計	27,356	7,136	
対域内投資割合	17.6%	27.0%	

株式　2012年

受入国 ＼ 投資国	バーレーン	クウェート	受入れ合計
バーレーン	...	5,448	5,911
クウェート	50	...	662
オマーン	51	210	613
カタール	145	1,192	2,689
サウジアラビア	352	4,104	7,849
UAE	132	1,635	4,628
域内合計	731	12,588	22,351
対外投資合計	2,405	27,758	
対域内投資割合	30.4%	45.4%	

債券　2012年

受入国 ＼ 投資国	バーレーン	クウェート	受入れ合計
バーレーン	...	941	3,002
クウェート	40	...	858
オマーン	5	0	88
カタール	1,991	886	11,830
サウジアラビア	700	252	3,462
UAE	2,561	1,663	31,243
域内合計	5,297	3,742	50,482
対外投資合計	34,114	6,860	
対域内投資割合	15.5%	54.5%	

出所：IMF, Coordinated Portfolio Investment Survey より作成。

たように、域外の国々からより多くの資金を調達している[35]（2012年ストック）。

　以上のことから、数量面では、共同市場の発足以降に資本市場の統合が進んだのかどうかについては必ずしも明確ではない。また、株式市場の統合に比べ

第 11 章　湾岸諸国の金融市場と金融統合の現状

表 11―4　対内証券投資のうちバーレーンとクウェートからの割合

	2004年	2008年	2012年
株式	63.9%	70.4%	59.6%
債券	47.5%	24.6%	17.9%

注：対象はサウジ・UAE・カタール・オマーンの4ヵ国合計
出所：IMF, Coordinated Portfolio Investment Survey より作成。

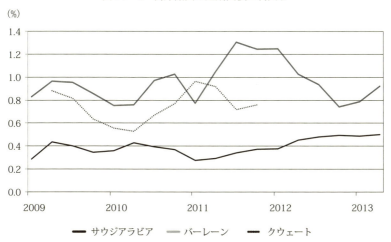

図 11－2　湾岸諸国の短期国債の利回り

出所：CEIC.

ると、債券市場の統合は圧倒的に遅れている。

　価格面から株式市場の統合度を測る場合、複数の市場で相互上場されている銘柄の株価が裁定取引により収斂する度合いで評価できる。湾岸諸国の場合、相互上場している株式は約 15 銘柄だが、その多くがバーレーンとクウェート間での相互上場銘柄である。ラファエル・エスピノザら（Raphael Espinoza et al. 2011）は、これらの相互上場銘柄の株価の収斂度合について分析したところ、裁定取引が確認できることから結果的に株式市場の統合度は高いとしている。この結果は、先の数量面からの考察とも整合的である。

　他方、債券市場の価格面での統合度については悲観的な見方をせざるをえな

151

い。湾岸諸国の短期国債の利回り（データが取得できる３ヵ国のみ）を見る限り、共同市場の発足以降に収斂に向かっているとの傾向を読み取ることはできない（図 11-2）。したがって、価格面からも債券市場の統合が進んでいるとの根拠を見出すことはできない。ちなみに、ユーロ圏では通貨統合の後に国債価格の収斂が大きく進んだ[36]。前掲の図 4-1 で見たように、国債の利回りはユーロ発足の前後から欧州債務危機が起こるまでの平時で高度に収斂していた[37]。

(4) 決済システムの統合

ユーロ圏のケースから明らかなように、大口の共通決済システム「TARGET」の存在がマネーマーケットの統合に非常に重要な役割を果たしてきた。これにより、各国銀行間でクロスボーダーの裁定取引が活発に行われるようになり、結果的にマネーマーケットの金利が高度に収斂した。

「TARGET」は、各国の国内決済システム（RTGS: 即時グロス決済）を中央銀行間で連結させた統一的決済システムである。「TARGET」を使ってクロスボーダーの大口決済を行う場合、各国の中央銀行を経由して、域内他国の銀行に送金される仕組みになっている。この場合の最終的な決済は各国銀行が自国中央銀行に保有する「当座預金」の増減で行われる。現在では、「TARGET2」にバージョンアップされ、各国ごとに異なっていたプラットフォームを「SSP（Single Shared Platform）」と呼ばれる共通プラットフォームに単一化した。これによりシステム使用における手数料の共通化が可能となった。

ユーロ圏の小口の共通決済システム「SEPA（Single Euro Payments Area）」は、ユーロ発足後も整備が遅れていた領域である。例えば、個人や企業によるクロスボーダーでの送金・自動引き落とし・各種カード支払は国内での決済に比べて高い手数料が課されたり、時間を要するなど、利便性の面で問題があった[38]。最近になってようやく SEPA への移行が完了する見通しであり、2014 年 4 月時点で銀行間の口座振替の 96.21％が SEPA 経由となっている[39]。

一方、湾岸諸国の決済システム共通化への取り組みは、ユーロ圏のそれとは異なる展開を見せている。「TARGET」のような大口の決済システムの構築

第 11 章　湾岸諸国の金融市場と金融統合の現状

が遅れている一方で、「GCC net」と呼ばれる小口の共通決済システムの整備
は進んでいる。「GCC net」は域内各行の ATM を接続したもので、域内他国で
の安価な引き出し手数料や為替手数料を実現している[40]。GCC レベルでの大
口決済では、各国決済システムの相互接続が確立していないため、湾岸諸国間
の決済であっても金融機関の域内他国の支店、域内他国の現地法人、あるいは
域内他国の銀行とのコルレス勘定を通じた間接的な決済に依存している[41]。マ
ネーマーケットの統合には決済システムの統合が不可欠である以上、湾岸諸国
でも共通システムの整備を進める必要がある。この場合、ユーロ圏の「TARGET」
のように各国の決済システムを接続するだけのものにするのか、「TAGET 2」
のように当初から共通のプラットフォームを構築するのかについてコストと有
用性を勘案しながら進めることになる。

第 3 節　湾岸諸国における金融統合の課題と展望

　本章では、湾岸諸国の金融市場の構造と金融統合の現状について明らかにし
てきた。まとめると、湾岸諸国の金融統合は、総じて低い水準にとどまってい
ると結論づけることができる。銀行部門、マネーマーケット、そして資本市場
における数量面と価格面からの分析により、金融統合が進んでいるとの明確な
根拠が見出せなかったからである。とりわけ、債券市場の統合については大き
く遅れているといわざるをえない。このことから、本章の最後に債券市場の市
場育成や市場統合をどのようにして進めるべきか検討してみたい。
　域内債券市場の統合が遅れているのは、資本移動の自由化やクロスボーダー
投資の拡大以前に、債券市場の育成が極端に遅れているからである。そもそも
市場が育っていないところにクロスボーダーの投資が増えるはずもないのであ
る。いうまでもなく、整備された債券市場があれば民間部門の資金調達手段を
増やすことになるため、産業構造の多角化にとっても有用である。
　債券市場の問題点として、断続的な国債発行がイールドカーブの形成を妨げ

153

ている発行市場の問題があった。中長期の金利体系を形成するのであれば、国債の継続的な発行が欠かせない。この場合、債券市場の育成という明確な目的意識の下で短期から長期までのあらゆる満期の国債を計画的に発行することが必要となる[42]。ただし、湾岸諸国の財政が黒字であるからこそ国債の発行が断続的なのであり、このこと自体は歓迎すべきことである。金利のベンチマークを形成するために財政を赤字化しなければならないというのは本末転倒な政策である。財政スタンスとイールドカーブの形成は分けて考えなければならない。したがって、財政を適切に維持することを前提にしながらも、計画的な国債の発行が求められる。

　湾岸諸国の債券市場には、投資家層の厚みがないことによる流通市場の流動性不足の問題もあった。残念ながら、有力な機関投資家となる年金や保険会社は、現時点では発展途上の段階にある。これら機関投資家はその性格上、保守的かつ長期的な運用を好むため、安定的な投資家として債券市場の発展に必要な主体である。湾岸諸国では若年層の人口が爆発的に増加しているので、彼らの老後を考えれば今後の社会保障の整備は必要不可欠である。社会保障の整備に伴って年金や保険産業が成長すれば、有力な機関投資家となって、債券市場の育成を支えることになる。

　債券市場発展のためのワーキンググループ（ドバイ国際金融センター）（DIFC Working Group on Debt Market Development 2009）は、債券市場の流動性拡大や投資家の参加を増やすための提言として、債券やスクークを店頭市場だけではなく取引所にも上場すべきであることを指摘している[43]。このように、資金の調達者や投資家が求める市場流動性の確保には、指標となるような代表的な銘柄について取引所で集中的に取り引きされることも必要である。このような取り組みは各国で個別に行うのではなく、湾岸諸国全体の金融統合の文脈の中で行われるのであれば、より効果的である。具体的には、各国に設置されている金融センターや取引所間の連携が考えられる。湾岸諸国では大半の国々が産業構造の多角化の一環として金融セクターの育成を進めており、その結果、ほぼ各国ごとに金融センターが設置されている。例えば、バーレーン・フィナン

第 11 章　湾岸諸国の金融市場と金融統合の現状

シャル・ハーバー（Bahrain Financial Harbour）、ドバイ国際金融センター（Dubai International Financial Centre）、カタール金融センター（Qatar Financial Centre）、サウジアラビアのキングアブドラ金融地区（The King Abdullah Financial District）、である。これら金融センターが連携することで市場規模が拡大すれば、域外投資家や域内投資家の参加を通じて各国ごとに制約のある市場流動性の向上が期待できる。つまり、金融センターや取引所間での相互上場や相互投資を通じて、投資家が域内他国の債券市場に容易にアクセスできる環境を構築すべきである[44]。

　湾岸諸国は経済統合のプロセスで政策協調しているにもかかわらず、金融センター等の金融連携については各国独自の政策に基づいている。これだけ狭い地域に金融センターが密集しているのに金融センター間の連携が希薄で、むしろ競争関係にあることは、域内の債券市場の育成にとって重大な障害となっている[45]。湾岸諸国全体で経済統合、通貨統合を進めようとしているのであれば、金融統合の分野にも積極的にかかわるべきである。国益を優先するばかりではなく、経済統合の枠組みの中で湾岸諸国全体として統一金融市場をどのように構築していくのかを議論しなければならない。このような金融統合のプロセスそのものが債券市場の育成につながるのであれば、結果的に各国経済に大きな恩恵があるはずである。

　とはいえ、金融統合が進んでいないことをそれほど悲観する必要はない。それは湾岸諸国が今のところ為替相場同盟に過ぎないからであり、通貨を統合すれば金融統合は進む可能性がある。通貨統合に伴う金融統合の進展が金融システム全体の発展や信用アクセスの向上を促し、それが産業構造の多角化につながるのであれば、金融統合は途上国にとって先進国以上に意味のある政策となるであろう。

155

第 12 章　途上国通貨統合の比較と分類

　最終章となる本章では、途上国通貨統合の理論に基づいて、メルコスール、西アフリカ諸国経済共同体（ECOWAS）、東アジア（ASEAN+3）を想定した通貨統合の構造を分析する。そして、最後に GCC を含めて、これら地域の通貨統合を比較した上で、いくつかのタイプに分類していく。これにより、途上国通貨統合の性格の違いを明らかにすることができると考えている。

　とはいえ、これら地域では GCC 同様、未だ通貨統合は行われていない。ECOWAS のように通貨統合構想が具体的に進んでいる地域もあれば、メルコスールや東アジアのように研究者レベルでの議論にとどまっている場合もある。しかしながら、本章の目的は経済構造の異なる途上国地域をケーススタディーとして理論的な視角から通貨統合の性格の違いを浮き彫りにすることにある。したがって、実際に通貨統合計画が進んでいるかどうかはあまり重要視していない。

第 1 節　メルコスール

(1) メルコスールの経済統合と通貨協力の概要

「南米南部共同市場メルコスール（MERCOSUR: Mercado Común del Sur）」の

構成国は、アルゼンチン、ブラジル、パラグアイ、ウルグアイ、ベネズエラ（2006年加盟）の5ヵ国である。メルコスールは1991年の自由貿易地域の創設からスタートし、1995年には対外共通関税の適用により関税同盟となった。メルコスールはかつてのような輸入代替化戦略下での内向きのものとは異なり、域外に対して開放的な経済統合である。当面のメルコスールの目標は、共同市場を設立することである[1]。

　このように、関税同盟となったメルコスールではあるが、通貨・金融面の統合はあまり進んでおらず、それに関連する議論も今のところ活発ではない。ただし、少し過去にさかのぼると、通貨統合に関する活発な議論が展開された時期もあった。1997年にアルゼンチンのメネム大統領が通貨統合の可能性について言及したことや、当時の経済統合が順調に進んでいたことがその背景にあった。しかし、1998年のロシア危機に伴う資本流出により、ブラジルがインフレターゲットをアンカーとする変動相場制に移行すると、通貨統合の議論は下火となった。この当時、アルゼンチンはカレンシーボード制を採用していたため、ブラジルのレアル安がアルゼンチンのペソを割高にし、価格競争力の低下を招いたためである。このことが契機となり、域内の経済統合そのものに緊張が生じる事態となった。両国間の緊張は、政治的なナショナリズムを喚起し、メルコスール加盟国間の関係をメルコスール設立以前の状態に後退させる要因となった[2]。このような状況の中でメネム大統領がドル化について発言したため、アルゼンチンでは一転してドル化が注目されることとなったが、その背景には民間企業や一般市民のレベルで、すでにかなりのドル化が進行していたことがあった[3]。とはいえ、アルゼンチンが実際にドル化政策に乗り出すことはなかった。

　2008年になると、別の形での通貨協力が模索され始めた。域内の貿易決済において自国通貨の利用を促進させる試みである。これは、域内の為替相場を安定させる類の政策協調ではないが、貿易決済時のドルの変動リスクを回避することが目的であるため、通貨協力の一つの形態として捉えることができる。ブラジルとアルゼンチンの首脳は、これを将来の通貨統合に向けた第一歩と位

第 12 章　途上国通貨統合の比較と分類

置づけている[4]。

　メルコスールは、その発足から主に通商上の問題に取り組んできたし、超国家的機関の設立を避けてきた経緯がある[5]。このため、主権の一部移譲を求められる通貨統合の実現性は、今のところ高くはない。とはいえ、域内の通貨・金融協力は少しずつではあるが前進する兆しはある。例えば、2004年12月に発足したFOCEM（MERCOSUR's Fund for Structural Convergence）は金融協力の一環として捉えることができる。当ファンドは各国の拠出金を原資に域内経済協力のための投資を目的としているが、その投資先の多くがウルグアイとパラグアイであり、今のところ大国から小国への開発援助として機能している[6]。このような経済協力メカニズムや自国通貨建て貿易決済等を経て機能主義的な統合を積み上げることで、メルコスールのさらなる深化が期待できる。

(2) メルコスール諸国の経済構造

　最初にGDPの産業別構成から、メルコスールの産業構造を他の地域と比較しながら見てみよう（表12-1）。メルコスール諸国の中でも中核国を含むアルゼンチン、ブラジル、ウルグアイの3ヵ国は農業と工業のウェイトが目立って高いわけではない中で、サービス業のウェイトが相対的に高い。製造業は後述する東アジアに比べて大きく見劣りしており、第二次産業は発展途上であるといわざるをえない。パラグアイは典型的な農業国で、その所得水準（一人当たりGDPで3,204ドル[7]〔2010年〕）はメルコスール諸国の中でも極端に低い。ベネズエラは石油依存型モノカルチャー経済であり、メルコスール諸国の中では異質な経済構造である。

　メルコスール諸国の輸出財に着目すると、一次産品に依存している現状が浮き彫りとなる。2009年時点でのアルゼンチンとブラジルの総輸出に占める一次産品の割合は、約6割～7割と大きなウェイトを占めている[8]。ただし、輸出する一次産品の種類は多様化しており、ベネズエラのように1種類の一次産品に依存しているわけではない（特にブラジル）[9]。

　メルコスールの域内貿易に限っては、工業製品の割合は比較的高い。アルゼ

159

表 12—1　各国の GDP における産業別構成（2013 年）

メルコスール

	農業	工業（うち製造業）	サービス業
ブラジル	5.6%	24.4%（12%）	70%
アルゼンチン	7.4%	28.8%（16%）	63.8%
ウルグアイ	9.6%	26.3%（13%）	64.1%
パラグアイ	21.6%	28.4%（12%）	50.0%
ベネズエラ (2012年データ)	5.5%	49.3%（14%）	N A

ECOWAS　（データの取れなかったガンビアを除く）

	農業	工業（うち製造業）	サービス業
ベナン	36.5%	14.0%（ 8%）	49.5%
ブルキナファソ	22.6%	27.8%（ 8%）	49.7%
コートジボワール	22.1%	22.3%（13%）	55.7%
ギニアビサウ	43.7%	13.7%（ N.A.）	42.7%
マリ（2012 年データ）	42.3%	22.7%（ N.A.）	35.0%
ニジェール	35.7%	21.9%（ 7%）	42.3%
セネガル	17.5%	24.0%（14%）	58.4%
トーゴ	37.4%	17.6%（ 6%）	45.1%
ガーナ	22.4%	28.8%（ 5%）	48.8%
ギニア	20.2%	37.7%（ 6%）	42.1%
ナイジェリア	21.0%	22.0%（ 9%）	57.0%
シエラレオネ	59.3%	7.9%（ 2%）	32.7%

ASEAN+3　（データの取れなかったミャンマーを除く）

	農業	工業（うち製造業）	サービス業
日本	1.2%	26.2%（19%）	72.6%
中国	9.4%	43.7%（31%）	46.9%
韓国	2.3%	38.4%（31%）	59.3%
ブルネイ	0.7%	68.2%（12%）	31.0%
シンガポール	0.0%	25.1%（19%）	74.9%
マレーシア	9.3%	40.5%（24%）	50.2%
タイ	12.0%	42.5%（33%）	45.5%
フィリピン	11.2%	31.1%（20%）	57.7%
インドネシア	13.7%	43.6%（22%）	42.6%
ベトナム	18.4%	38.3%（17%）	43.3%
ラオス	26.5%	33.1%（ 8%）	40.4%
カンボジア	33.6%	25.6%（16%）	53.6%

注：工業には農業とサービス業以外のすべて、製造業・鉱業・建設業等が含まれる。
出所：World Bank, World Development Indicators.

第12章　途上国通貨統合の比較と分類

表12—2　各国の経常収支（対GDP比、2010年）　　　　（%）

メルコスール		ECOWAS		ASEAN+3	
アルゼンチン	-0.4	ナイジェリア	3.9	ブルネイ	45.5
ブラジル	-2.1	ガーナ	-8.6	シンガポール	23.7
パラグアイ	-0.2	ギニア	-9.7	中国	4.0
ウルグアイ	-1.8	シエラレオネ	-22.7	日本	4.0
ベネズエラ	3.2	ガンビア	-16.3	韓国	2.6
		ベナン	-8.7	マレーシア	10.9
		ブルキナファソ	-2.0	フィリピン	3.6
		コートジボワール	1.9	ベトナム	-3.8
		ギニアビサウ	-8.3	タイ	3.1
		マリ	-12.6	インドネシア	0.7
		ニジェール	-19.8	ミャンマー	-1.2
		セネガル	-4.4	カンボジア	-6.8
		トーゴ	-6.3	ラオス	-20.0

出所：IMF, World Economic Outlook Database, April 2015.

ンチンとブラジル間の貿易では、自動車が重要な位置にある。欧米の自動車メーカーが両国に生産拠点を設置し、異なるモデルを生産して相互に供給しているからである（ツインプラント・システム）。両国の所得水準の違いを反映して付加価値の異なる自動車を生産しているのである[10]。このように、主に自動車分野における多国籍企業の進出によって、域内での産業内貿易が比較的活発となっているため、両国の貿易はバイラテラルな為替相場、金利水準の違い、所得の伸びなどに敏感に反応する。このことは、メルコスールの域内為替相場の変動が産業内貿易の動向に大きな影響を与えることを意味している[11]。

　続いて、メルコスール諸国の経常収支に着目すると、全体的としては均衡ラインか若干の赤字傾向にある（表12-2）。ただし、産油国ベネズエラの経常収支は石油価格に左右されるので、他の諸国に比べて異質である。

　以上のことから、メルコスールは先の途上国グループの4分類では、概ね

161

第二のグループに該当する（前掲の表 3-1 参照）。メルコスール諸国がモノカルチャー経済ではないことや、経常収支が均衡か赤字傾向にあることから、このように分類できる。ただし、産油国のベネズエラや農業モノカルチャーに近いパラグアイやウルグアイといった国々が混在しているため、明瞭にカテゴライズすることは難しい。したがって、さしあたり第二のグループとして扱うことに異論はないと思われるが、厳密にいえば第三や第四のグループの特徴も兼ね備えている。

(3) メルコスールにおける通貨統合のベネフィット

次に、途上国通貨統合の理論に基づいて、メルコスール通貨統合のベネフィットの側面に焦点を当てる。メルコスールでは、通貨統合による域内貿易の拡大の余地は大きい。それはメルコスールの域内貿易の割合が約 3 割であり、ユーロ圏と比べてもまだまだ拡大の余地があるからである（表 12-3）。ただし、パラグアイやウルグアイのようにすでに大きく域内経済に依存している国々もあれば、ベネズエラのように希薄な国もあるため、個別では通貨統合の影響は必ずしも同じではない。

メルコスールでの通貨統合による域内直接投資の拡大もいくらか期待できそうである。対 GDP 比の国内総貯蓄（2013 年）を地域ごとに平均したものを見ると、ユーロ圏で 21.1%、GCC で 43.1%、メルコスールで 18.7%、ECOWAS で 11.3%、ASEAN+3 で 29.9% となっている [12]。メルコスールの域内貯蓄がユーロ圏に近い水準にあることを鑑みれば、対外投資余力は備わっていると見てよい。また、3 億近いメルコスールの人口を考えると、その市場規模や購買力は外国企業にとって大きなビジネスチャンスであり、通貨統合による高度な単一市場の誕生によって域外からの直接投資も期待できる。

同時に、通貨統合によって域内の経済統合が守られるメリットがあることもメルコスールの特徴である。これは、前述したようにアルゼンチンとブラジル間での産業内貿易が大きいために為替相場の変動がメルコスールに緊張を与えかねないからである。ただし、メルコスールが分裂の危機に陥ったのは、為

第 12 章　途上国通貨統合の比較と分類

表 12—3　メルコスールの域内貿易の割合

域内向け輸出 (FOB)		アルゼンチン	ブラジル	パラグアイ	ウルグアイ	ベネズエラ	域内平均
	2004 年	20.9%	10.6%	75.0%	27.2%	0.9%	27.0%
	2014 年	27.6%	11.1%	40.4%	30.5%	1.7%	22.3%

域内からの輸入 (CIF)		アルゼンチン	ブラジル	パラグアイ	ウルグアイ	ベネズエラ	域内平均
	2004 年	37.9%	10.5%	59.5%	44.4%	11.6%	32.8%
	2014 年	23.9%	8.1%	43.7%	36.0%	16.3%	25.6%

出所：IMF, DOT, eLibrary Data.

替相場の問題だけではなく、通貨政策の違いにも原因があることを述べてお
く必要がある。ジョアキム・ピント・デ・アンドラーデら（Joaquim Pinto de
Andrade et al. 2005）によると、レアルが下落しペソが割高になったことがメ
ルコスールに緊張をもたらしたが、その一方で両国の通貨政策の矛盾は 1994
年にブラジルがレアルを導入した時点からすでに始まっていた。1990 年代半
ば当時、一般的なドルペッグ制のブラジルとカレンシーボード制のアルゼンチ
ンでは、対ドルでの固定相場制では同じであったが、国際資本移動がマネタリー
ベースと国内信用に与える影響は全く異なる。カレンシーボード制は外貨準備
の増減がそのままマネタリーベースの増減に直結する。つまり、貿易赤字や資
本流出は外貨準備を減少させるので、マネタリーベースの減少要因となる（逆
もまた同様）。1994 年のメキシコ通貨危機や 1998 年のロシア危機の影響によっ
てアルゼンチンから資本が流出すると、対ドル相場維持のためにドル売り・ペ
ソ買い介入が実行された。これによりマネタリーベースが減少するので、国内
信用は収縮せざるをえなくなった。通常のドルペッグ制であれば、この後に自
国通貨供給のための買いオペレーションによってマネタリーベースを元に戻す
不胎化操作を行うことができるが、カレンシーボード制では外貨準備とマネタ
リーベースがリンクしているため、これができない。つまり、ブラジルとアル
ゼンチンでは、大規模な資本流出入があった場合、為替相場がドルに固定され
ている点では同じでも、国内信用に対する影響が全く異なるのである。国内信

163

表 12—4　各国の消費者物価上昇率（前年比変化率）　　　　（%）

メルコスール			ECOWAS			ASEAN+3		
	2005	2010		2005	2010		2005	2010
アルゼンチン	12.3	10.9	ナイジェリア	11.6	11.7	ブルネイ	0.0	0.2
ブラジル	5.7	5.9	ガーナ	14.8	6.9	シンガポール	1.3	4.0
パラグアイ	9.8	7.2	ギニア	29.7	20.8	中国	1.6	4.6
ウルグアイ	4.9	6.9	シエラレオネ	13.1	18.4	日本	-0.7	-0.3
ベネズエラ	14.4	27.2	ガンビア	4.8	5.8	韓国	2.6	3.0
			ベナン	3.7	4.0	マレーシア	3.2	2.1
			ブルキナファソ	4.5	-0.3	フィリピン	5.9	3.6
			コートジボワール	2.5	5.1	ベトナム	8.8	11.7
			ギニアビサウ	-1.0	5.7	タイ	5.8	3.1
			マリ	3.4	1.9	インドネシア	17.1	7.0
			ニジェール	4.2	1.4	ミャンマー	12.6	8.9
			セネガル	1.4	4.3	カンボジア	8.4	3.1
			トーゴ	5.5	3.8	ラオス	8.8	5.8

出所：IMF, World Economic Outlook Database, April 2015.

用への影響が非対称的であれば、インフレ率や景気などのマクロ経済指標も非対称的となり、そのことが両国間の価格競争力や貿易収支に大きな影響を与えることになる。為替相場同盟は常に同様の問題と脆弱性を抱えている。つまり、為替相場維持のための為替介入や金利政策の方向性が異なる場合、各国のマクロ経済に異なる影響を与えることになる。通貨統合はマクロ政策の対称性を確保する上でも大きな役割を果たすことができるのである。

　メルコスールでの通貨統合は、インフレ率の安定にもメリットがある。メルコスール諸国は過去にハイパーインフレを繰り返してきたこともあり、インフレ率がとりわけ不安定な地域である（表12-4）。通貨統合によって通貨の信認を高め中長期的にも物価安定が実現できれば、名目金利の引き下げが可能となり、企業の資本コストの低下から産業の育成に結びつく可能性がある。また、

164

域外通貨との為替相場の安定において各国通貨単独で対峙するよりも政策的対応コストが下がることになる。

　さらに、通貨統合に伴う金融統合の進展がメルコスールの金融資本市場の発展につながるとのメリットもある。他の途上国と同様にメルコスールの金融市場は未成熟なので、その発展の余地は大きい。加えて、通貨統合によって共通通貨の信認が高まれば、国際金融市場からの資金調達も容易になる。

(4) メルコスールにおける通貨統合のコスト

　メルコスールでは、通貨統合に伴う為替政策の放棄のコストは比較的小さい[13]。それは、メルコスール諸国にとって為替相場を動かすことが必ずしも有効な政策手段になるとは限らないからである。輸出面では、相対的に有力な輸出産業に乏しいため、為替減価政策が輸出増に結びつきにくい。逆に、輸入依存度の高さから国内物価の上昇を招きやすい。実際のところ、この地域では為替相場の減価とインフレ率の不安定性に悩まされてきた。したがって、メルコスールの為替政策は減価や増価で都合よく調整できるようなものではない。とはいえ、アルゼンチンが為替相場の安定を重視した政策運営を行っているのに対して、ブラジルは状況に応じて減価政策と増価政策を使い分ける場面もあることから、個々の国々によって為替政策の考え方に若干の違いがあることだけは付け加えておきたい。

　同様に、メルコスールの金融政策の放棄のコストも相対的に小さい。この地域のインフレ率の高さと経常収支の若干の赤字傾向から、為替相場には基本的な下落圧力がかかっている。このため、為替相場を維持するためには、金融政策に一定程度の負担をかけざるをえない。例えばブラジルでは、十分な資本流入が見込める平時では国内均衡優先の金融政策を行うが、米国の金融政策の変更や対外的な経済情勢の変化によってグローバルな資本の流れが大きく変わる局面では、為替相場がその影響を受けるので金融政策はそれに対応せざるをえなくなる。したがって、外部環境に左右されにくい自立した金融政策を十分に追求できるわけではないため、金融政策の放棄のコストは決して大きくはない。

165

景気の同調性が期待できるのかどうかについては、いくつかの先行研究では悲観的な見方をしている。例えば、エドゥアルド・ホックレイターら（Eduard Hochreiter et al. 2002）は、ラテンアメリカ諸国について通貨統合のコスト・ベネフィットを分析したところ、域内貿易が緩慢であること、景気の非同調性、政策と制度の違い、経済発展度合いの違いにより、統合に必要な条件を満たしていないためにヨーロッパほど通貨統合の実現性が高くないことを指摘している。同様に、アンドリュー・バーグら（Andrew Berg et al. 2002）も、ラテンアメリカ諸国において共通通貨のコストがベネフィットを上回る可能性があるとして、その理由を域内貿易の緩慢さ、景気循環の非同調性に求めている[14]。これに加えて、ユーロ圏同様、労働力の域内移動は容易ではないし、金融市場が未成熟であることから金融統合による金融のリスクシェアリングも当面は期待できそうにない。また、域内貿易による景気の同調性は、域内貿易の割合がユーロ圏ほど高いわけではないので、当面のところ過度な期待はできない。これらのことから、メルコスールで景気の同調性を期待することは難しい[15]。とはいえ、通貨統合によって経済統合が深化すれば景気の連動性は高まるかもしれない。

メルコスールの域内のリージョナルインバランスの調整コストは、決して高くはない。メルコスール各国間の調整はそれほど重要ではなく、むしろ調整の主な対象は域外である。これは、域内貿易の割合がそれほど高くはないからである。しかしながら、1990年代にブラジルとアルゼンチンの間での価格競争力が問題になったように、域内貿易が極端に低いGCCほど楽観視できるものでもない。

第2節　西アフリカ諸国経済共同体（ECOWAS）

(1) ECOWAS の概要と通貨統合計画

「西アフリカ諸国経済共同体（ECOWAS: Economic Community of West African

第12章　途上国通貨統合の比較と分類

表12—5　ECOWAS構成国

ECOWAS

WAMZ	UEMOA（CFAフラン圏）	その他
ナイジェリア	ベナン	カーボベルデ
ガーナ	ブルキナファソ	リベリア
ギニア	コートジボワール	
シエラレオネ	ギニアビサウ	
ガンビア	マリ	
	ニジェール	
	セネガル	
	トーゴ	

出所：Temitope W. Oshikoya, John H. Tei Kitcher and Emmanuel Ukeje, "The political context," in Temitope W. Oshikoya (ed.), Monetary and Financial Integration in West Africa, Routledge, 2010, p.15 に基づき作成。

States）」は西アフリカの国々15ヵ国で構成される経済共同体である（表12-5）。ECOWASの設立目的は「人々の生活水準の向上、経済の安定性の維持と強化、メンバー国間の関係の強化、そして、アフリカ大陸の進歩と開発への貢献のため」[16] としており、概して経済的な安定と発展を目的にしている。

　ECOWASは、さらに二つのサブリージョンに分けられる。一つは「西アフリカ通貨圏（WAMZ: West African Monetary Zone）」で、かつてイギリスの植民地だった地域である。WAMZ諸国はそれぞれ国民通貨を持っており、為替相場制度は管理フロート制である。いま一つは「西アフリカ経済通貨同盟（UEMOA: Union Economique et Monétaire Ouest Africaine）」で、かつてフランスの植民地だった地域である[17]。UEMOAはすでに単一通貨圏であり、共通通貨はCFAフランである。UEMOA（CFAフラン）の為替相場制度は、ユーロに対する固定相場制となっている（かつてはフランス・フランペッグ）。ちなみに、中部アフリカ諸国で構成される「中部アフリカ経済通貨共同体（CEMAC: Communauté Économique et Monétaire de l'Afrique Centrale）」でも同様の名称の共通通貨CFA

フランが使われている（構成国：カメルーン、中央アフリカ、チャド、赤道ギニア、ガボン、コンゴ）。CEMAC は ECOWAS の構成地域ではないため、今のところ ECOWAS 通貨統合とは無関係である。ECOWAS メンバーの中で、どのサブリージョンにも属していないのがカーボベルデとリベリアであり、この2国は当面、通貨統合に参加する予定はない。したがって、通貨統合に参加するのは、ECOWAS メンバー 15 ヵ国のうち WAMZ 諸国と UEMOA 諸国の合計 13 ヵ国である。

　西アフリカの経済統合は独立直後の 1960 年代からスタートし、1975 年には ECOWAS が設立された。この地域の経済統合の特徴は、ECOWAS とサブリージョンの統合が同時並行的に進んでいることである。サブリージョンの UEMOA は、1996 年に自由貿易地域、2000 年に対外共通関税を設定し、不完全ながらも関税同盟となった[18]。一方、地域全体を包摂する ECOWAS では、1990 年に ECOWAS 自由貿易スキームが導入され、漸進的な域内関税率の引き下げが行われている。このように、二つの経済統合が並立していることから、ECOWAS 統合において両者をどう接合させるのかが問題となった。これを解決するため、2006 年に UEMOA の共通関税制度にそれ以外の国が合流する方法が採られることになり、2009 年 6 月に ECOWAS 関税同盟が発足するに至った。

　通貨統合構想は 1987 年の通貨協力プログラム（EMCP: the ECOWAS Monetary Cooperation Programme）によって始まったものの、その後は遅々として進まなかった。大きな進展が見られたのは、1999 年 12 月、トーゴのロメで行われたサミットにおいてである。ナイジェリアとガーナにより、まず UEMOA 以外の諸国（後の WAMZ 諸国）で通貨を統合することが提案され、翌 2000 年の 4 月に WAMZ が発足した。同年 12 月のサミットでは、2003 年までに WAMZ で通貨統合を行った後、2004 年に WAMZ と UEMOA の二つの共通通貨を統合し、ECOWAS 通貨統合に格上げする二段階のスキームが確認された。同時に、共通通貨の名称が「ECO」に決定し、西アフリカ中央銀行の前身組織として西アフリカ通貨研究所（WAMI: West African Monetary Institute）が発足

168

第 12 章　途上国通貨統合の比較と分類

した。

　しかし、通貨統合のスキームは計画通りには進んでいない。当初 2003 年に予定されていた第一段階の WAMZ 通貨統合は 2005 年、2009 年と繰り返しの延期を余儀なくされた。さらに、2009 年 1 月の時点でリーマンショック以降の世界経済危機を考慮して、年末までにマクロ収斂基準を満たすことが困難との判断から再び延期となり、新たに 2015 年の目標が設定された。同時に、ECOWAS 通貨統合は 2020 年を目標とすることとなった。このように計画が遅れていることの背景には、第一に目標時期の設定が早すぎることに加えて経済統合の進展そのものが遅いこと、第二に通貨統合に向けた戦略と行動を実行するための政治的意志やリーダーシップの欠如が見られること、第三に言語や旧宗主国の違いに基づく政治的な立場の違い（英語圏・フランス語圏・ポルトガル語圏）に起因する地域内での相互不信などがある[19]。

(2) マクロ収斂基準

　通貨統合にあたって ECOWAS 諸国が満たさなければならないマクロ収斂基準には、第一基準と第二基準の二つがある。第一基準は①1 桁のインフレ率、②財政赤字が GDP 比 4％以下、③財政赤字に対する中央銀行のファイナンスが前年の税収の 10％以下、④外貨準備が輸入の 3 ヵ月分以上、である。第二基準は①税収が GDP 比 20％以上、②税収のうち総賃金が 35％以下、③税収のうち公共投資が 20％以上、④実質金利が 0％以上、⑤各通貨の対ドル為替相場の変動幅が± 15％以内、である[20]。これらは基本的にはユーロ圏の収斂基準を参考にしているが、当該地域に適用するために独特な基準が多く設けられており、とりわけ財政規律とインフレに関する項目が多い。さらに、税収の使い方や財政ファイナンスまでもが直接の基準となっているのは大変興味深い。この背景には、ECOWAS 諸国では国家権力者が国家財政を私的目的で利用するような汚職が多いことに加えて、課税ベースも狭いために十分な税収を確保できず、中央銀行による財政ファイナンスが珍しくないことがある。

　財政規律に対する認識がルーズな国が通貨統合に参加する場合、自国の財政

ファイナンスを目的として統一中央銀行に圧力をかけるおそれがある。また、財政赤字拡大の負担を域内他国にインフレで押しつけるフリーライダーの危険性もある。ハビエル・デブルンら（Xavier Debrun et al. 2005）は、ECOWAS 通貨統合のコスト・ベネフィットの判断において、「非対称的ショック」があるかどうかよりも、財政スペンディングの傾向の違いが重要であり、特にナイジェリアの財政規律の著しい欠如を問題視している[21]。ECOWAS の中核国でありリーダーシップが求められるナイジェリアでの財政規律の欠如は、通貨統合の最大の障害となるかもしれない。しかし、同時に、通貨統合によって統一中央銀行の独立性が強まれば、財政規律の問題が解決できるメリットもある[22]。

　通貨統合の準備段階でユーロの場合と異なるのは、EMS のような域内為替安定メカニズムが用意されていないことである。今のところ WAMZ 諸通貨間、および WAMZ 諸通貨と UEMOA の CFA フランとの間には明確な為替協調メカニズムは存在していない。収斂基準の中に、対ドルでの変動幅を± 15％に抑制する補助的な取り決めがあるに過ぎない。しかしながら、ECOWAS 諸国のような発展水準が著しく低い途上国の場合、直接的な為替相場メカニズムで変動幅を抑制するよりも、財政規律の欠如と高インフレを抑制し中央銀行の信認を高めることの方が通貨価値の安定にとって重要である。

　ECOWAS 通貨統合は他にも様々な課題を抱えている。例えば、地域レベル、国家レベル両方での法的・制度的インフラの事前の構築が必要である[23]。また、統一中央銀行のフレームワークや共通通貨の為替相場制度の設計も必要である。ちなみに、WAMI は将来の共通通貨の為替相場制度として管理フロート制を提案している[24]。

(3) ECOWAS 諸国の経済構造

　ECOWAS 諸国の産業構造は、農業への依存度が極めて高い点で共通している（前掲の表 12-1）。同時に、鉱物資源も代表的な産業である（工業に占める製造業の割合が低い）。例えば、ギニアビサウやシエラレオネでは農業、ギニアでは鉱物資源、ナイジェリアでは石油が主要な産品となっている。輸出産品につ

第 12 章　途上国通貨統合の比較と分類

いてもほぼ同様で、ガンビア、ガーナ、シエラレオネでは輸出品の大半が農産物、ギニアでは鉱物資源、ナイジェリアでは石油である。ECOWAS 諸国には製造業と呼べるものはほとんどなく、基本的には農業、あるいは資源に依存する典型的なモノカルチャー経済圏である。

ECWAS 諸国の経常収支は大半が赤字である（前掲の表 12-2）。2010 年時点で黒字国はコートジボワールとナイジェリアだけである。とりわけナイジェリアが黒字国なのは、規模の大きな産油国だからである。その他の国々は交易条件が不利な農産物等の輸出に依存せざるをえず、輸出収入の増加には限界がある。加えて、製造業が発達していないので、工業製品の大半を外国からの輸入に頼らざるをえず、それゆえに輸入依存度は高い。同時に、農業国が多いにもかかわらず、大量の穀物を輸入せざるをえない事情も輸入の増加に拍車をかけている。これは農業の生産性が著しく低いためで、増加する人口を国内の農産物だけで支えきれない現状が浮き彫りとなっている[25]。

ECOWAS は、途上国グループの分類において第四のグループに該当する。個々のレベルでは産油国ナイジェリアのような例外はあるものの、多くの国々は少数の一次産品に依存し、なおかつ経常収支赤字国である。

(4) ECOWAS 通貨統合のベネフィット

ECOWAS 諸国の域内貿易は、輸出・輸入ともに全体としてかなり低調である（表 12-6）。このことから通貨統合による域内貿易の拡大の余地は大きい。この点を考えるにあたって、すでに単一通貨圏である UEMOA と通貨が別々の WAMZ の域内貿易比率を比べることが一つの参考になる。表 12-7 は、二つのサブリージョン各国の域内貿易比率の平均値を集計したものである。これによると、UEMOA の域内貿易は絶対水準としては決して高い値ではないものの、WAMZ 諸国間の域内貿易よりも明らかに高い。これは、単一通貨圏での経済の相互依存性の高さを示すものである。デイビッド・フィールディングら（David Fielding et al. 2005）は、内生的 OCA 論の観点から UEMOA と CEMAC の二つの CFA フラン圏の域内貿易の大きさを分析したところ、予想されていたより

171

表 12—6　ECOWAS の域内貿易の割合

		ガーナ	ガンビア	ギニアビサウ	ギニア	コートジボワール	シエラレオネ	セネガル
域内向け輸出 (FOB)	2004 年	6.6%	7.2%	14.4%	1.0%	21.7%	0.9%	33.1%
	2014 年	4.1%	5.1%	26.8%	0.6%	20.3%	0.2%	36.6%
		トーゴ	ナイジェリア	ニジェール	ブルキナファソ	ベナン	マリ	域内平均
	2004 年	59.9%	5.6%	30.9%	79.4%	21.5%	2.1%	21.9%
	2014 年	58.8%	5.5%	49.7%	12.2%	19.8%	5.8%	18.8%

		ガーナ	ガンビア	ギニアビサウ	ギニア	コートジボワール	シエラレオネ	セネガル
域内からの輸入 (CIF)	2004 年	19.2%	16.4%	29.5%	16.4%	21.4%	10.6%	16.1%
	2014 年	18.2%	9.1%	18.2%	3.0%	24.0%	4.8%	11.5%
		トーゴ	ナイジェリア	ニジェール	ブルキナファソ	ベナン	マリ	域内平均
	2004 年	15.7%	3.3%	24.6%	43.8%	23.7%	21.8%	20.2%
	2014 年	4.5%	1.9%	24.1%	39.3%	11.9%	22.2%	14.8%

出所：IMF, DOT, eLibrary Data.

表 12—7　各サブリージョンの域内貿易比率（域内平均）

		2004	2014
WAMZ	域内他国への輸出	1.1%	1.1%
	域内他国からの輸入	2.8%	3.0%
UEMOA	域内他国への輸出	19.8%	13.7%
	域内他国からの輸入	17.2%	13.0%

出所：IMF, DOT, eLibrary Data より作成。

もかなり大きく拡大しており、さらにフランペッグ（現・ユーロペッグ）を通じて二つの CFA フラン圏間の貿易も増加したことを明らかにしている。これらのことから、ECOWAS 通貨統合によって、域内の貿易が一定程度増加することが期待できる。

　とはいえ、域内クロスボーダー直接投資については、たとえ通貨が統合されたとしてもそれが増えるかどうかは明確ではない。域内各国の資本蓄積が不十

第 12 章　途上国通貨統合の比較と分類

分なためである。単一通貨圏であるにもかかわらず UEMOA 諸国の投資が拡大
しなかったのは、国内の貯蓄が不十分であったためと見る向きもある[26]。加え
て、インフラや法制度、市場の規模、労働力の質など様々な点でも問題を抱え
ている。さらに、域内市場の購買力が期待できず、生産地としての有用性も小
さいことから、域外からの資本流入も期待できそうにない[27]。いうまでもなく、
ECOWAS の域内貿易が希薄であることから、経済統合の分裂を抑止する意味
での通貨統合のベネフィットはあまりない。

　一方で、高いインフレ率を安定させることに関しては期待できそうである。
WAMZ 諸国のインフレ率は高いだけではなく不安定でもある一方で、通貨統
合下にある UEMOA のインフレ率は低位で安定している。これが意味するとこ
ろは、CFA フランがインフレ率の安定に一定程度貢献してきたということであ
る。もちろん、CFA フランがユーロペッグしているがために物価が安定してい
ると考えることもできるが、それが可能なのも通貨統合下にあったからに他な
らない。

　ECOWAS 諸国では、通貨統合による金融統合と、それに伴う金融市場の発
展の可能性についてはほとんど期待できない。それは、たとえ通貨が統合され
たとしても、国内の貯蓄不足や金融システムが脆弱である限り、金融市場発展
の前提条件がそもそも整っていないからである。

⑸ ECOWAS 通貨統合のコスト

　ECOWAS 通貨統合における為替政策の放棄のコストは小さい。彼らにとっ
ての為替相場は都合よく動かせるような政策手段ではなく、むしろそれが下
落しないよう安定させることに大きな関心が向けられている。これら諸国で
は、為替減価政策は輸入面でも輸出面でも良い結果を生まないことが多い。
ECOWAS 諸国は輸入依存度が高いため、為替減価政策が輸入インフレを招く。
これによる物価上昇が国内経済を不安定にしかねない。

　一方、輸出面では、為替減価政策は輸出品の価格競争力向上には結びつかな
い。石油輸出の場合と同じように、主要輸出品の農産物や鉱物資源の多くは国

173

際市場で価格が決定されるため、生産者はその価格を受動的に受け入れるしかない。為替減価によって自国通貨建て収入が増加しても、価格競争力が高まるわけではないため、輸出シェア拡大などの数量増加は見込めず、ドルベースでの収入に変わりはない。また、弱い立場に置かれているこれら諸国の生産者は多国籍企業等の外国企業に不当に安い価格で買い叩かれるケースが多い。したがって、これらの諸国の輸出収入の増加にとって重要なのは、為替減価政策ではなく、むしろ国際価格の上昇やフェアトレードである。以上のことから、ECOWAS諸国にとって為替政策は決して都合よく用いられるような調整手段ではない。

　同様に、金融政策の放棄のコストも小さい。それは、対外均衡を維持するために金融政策にかける負担が大きいため、そもそも国内均衡を目標とした自立的な金融政策を実施できる環境にはないからである。むしろ通貨統合によって域外通貨との為替相場の維持が容易になれば、統一金融政策の自主性を一定程度実現できるかもしれない。

　ECOWAS諸国間では、景気の同調性を実現するための代替手段はほとんど期待できない。労働力の域内移動[28]や金融のリスクシェアリングはもちろんのこと、域内貿易が緩慢なので貿易ルートによる調整も限定的である。したがって、域内の景気がそもそも同調的であることが求められるが、この点についても悲観的な見方をせざるをえない。チャラランボス・G・タンガリーディスら（Charalambos G. Tsangarides et al. 2008）はマクロ収斂基準やOCAの条件を変数としたクラスター分析から、ECOWAS諸国の経済構造にかなりの不均質性があることを明らかにしている[29]。ロマン・ウサ（Romain Houssa 2008）によると、「供給ショック」については西アフリカ全体で非対称的だが、「需要ショック」はWAMZが非対称的、UEMOAでは対称的である[30]。

　ECOWAS諸国のリージョナルインバランスは、経常収支赤字の対象が主に域外なので、さしあたり問題にはならない。もちろん、経常収支が赤字である以上、対外債務は蓄積し続ける[31]。したがって、経常収支赤字を持続可能な水準に収めるべきことに変わりはないが、対外債務危機が生じたとしても、当該

第 12 章　途上国通貨統合の比較と分類

国向け債権を持つのが主に域外投資家なので、域内諸国間で債権放棄などの負担を巡って対立するリスクは小さい。

第 3 節　東アジア（ASEAN+3）

(1) 東アジア（ASEAN+3）の通貨・金融協力の概要

　1997 年のアジア通貨危機によって、ASEAN+3 のレベルでは通貨・金融面でのリージョナリズムが強く意識されるようになった。これが契機となって、チェンマイ・イニシアティブ（CMI: Chiang Mai Initiative）やアジア債券市場育成イニシアティブ（ABMI: Asian Bond Markets Initiative）といった制度上の金融統合が進んだ。さらに 2011 年、CMI の上部組織として地域サーベイランス機関 AMRO（ASEAN+3 Macroeconomic Research Office）が設立され、東アジアでの地域金融協力は着実に前進している。

　しかし、制度上の金融統合とは別に、実態としての金融統合はあまり進んでいない。域内での国境を越えた証券投資等の金融取引は、限定的なものにとどまっている。東アジアの経済統合が独特なのは、貿易統合よりも金融統合が先行していることである[32]。TPP や RCEP といった大型の RTA 構想が複数乱立していることから分かるように、東アジアの貿易統合はその方向性すら未だに明確になっていない。

　一方、東アジアの通貨協力については、残念ながら政策レベルでは議論の遡上にすら上っていない[33]。とはいえ、政府関係者や研究者は、東アジア通貨協力をポジティブに考えている場合が多いようである。例えば、政府関係者、研究者、民間金融機関に対して実施した東アジア地域での RMU（地域通貨単位）に関するアンケート調査によると、「RMU が ASEAN+3 の経済統合を深化させるか？」との問いに対して、45％がその効果は「強い」と答えている。また、「RMUによって域内の為替相場を安定させるべきか？」との問いに対しては、24％が「Yes」、58％が「Yes、ただし経済統合がより深化した後なら」と答えている。

175

さらに、「通貨統合は経済統合を深化させるのに役立つか?」との問いに対しては、20%が「Yes」、58%が「Yes、しかし長期のプロセスだ」と答えている[34]。

東アジア通貨協力は、研究者のレベルで様々に議論されている。主な論点としては「東アジア通貨協力」と「人民元通貨圏」のどちらが現実的かということが挙げられる。姚枝仲（2009）は、貿易競争において、中国が感じる他のアジア諸国からの競争圧力と他のアジア諸国が感じる中国への競争圧力を比べると、後者の方が大きいので周辺アジア諸国が必然的に人民元に対する安定を図るとしている。これに対して、石田護（2009）は、人民元通貨圏の形成は人民元通貨圏と円圏に分裂することを意味しており、アジアへのネガティブな地政学的含意は計り知れないと反論している。丁一兵（2010）も、通貨協力においてアジア諸国の単独行動は、明らかな困難あるいは欠陥に直面するとしている。

東アジア通貨協力を巡るもう一つの論点は、これをどう実現するのかということである。この方法について、大きく次の二つに分けられる。第一は「域内為替レートメカニズム」の構築であり、第二は「協調的インフレターゲット」の導入である。

「域内為替レートメカニズム」は論者によって差異はあるものの、およそ域内の為替相場の変動を抑えるための制度構築である。例えば、中條誠一（2013）は、最初にドル・ユーロ・円の3主要通貨で構成される共通バスケットに各国通貨をリンクさせ、その後、EMSのアジア版としてアジア通貨制度（AMS: Asia Monetary System）[35] を設立し、アジア共通通貨単位（ACU: Asian Currency Unit）の創出や為替レートメカニズムの構築、信用供与メカニズムの設定を行うべきであるとしている[36]。しかしながら、東アジアでは、AMSのような域内の通貨協力までは可能であるとしても、通貨統合については実現性が低いとの見方が多い[37]。それは、東アジアには統合に対する政治的な意志が決定的に欠如しているため、各国が通貨主権を放棄するとは考えにくいからである。また、通貨統合は財政赤字にも制約を課す可能性が高く、これは財政主権の一部

第 12 章　途上国通貨統合の比較と分類

を放棄することに等しい。このような金融政策・財政政策と通貨統合の結び
つきは、通貨統合の実現には政治的なアジェンダが伴うことを示している[38]。
それに加えて、通貨主権の放棄は国民通貨に関する強い感情的な問題をもたら
す[39]。現在の ASEAN+3 には、政治的にも国民感情のレベルでも国民通貨の廃
貨を許容できるだけの意志は整っていない。

　「協調的インフレターゲット」は、各国が共通のインフレターゲットに同意
することで域内為替相場の安定を実現することである。これを主張するバリー・
アイケングリーン（Barry Eichengreen 2009）は、次のように指摘している。今
日の東アジアは①金融市場の規制緩和によって国際資本移動が活発化している、
②東アジアでは政治的な結束が弱い、③現代では為替相場をアンカーとする金
融政策が一般的ではない、といった点で EMS の時代とは状況が異なっている。
EMS のような域内為替レートメカニズムは、金融システムが規制緩和されて
いて、資本勘定がオープンである場合には特に短命である。一方、相対的購買
力平価を基本としたインフレターゲットは、上記の三つの状況に適合する上に、
政策の信認を高めるために固定為替相場よりも耐久性が高く、危機を事前に封
じ込めることができる可能性が高い。ただし、この協調的インフレターゲット
はあくまで域内為替相場のボラティリティを減少させるだけであり、変動を直
接的に制限するわけではない[40]。同様に、カク・ソンヤン（Sung Yeung Kwack
2005）も、東アジアでの協調的なフレキシブル・インフレターゲットの導入
を唱えており、インフレ率以外にも産出量、為替相場を考慮した柔軟なインフ
レターゲットを導入すべきであるとしている[41]。

　しかし、この「協調的インフレターゲット」論も問題がないわけではない。
各国のインフレ率をコントロールできることが前提となっているが、思い通り
にインフレ率を誘導できるとは限らないからである。とりわけ、近年の日本の
金融政策のように、インフレ率を引き上げる方向でのコントロールは上手くい
かない。これはマネーサプライの増減が企業の資金需要とそれに続く銀行貸出
の結果によるものなので、インフレ率を引き上げる場合において中央銀行が供
給するマネタリーベースは受動的なものに過ぎないからである[42]。とはいえ、

177

「協調的インフレターゲット」論は、域内為替レートメカニズムにおいてインフレ率の安定と協調が重要であることを示している点で示唆に富んでいる。中心レートの設定と為替介入だけでは、域内の為替相場を長期的に維持することは難しい。これは、EMS の中で低インフレ国のドイツと高インフレ国のフランスの間で為替相場が乖離し続けたことからも明らかである。ECOWAS 通貨統合の収斂条件において、為替相場を直接のターゲットにせず、高いインフレ率を抑制することに重点を置いているのは、この文脈から理解できる。

(2) 東アジア（ASEAN+3）の経済構造

　東アジアの産業構造の特徴は、他の地域に比べて製造業の発展が著しい点に尽きる（前掲表 12-1）。とはいえ、個々の国々に着目すると産業構造も多様である。例えば、日本やシンガポールといった先進国ではサービス業のウェイトが大きいのに対して、ラオスやカンボジアといった最も所得水準の低い国々では農業のウェイトが高い。さらに、ブルネイのようにガスに依存する資源国もある。このような多様性は所得水準にも表れている。一人当たり GDP が最も高いシンガポールと最も低いカンボジアではおよそ 50 倍の開きがある。

　東アジアの経常収支は、概ね黒字である（前掲表 12-2）。これは、東アジアが輸出指向型の発展を遂げてきたためである。ただし、個々の国々に着目すると、経常収支にも大きな差異がある。例えば、ミャンマー、カンボジア、ラオスといったような所得水準の低い国々は概して赤字国である。他方、天然ガスの輸出で潤うブルネイの経常収支は黒字である。

　以上のことから、東アジアは製造業の発展によって財の生産が多様化しており、さらに経常収支が黒字傾向にあるので、四つの途上国グループのうち概ね第一のグループに分類できる。

(3) 東アジアでの通貨統合のベネフィット

　東アジアの域内貿易に関連するベネフィットは相当に大きい。通貨統合によって域内貿易がさらに拡大する可能性に加えて、域内市場を分断から守り、

第 12 章　途上国通貨統合の比較と分類

表 12—8　ASEAN+3 の域内貿易の割合

		インドネシア	カンボジア	シンガポール	タイ	フィリピン	ブルネイ	ベトナム	マレーシア
域内向け輸出 (FOB)	2004 年	55.6%	27.2%	57.7%	50.4%	54.8%	74.0%	43.3%	51.3%
	2014 年	53.3%	27.7%	62.9%	54.2%	63.6%	72.2%	42.7%	59.2%
		ミャンマー	ラオス	韓国	香港	中国	日本	域内平均	
	2004 年	58.4%	36.0%	44.8%	57.7%	41.3%	40.0%	49.4%	
	2014 年	87.4%	81.3%	50.5%	66.2%	37.8%	46.4%	61.6%	

		インドネシア	カンボジア	シンガポール	タイ	フィリピン	ブルネイ	ベトナム	マレーシア
域内からの輸入 (CIF)	2004 年	51.3%	80.9%	53.9%	54.4%	52.6%	76.4%	63.7%	57.9%
	2014 年	62.9%	88.5%	45.0%	54.8%	57.2%	80.3%	70.9%	56.8%
		ミャンマー	ラオス	韓国	香港	中国	日本	域内平均	
	2004 年	87.1%	85.6%	45.2%	72.3%	41.2%	40.8%	61.6%	
	2014 年	89.8%	94.1%	37.9%	71.5%	29.2%	40.8%	62.8%	

出所：IMF, DOT, eLibrary Data.

緊密化しつつある相互依存関係を維持することができるからである。実際のところ、東アジアの域内貿易の割合は輸出で約 5 割、輸入で約 6 割となっており、域内貿易依存度の高さが伺える（表 12-8）。したがって、既に緊密化している域内市場の分断は各国経済に多大な影響を与えることになり、到底許容できるものではない。ムン・ウシクら（Woosik Moon et al. 2009）も、東アジア経済は相互依存的なので、域内の為替相場の大きな変動は金融市場の機能を壊すだけではなく、生産、貿易、直接投資をも崩壊させる可能性があることを指摘している[43]。

　東アジアでは企業によるサプライチェーンが形成されており、生産拠点が域内で展開されているため、域内為替相場の大きな変動はこのような企業行動にとって良い結果を生まない。ある研究では、2004 年のアジアへの対内直接投

179

資（フロー）はその 40% が域内からのものであると試算している[44]。また、対内直接投資（ストック）のうち域内他国からのシェアは 1981 年で 22.4% であったものが 2008 年には 38% に増加しており、域内クロスボーダーの直接投資が短い期間に急拡大してきたことが伺える[45]。このことから、東アジア通貨統合には直接投資でリンクされた生産ネットワークを保護し、クロスボーダー直接投資の一層の拡大につながるメリットがある。

　東アジアでは、通貨統合による物価安定のベネフィットはそれほど重要ではない。東アジアのインフレ率は全体として既に低位安定傾向にあり、そのコントロールに成功しているためである（前掲の表 12-4）。しかし、一部の国、例えばベトナム、インドネシア、ミャンマーのような国では物価が不安定かつ高い傾向にあるため、通貨統合による物価安定のメリットは大きい。

　東アジアの金融統合では、通貨統合が果たす役割は大きい。論者の中では、金融統合の視点から、通貨協力が必要であると見る向きもある[46]。2006 年の東アジア 10 ヵ国に対する証券投資の割合は、その 80% 以上がアメリカと EU によるものであり、域内諸国間の証券投資はわずかに 7.5% である[47]。これは、域内証券投資比率が 6 ～ 7 割に達するヨーロッパに比べると大きく見劣りするものである。とはいえ、東アジアでは金融統合が進展する素地が他の途上国地域に比べて整っている。その一つが域内の高い貯蓄水準である。東アジアでは経済の成長に伴って、域内他国に投資できるだけの貯蓄が形成されつつある。二つ目は、制度的な支援が見込めることである。東アジアでは、ABMI や信用保証・投資ファシリティ（CGIF :Credit Guarantee and Investment Facility）といった、域内の現地通貨建て債券取引を支援する制度が整いつつある[48]。このような基盤が形成されつつあることから、通貨統合によるホームバイアスの低下が、金融統合に結びつく可能性は高い。

(4) 東アジアでの通貨統合のコスト

　東アジア通貨統合の最大の問題は、コストが大きいことである。東アジアでは、為替政策は輸出の価格競争力と輸入インフレの両者間の調整において上手

第 12 章　途上国通貨統合の比較と分類

く機能しやすいため、為替政策を手放すコストは大きい。東アジア諸国では対外競争力のある輸出可能財が多いため、為替相場の変動が価格競争力に直結し、輸出先のシェアに影響を与えやすい。輸入面では、工業製品の多くを生産できる一方、エネルギー資源の大半を輸入せざるをえないため、為替相場の変動は一定程度、国内物価に影響を与えることになる。

　同様に、金融政策を放棄するコストも他の途上国地域に比べて高い。対外均衡にかかる金融政策の負担が小さいため、金融政策が国内均衡を調整する手段として有効に機能しやすいからである。世界の工場たる東アジアは全体として経常収支黒字国なので、通貨下落のリスクに対して比較的強固である。それゆえに、国内均衡中心の金融政策を行う余地は大きい。各国独自の金融政策を放棄することは、物価や景気を調整するための重要な政策手段の一つを失うことになるであろう。

　東アジアの景気の同調性については論者の間でも意見が分かれており、その評価は定まっていない。ある実証研究では、ASEAN+3 における「マクロ経済ショック」は非対称的であると結論づけている[49]。確かに、東アジア諸国では、経済の発展段階が異なることが、同調性の大きな障害となる。低所得国と高所得国では潜在成長率が異なるため、単一の金利政策に対する反応が大きく異なる。加えて、ブルネイのような経済構造そのものが異質な国もある。しかし、反対に、東アジアがヨーロッパと同程度に OCA の条件を満たしているとの見方もある[50]。確かに、東アジアでは同調性の調整メカニズムが機能しやすいこともまた事実である[51]。域内貿易比率が大きいことが景気の連動性を高める方向に作用するからである。実際のところ、今日の中国経済の周辺国への影響力は大きく、その景気動向によって貿易にかなりの影響を与える。ある実証研究でも、東アジアの貿易と景気の間には弱いポジティブな関係があるとの結果を得ている[52]。また、東アジアでは金融統合が進む素地があるため、中期的には金融のリスクシェアリングも期待できる。ちなみに、余永定（2010）は「実証分析から得られる結果というのはそれほど重要ではなく、真の問題は、東アジアが OCA を希望しているのか、またそれを形成する意思やビジョンを持っ

ているのかどうかということである」[53] と述べており、事後的に同調性が得られるとする内生的 OCA 論の考え方を支持している。

東アジアでのもう一つの問題は、リージョナルインバランスである。域内の貿易比率が高いがゆえに、不均衡の調整を域内諸国間で行わなければならない。この点においては、東アジアでもユーロ圏と同様の問題を抱えていることになる。とはいえ、今のところ東アジアの最終製品が主に米国や欧州などの域外に輸出されているため、域内での調整負担はユーロ圏程大きくはない。しかし、将来的に、東アジアの最終消費地としての性格が強まれば、アジアで作った製品がアジアで消費されるようになる。このような状況では、リージョナルインバランスは、より切実な問題となる。

第4節　結論──発展途上国の通貨統合の比較と分類

最後に、GCC を含めた四つの地域の通貨統合を比較しながら、それを評価・分類していく。これまでの通貨統合研究では、どの地域を対象にしたものでも先行事例としてのユーロを参考とし、それとの比較分析が中心であった。確かに、ユーロは通貨統合として一定の成功をおさめたことから、それとの比較はどんな場合でも有意義なものである。とはいえ、ユーロはあくまで先進国中心の通貨統合であり、途上国とは経済構造が大きく異なる。したがって、途上国という同じカテゴリーの中で比較分類することで、途上国通貨統合の構造や特徴をより鮮明にすることができる。

表 12-9 は、各地域の通貨統合のベネフィットとコストを総括し、項目ごとに三段階で評価したものである。これは定量的に分析した結果ではなく、あくまで理論的な考察に基づいて大まかに分類したものである。順に見ていこう。

GCC 通貨統合は、必ずしも高いベネフィットがあるわけではない一方で、コストが最も低いことが特徴的であり、「低コスト型の通貨統合」である。ほとんどの項目においてコストが低いため、ベネフィットの高い低いにかかわら

第12章　途上国通貨統合の比較と分類

表12—9　発展途上国の通貨統合の比較と分類

		GCC	メルコスール	ECOWAS	東アジア
ベネフィット	域内貿易の拡大	△	△	△	△
	域内クロスボーダー直接投資の拡大	△	△	×	△
	域外からの直接投資の拡大	△	△	×	△
	域内共同市場の保護	×	△	×	○
	インフレ率の安定	△	△	○	×
	金融統合と金融市場の発展	△	△	×	○
コスト	為替政策の放棄のコスト	○	△	○	×
	金融政策の放棄のコスト	○	△	○	×
	域内経常収支不均衡問題	○	△	△	×
	景気の同調性	△	×		△
通貨統合のタイプ		低コスト型	中バランス型	低バランス型	高バランス型

注：コストについては○の方がコストが低く、×がコストが高いことを示している。

ず、通貨統合を行っても大きな問題にはなりにくい。したがって、GCC での通貨統合は基本的に支持できるものである。

　メルコスールの通貨統合は、一定程度の幅広いベネフィットが期待できると同時に相応のコストを受け入れなければならないので、ベネフィットとコストの水準が中程度の「中バランス型の通貨統合」である。貿易や投資の増加のみならず、域内共同市場の保護や不安定なインフレの制御といった幅広いベネフィットが期待できる。しかし、為替政策の放棄、金融政策の放棄、域内での経常収支不均衡などで一定程度のコストを受け入れなければならない。

　ECOWAS 通貨統合は、ベネフィットもコストも小さいので「低バランス型の通貨統合」である。ECOWAS 通貨統合では、残念ながらインフレ安定以外の幅広いベネフィットを期待するのは難しい。その一方で、GCC と同じように各国独自の為替政策や金融政策の放棄のコストは極めて小さい。ECOWAS 通貨統合のコストが低いことにより、その実現性は高いといえるが、それによって経済環境が大きく好転するかどうかについては懐疑的にならざるをえない。

183

東アジアで想定される通貨統合は、期待できるベネフィットが大きい半面、コストも高いことから「高バランス型の通貨統合」である。東アジアではすでに市場ベースでの域内統合が進んでいるため、通貨統合によってそれを維持することで保護主義を抑えることができる。また、他の地域に比べて、金融統合と金融市場の発展が期待できる。しかし、通貨統合による政策放棄のコストは高く、リージョナルインバランスも問題になりやすい。したがって、東アジアの通貨統合は必ずしも否定的に捉える必要はないが、そうはいっても導入すべきであるとの積極的な理由も見当たらない。東アジア各国がこのような高コストを許容し、幅広いベネフィットを享受するためには、強い政治的な意志と結束力が求められる。残念ながら、今日の政治的な問題を抱えたままでは、その実現性に乏しいといわざるをえない。

　最後に一つだけ言及しておきたい。それは、通貨統合そのものが長い時間をかけてベネフィットとコストを変化させるということである。したがって、将来の構造変化にも目を向けなければ通貨統合の真の姿は浮き彫りにはならない。しかし、これは大変困難な課題である。直ちには解答できない問いである。この点こそ本書に残された課題であろう。

注

第1章

1 中平は、地域主義について地域協力と地域統合の二つを明確に分けて考えるべきである
と指摘している。本書においては、リージョナリゼーションといった場合に両者を含むが、
両者の区別はつねに意識している。中平幸典「金融のグローバリゼーションとリジョナリ
ズム」『愛知大学国際問題研究所紀要』ユーロ 1 年とアジア経済特集号、2000 年。

2 例えば、スターリングブロック、ドルブロック、円ゾーン、フランゾーン、ギルダーゾー
ン、ドイツブロックが挙げられる。

3 Barry Eichengreen and Jeffrey A. Frankel, "Economic Regionalism: Evidence from Two
20th Century Episodes," *North American Journal of Economics & Finance*, 6（2）, 1995,
pp.97-99. ちなみに、スターリングブロックは貿易創造効果が大きく、第二次大戦期のド
イツの勢力圏のように、勢力圏外との貿易が減少することはなかったということも指摘し
ている。

4 吉野文雄「発展途上国の経済発展と地域統合」青木健・馬田啓一編著『地域統合の経済
学』勁草書房、1999 年所収、181 頁。

5 金俊昊「グローバル化と地域主義の変容－過渡期的理念型としての新地域主義の分析－」
『経済学論纂（中央大学）』第 43 巻第 5・6 号、2003 年、209 頁。

6 RTA には FTA (Free Trade Agreement: 自由貿易協定) や CU (Customs Union: 関税同盟)
が含まれる。

7 WTO, *Annual Report 2015*, p.76. ここでの地域貿易協定は、貿易協定の他に関税同盟も
含まれる。

8 Read は、現代の経済のグローバリゼーションはいくつかの独立した、しかし、相互に
関係のある要素で構成されているとしており、次の 7 つの点を指摘している。①国際貿易
の自由化、②国際資本移動と為替相場制度の自由化、③途上国の工業化に伴う国際的生産
の拡大、④コミュニケーションテクノロジーの発達による情報、及び財・サービスの流れ
の急速な拡大、⑤多国籍企業が国際経済活動・協調の鍵となる主体となっていること、⑥
国家間と企業間の両方における国際競争の拡大、⑦増加する企業間競争が徐々に少数の
企業間で行われ、参入障壁が高くなっていること、である。Robert Read, "The Implica-
tions of Increasing Globalization and Regionalism for the Economic Growth of Small Island

States," *World Development,* Vol.32, No.2, 2004.

9　島崎久彌『世界経済のリージョナル化』多賀出版、1999 年、8-13 頁。

10　木村福成「WTO 体制の今後：地域主義との新たな関係構築は可能か」『世界経済評論』2008 年 11 月、9 頁。

11　例えば、輸出指向戦略をとるアジアだけではなく、南米のメルコスールなども域外に対して開かれた地域主義である。

12　馬田啓一「地域主義と日本の通商政策」青木健・馬田啓一編著『地域統合の経済学』勁草書房、1999 年所収、14-15 頁。

13　Stephane Dees, Filippo di Mauro and Warwick J. McKibbin, "International linkages in the Context of Global and Regional Integration," in Filippo di Mauro, Stephane Dees and Warwick J. McKibbin（eds.）, *Globalisation, Regionalism and Economic Interdependence,* Cambridge University Press, 2008, p.17.

14　例えば、EU は域内・域外の差別性はなく、開かれた地域共同体である。それは、貿易や直接投資において、域内・域外を問わず増加していることから明らかである。

15　木村前掲論文、9 頁。

16　Barry Eichengreen and Jeffrey A. Frankel, op.cit., p.103.

17　ただし、強力な政治的なプレゼンスがある場合は、必ずしもこの限りではない。経済的な動機を遥かに超えているようなケース、すなわち反米意識が特に強い地域では、ドルの使用自体に抵抗があるため、経済統合の議論以前に通貨統合の議論が先に出てくる場合もある。このようなケースにキューバ、ベネズエラ、イランなどが挙げられるが、これは一般的なケースではない。

18　本書での途上国は「一人当たり GDP」の低い国々だけではなく、モノカルチャー経済のように産業構造が単純な国々を含めている。

19　本書での「途上国の通貨統合」とは、途上国を中心とした通貨統合という意味で使っている。厳密にいえば途上国同士だけで形成される通貨統合を意味しているが、場合によっては途上国中心の通貨統合に先進国が参加することも想定している。

第 2 章

1　本書では、マンデル、マッキノン、ケネンなどの初期の OCA 論のことを「伝統的 OCA 論」と呼んでいる。一方、フランケルとローズによって、その後に発展した考え方のことを「内生的 OCA 論」と呼んでいる。

2　Robert A. Mundell, "A Theory of Optimum Currency Areas", *The American Economic Review,* Number4, 1961, p.660.

3　賃金に十分な柔軟性があるかどうかも重要な条件である。もし、賃金に十分な柔軟性があれば、不況地域の賃金の下落により再び雇用を増加させるという形で調整が可能となるからである。

注

4 　このマッキノンの議論の前提は、「開放的な小国」である。なぜならば、小さな地域で
あれば、外貨建ての貿易財価格が自国の為替相場や通貨価値に影響を受けないからである。
逆に大国であれば、当該国の為替相場やインフレ率が対外価格にまで影響を与えてしまう
可能性がある。

5 　Peter B. Kenen, "The Theory of Optimum Currency Areas: An Eclectic View," in Robert A.
Mundell and Alexander K. Swoboda（eds.）, *Monetary Problems of the International Econo-
my*, The University of Chicago Press, 1969. p.49.

6 　Jeffrey Frankel and Andrew K. Rose, "The Endogeneity of the Optimum Currency Area
Criteria," *NBER Working Paper*, No.5700, 1997. 対象国は、オーストラリア、オーストリア、
ベルギー、カナダ、デンマーク、フィンランド、フランス、ドイツ、ギリシャ、アイルランド、
イタリア、日本、ノルウェー、オランダ、ポルトガル、スペイン、スウェーデン、スイス、
イギリス、アメリカ、である。

7 　フランケルとローズはこのような考え方について、ルーカス批判を単純に適用したもの
であるとしている。すなわち、過去のデータに基づいて政策的な評価を行うことは適切で
はなく、政策の変更による将来への期待によって経済主体の行動が変化することを織り込
む必要があるという考え方が根底にある。

8 　Ronald I. McKinnon, "Optimum Currency Areas," *The American Economic Review*, Num-
ber4, 1963, p.724.

9 　為替相場の変動は貿易を減らす方向に作用するが、その影響は小さなものでしかないと
いうことも明らかにしている。

10 　貿易転換効果とは、これまで行っていた域外との貿易が、経済統合や FTA による域内関
税の撤廃などにより域内の貿易に置き換わってしまう効果のことである。

11 　ローズはこれに対して再反論している。Andrew K. Rose, "Honey, the Currency Union
Effect on Trade hasn't Blown up," *World Economy*, 25, 2002, pp.475-479.

12 　クルーグマンは、要素移動性についても否定的な見解を示している。労働力などの生産
要素が流動的ではない地域は、対外ショックに対して賃金が下がることで調整されるため、
コストが低下し、新しい産業が引きつけられる。その結果、再び雇用を増やすことができ
る。しかし、生産要素が流動的な地域は、対外ショックが発生しても賃金が下がらないため、
新しい産業を引きつけることができない。その結果、地域よって成長率の乖離が見られる
ようになる。詳しくは、Paul Krugman, "Lessons of Massachusetts for EMU," in Francisco
Torres and Francesco Giavazzi（eds.）, *Adjustment and Growth in the European Monetary
Union*, Cambridge University Press, 1993, p.248 を参照。

13 　Hiroya Akiba and Yukihiro Iida, "Monetary Unions and Endogeneity of the OCA Crite-
ria," *Global Economic Review*, Routledge, Vol38, No1, 2009.

14 　需要ショックは生産に対して短期的、一時的な影響を与えるが、エネルギーコストの変
化や生産性の変化といった供給ショックは生産に対して長期的な影響を与える。

15 　Lieven Baele, Annalisa Ferrando, Peter Hördahl, Elizaveta Krylova and Cyril Monnet,

187

"Mesuring Financial Integration in the Euro Area," *Occasional paper Series,* No.14, European Central Bank, 2004.

16　Sebnem Kalemli-Ozcan, Elias Papaioannou and José-Luis Peydró, "What Lies Beneath the Euro's Effect on Financial Integration? Currency Risk, Legal Harmonization, or Trade?," *Journal of International Economics,* 81, 2010. この他にも多くの論者が指摘している。例えば、ポール・デ・グラウエ（田中素香・山口昌樹訳）『通貨同盟の経済学－ユーロの理論と現状分析』勁草書房、2011 年、332 頁を参照されたい。また、ブンデスバンクの元総裁で一貫して通貨統合の最前線に立ってきたハンス・ティートマイヤーもユーロにより金融市場が統合されたことを指摘している。ハンス・ティートマイヤー（財団法人国際通貨研究所・村瀬哲司監訳）『ユーロへの挑戦』京都大学学術出版会、2007 年、336 頁。

17　その中でも、Lombaerde は似たような問題意識を持っており、OCA 論が多様な産業発展のパターンがあることを考慮していないため、各経済グループの産業発展においてどのタイミングで通貨を統合すべきかという問題に対して適切に説明できていないことを問題視している。さらに、現実の通貨統合を評価するためには、個々の OCA 基準ごとの重要度によってウェイト付けされたヒエラルキーの構築が必要であるとしている。Philippe De Lombaerde, "Optimum Currency Area Theory and Monetary Integration as a Gradual Process," *UNU/CRIS Occasional Papers,* 2002.

18　一例を挙げれば、南米を対象としたものに Paul Hallwood, Ian W. Marsh, and Jörg Scheibe, "An Assessment of the Case for Monetary Union or Official Dollarization in Five Latin American Countries," *Emerging Markets Review,* 7, 2006 がある。西アフリカ地域を対象としたものには Charalambos G. Tsangarides and Mahvash Saeed Qureshi, "Monetary Union Membership in West Africa: A Cluster Analysis," *World Development,* Vol.36, No7, 2008 がある。さらに、中東湾岸産油国を対象としたものには、Belkacem Laabas and Imed Limam, "Are GCC Countries for Currency Union?," Arab Planning Institute – Kuwait, 2002 がある。

第 3 章

1　もちろん、すべての途上国が四つのグループに完全に合致するわけではない。しかし、この二つの基準は経済構造の違いを代表したものであるため、さしあたり、この四つに分類している。

2　石油の場合、産地等によって価格が異なるが、これは主に油種の違いを反映したものである。つまり、WTI、北海ブレント、ドバイ原油といった基準価格から油種に応じて若干の価格の違いがある。

3　資源が国家管理されている場合はドル建ての輸出収入は国家収入であり、これを裏付けにして自国通貨建ての財政収入となる。この場合も自国通貨の減価は財政収入を増やすことになるが、ドル建ての収入は全く変化していないため、無秩序に財政支出を増やすこと

注

になり、結局はインフレを招くだけである。

4　ただし、ユーロ圏諸国の 18 ヵ国は変動相場制に分類されている。

5　「その他」には、明確な名目アンカーは存在しないが様々な指標をアンカーにしている
ケースと情報不足でどこにも分類できないケースが含まれる。前者の場合、例えばターゲッ
トが明確ではないロシアとインドやデュアルマンデートを追求するアメリカなどがここに
分類されている。

6　外貨という制約はないが、マネタリーベースの拡大によるインフレの副作用が顕在化す
るリスクはある。その意味では間接的な限界は存在している。

7　Louis らは、NAFTA の 3 ヵ国で潜在的なアンカー国であるアメリカの金融政策における
実質金利の変更が、カナダとメキシコの成長とインフレ、そして投資に対してどのような
影響を与えるのかを検証している。これによると、カナダとアメリカでは対称的であった
がメキシコは対称的ではなかったので、メキシコは北米通貨統合に入るべきではないとし
ている。このことは景気の同調性の問題だけではなく、共通の金融政策が構成国に常に対
称的な影響を与えるのかという別の重要な論点を提示しており、今後の重要な研究テーマ
であるように思われる。Rosmy Jean Louis, Ryan Brown and Faruk Balli, "On the Feasibil-
ity of Monetary Union: Does It Make Sense to Look for Shocks Symmetry across Countries
When None of the Countries Constitutes an Optimum Currency Area?," *Economic Model-
ling*, Volume28, 2011.

第 4 章

1　本書における「欧州債務危機」と「ユーロ危機」は次のように区別している。前者は欧
州諸国が抱える債務の支払い可能性に関する問題、後者はユーロからの離脱やユーロ圏解
体などの通貨統合としてのユーロそのものの問題である。ただし、両者を独立したファク
ターではなく、密接に関連しているものとして捉えている。

2　藤田も同様の問題意識をもっており、域内の経常収支不均衡を問題視している。藤田誠
一「ユーロ危機と域内不均衡」『経済』2012 年 7 月号、2012 年。

3　Miroslav Prokopijević, "Euro Crisis," *PANOECONOMICUS*, 3, 2010, pp.369-384. ベルギー
やイタリアで公的債務が GDP 比 120％を超えていたにも関わらずユーロ参加が認められ
たり、参加資格を満たすために一般公的債務からいくつかの項目を控除する同意があった
など、財政協定が当初から曖昧なものであったことを指摘している。

4　このような利回りの収斂は、短期の国債である TB（Treasury Bill）でも見られた。

5　Matthew Higgins and Thomas Klitgaard, "Saving Imbalances and the Euro Area Sover-
eign Debt Crisis," *Current Issues in Economics and Finance,* Volume 17, Number5, Federal
Reserve Bank of New York, September, 2011.

6　Francesco Giavazzi and Luigi Spaventa, "Why the Current Account may matter in a
Monetary Union: Lessons from the Financial Crisis in the Euro Area," in Miroslav Beblavý,

189

David Cobham and L'udovít Ódor（eds.）, *The Euro Area and the Financial Crisis*, Cambridge University Press, 2011, pp.213-217.

7　Ibid., p.216.

8　とりわけギリシャは危機直前の 2009 年時点で、対外債務のうち国債だけで 46％を占めており、政府債務における海外への依存度の高さが伺える。IMF, eLibraty Data, Balance of Payment Statistics.

9　吉田も同様に対外債務を危機の本質として捉えている。吉田真広「アジアにおける金融協力の有効性と課題－国際的債務危機の経験を踏まえて－」坂田幹男・唱新編著『東アジアの地域経済連携と日本』晃洋書房、2012 年所収、37-61 頁。

10　ただし、経常収支の赤字は ECB の TARGET 内で各国中銀間の債権債務という形で自動的にファイナンスされるため、直ちに問題になることはない。TARGET バランスに関しては、奥田宏司「ユーロ決済機構の高度化（TARGET2）について－ TARGET Balances と「欧州版 IMF」設立の関連－」『立命館国際研究』24（1）、2011 年 6 月、田中綾一「TARGET Balances 論争の総括－「隠された公的支援」論の評価および米国連邦準備銀行の ISA と欧州のデノミリスクヘッジとの関係を中心に－」『関東学院法学』第 25 巻、第 1・2 合併号、2015 年 11 月を参照。

11　木村秀史「ユーロ危機の構造－域内経常収支不均衡の視点から－」『総合政策論叢』（島根県立大学）第 26 号、2013 年 8 月、35-36 頁。

12　為替相場の調整が国際収支調整に対して有効に機能しないのは、価格競争力以外の様々な要因も関係している。例えば、アブソープション効果がある。為替相場が切り上がって価格競争力が低下したとしても、その結果、国内所得が減少すれば輸入が増加しないという事態を引き起こす。このような変動相場制の機能上の問題点については、山下英次の整理が有用である。詳しくは、山下英次『国際通貨システムの体制転換－変動相場制批判再論－』東洋経済新報社、2010 年、279-302 頁を参照されたい。

13　通貨統合の下ではたとえ個別の国が財政支出を大きく増やしても、悪性のインフレには結びつきにくい。それは域内他国の信任に依存できるというフリーライダー問題があるからである。これにより、通貨統合下では財政支出を拡大するインセンティブが生じてしまう。

14　投資家にとって投資の収益性以上に重要な要素となるのが市場の流動性である。とくに保守的投資家にとっては、流動性が潤沢であることが資産を安全に保有するための重要な条件となる。

15　田中は、ユーロ圏での実質為替相場に関する実証研究を行っている。田中素香「ユーロ参加国間の 2 つのダイヴァージェンスと EMU（経済・通貨同盟）の安定性－『拡大するユーロ経済圏』補遺－」『経済学論纂』（中央大学）第 48 巻第 3・4 合併号、2008 年。

16　R・ボワイエ（山田鋭夫・植村博恭訳）『ユーロ危機－欧州統合の歴史と政策－』藤原書店、2013 年、80 頁。

17　ただし、危機の中の長期金利の水準は、まさに危機のレベルなのであって持続可能な水準ではない。今後、求められる水準は平時におけるリスクプレミアムである。

注

18　同様に、グラウエも一律の財政基準を問題視している。グラウエは、3％という数値に根拠がないこと、経済状態や債務レベルと関わりなく課すことが経済的に無意味であること、財政が将来のために負う債務を禁止することが経済原理を無視していることなどを指摘している。ポール・デ・グラウエ（田中素香・山口昌樹訳）『通貨同盟の経済学－ユーロの理論と現状分析』勁草書房、2011 年、331 頁。

19　この点において、財政赤字とインフレーションの関係は、とくに近年の先進国において必ずしも明確ではない。例えば、先進国の中で最も多くの政府債務を抱える日本では、むしろ「デフレ」が問題となっている。

20　Lacina らはユーロ離脱論について三つの前提を考察する必要があることを指摘している。①今般の危機が統合プロセスのスローダウンやユーロ懐疑論に結びつくかどうか、②ユーロからの離脱ルールがないので、離脱を決めた場合、EU からの離脱をも検討する必要があること、③ユーロに残留した場合と離脱した場合のインパクト、である。Lubor Lacina and Antonín Rusek, "Financial Crisis and its Asymmetric Macroeconomic Impact on Eurozone Member Countries," *International Advances in Economic Research*, 18, Springer, February, 2012.

第 5 章

1　ただし、為替相場の変動や資産側や負債側に計上される金融資産等の価格の変化によって評価額が変わることで対外ポジションは変化する。通貨統合の下では為替相場による評価額の変化はなくなるので、その分だけ対外ポジションの変動は小さくなる。

2　ただし、ラインハートとロゴフは、直接投資や株式投資による対外債務には問題が少ないとする見解を過大評価すべきではないと指摘している。それは、債務性の資本流入も他の形態と密接に関わっているためである。カーメン・M・ラインハート＆ケネス・S・ロゴフ（村井章子訳）『国家は破綻する－金融危機の 800 年』日経 BP 社、2011 年、73 頁。

3　もちろん、当該国が域外から多額のファイナンスを受けているケースも考えられる。とはいえ、域外からのファイナンスは為替リスクがあるために域内からの借り入れほどホームバイアスは低くはない。域内資本が十分であることや資本市場の統合が進んでいるなどの諸条件が満たされていれば、域内からのファイナンスが中心となる。

4　アフリカ諸国のような国々では、経常収支赤字のファイナンスは主に ODA による資本流入に依存している場合が多い。この場合、対外債務の債務性が低くなるため（ODA の種類にもよるが）、対外債務デフォルトは発生しにくい可能性がある。

第 6 章

1　マッキノンの主張では国際収支の均衡も含まれる。

2　グラウエとモンジェッリは、欧州諸国ではユーロが確かに域内相互の貿易拡大に貢献

したが、通貨の統合時点ですでにかなり高かったので目立った上昇を観察することは困難であると指摘している。Paul De Grauwe and Francesco Paolo Mongelli, "Endogeneities of Optimum Currency Areas: What brings Countries Sharing a Single Currency Closer Together?," *ECB Working Paper Series*, No.468, April 2005, p.6.

3　Barry Eichengreen, "Does MERCOSUR Need a Single Currency?," *NBER Working Paper*, No.6821, December 1998, pp.7-10.

4　実際のところ、ユーロ圏では自由貿易地域と域内為替安定メカニズム（スネークやEMS）は同時に機能していた。これら域内為替安定メカニズムが自由貿易地域を守りつつ、域内貿易の拡大にも貢献してきたことは事実である。

5　Warin らは、欧州の EMU が域内の FDI 増加に対して強い効果をもたらしたことを実証的に明らかにしている。Thierry Warin, Phanindra V. Wunnava, and Hubert P. Janicki, "Testing Mundell's Intuition of Endogenous OCA Theory," *Review of International Economics*, 17（1）, 2009.

6　吉田は東アジアでのバスケット通貨導入の意義において同様の見解を示している。吉田真広「アジアにおける通貨金融連携とバスケット通貨制への展望」福井県立大学編『北東アジアのエネルギー政策と経済協力』京都大学学術出版会、2011 年所収、167-169 頁。

7　念のために為替相場同盟についても付言しておくと、各国がドルのような国際通貨に対してたまたま共通して固定していることによって生まれる偶然の域内為替相場の安定と、域内通貨協力として明確な政策協調の下で達成される為替相場の安定は同じではない。後者の方が域内為替相場の安定に対する信頼がより強いため、企業は投資判断においてより積極的な投資行動をとる可能性が高い。

8　Alesina らは、通貨統合に伴う金融政策放棄によって国内経済の安定化手段が失われる一方で、インフレ率の低下によるベネフィットが期待できることを指摘している。Alberto Alesina and Robert J. Barro, "Currency Unions," *The Quarterly Journal of Economics*, May 2002.

9　ただし、今日のユーロ圏の現状から明らかなように物価は完全には収斂しない。それは通貨価値の信認以外の諸要因が関係してくるからである。例えば、各国ごとのインフレ選好の違いや国内の所得水準の違いなどによる。

10　この点について、タブラスも同様に、インフレ率の収斂は OCA の事前的な条件というよりは事後的にもたらされるものであると指摘している。George S. Tavlas, "The New Theory of Optimum Currency Areas," *The World Economy*, Vol.16, No.6, November 1993.

11　あるいは、EMS 下の西ドイツのように、アンカーとなるような経済基盤の強い国が参加する場合も共通通貨の信認は高まる。

12　いわゆるインフレ税を課すような国々である。

13　ポール・デ・グラウエ（田中素香・山口昌樹訳）『通貨同盟の経済学－ユーロの理論と現状分析』勁草書房、2011 年、86 頁。ただし、ユーロが成長を押し下げたという証拠がないことも指摘している。

注

第7章

1　例えば、岩村は通貨同盟が財政統合・政治統合を必要とする二つのロジックについて指摘している。①共通通貨の採用によって独自の金融政策を失う同盟国は、景気循環による所得減少を時間的な所得移転（世代間の所得移転）よりも空間的な所得移転（同盟国間の所得移転）によって緩和せざるをえないが、その場合、ある程度の財政主権の委譲が必要である。②通貨同盟は財政規律を弱める方向に作用するため、直接的に財政主権を制限することが必要。岩村英之「通貨同盟と財政同盟－通貨統合の必然的結果としての財政・政治統合の可能性－」『国際学研究（明治学院大学）』第44号、2013年、35-42頁。

2　田中は「多数国1通貨」体制では、世界金融資本が「帝国」を構成する21世紀型の危機管理に不適合であり、ユーロ防衛のためにユーロ圏財務省を組織するしかないと指摘している。田中素香「ユーロ圏危機の第二期をどうみるか－リスクマネジメントは世界の信頼を勝ち取ること」『世界経済評論』2011年11/12月号、36-37頁。

3　通貨統合下の財政移転について、どの程度まで許容されうるのかという論点については、ポール・デ・グラウエ（田中素香・山口昌樹訳）『通貨同盟の経済学－ユーロの理論と現状分析』勁草書房、2011年、295-296頁を参照されたい。

4　西村は通貨統合には経済的な収斂が欠かせないため、バラッサの経済統合の順序は理にかなっていると指摘している。西村陽造『幻想の東アジア通貨統合－日本の経済・通貨戦略を問う』日本経済新聞出版社、2011年、23頁。

5　ただし、関税同盟は域外に対する関税の自主権を手放すことを意味しており、これは関税収入に依存する途上国や産業基盤が未成熟な途上国にとって非常にセンシティブな問題となる。

6　シニョリッジの喪失については、特にアフリカ諸国のような貧しい途上国ほど放棄することに対する抵抗は大きい。徴税システムすら整っていないこれらの国々では、財政の中央銀行からのファイナンスが常態化しているためである。

7　Grauwe and Mongelli は、通貨統合が統合の多くの側面に影響を与えると考えており、その上で内生的OCA論を①経済統合の内生性、②金融統合と資本市場におけるリスクシェアリングの内生性、③ショックの対称性の内生性、④生産市場と労働市場の柔軟性の内生性、の四つの領域から検討している。結論としては、これらの内生性は比較的機能しており、内生説に対して穏やかな楽観論である。Paul De Grauwe and Francesco Paolo Mongelli, "Endogeneities of Optimum Currency Areas: What brings Countries Sharing a Single Currency Closer Together?," *ECB Working Paper Series*, No.468, April 2005.

第8章

1　GCC Secretariat General, *GCC Monetary Union Agreement*, 2009.

2　JETRO ホームページ。2015年12月3日アクセス。

3 山口直彦『アラブ経済史－1810 ～ 2009 年』明石書店、2010 年、194 頁。

4 ドバイの開発戦略については、細井長『中東の経済開発戦略－新時代へ向かう湾岸諸国－』ミネルヴァ書房、2005 年が詳しい。

5 湾岸諸国の通貨システムの歴史的経緯については、木村秀史「中東産油国」上川孝夫編『国際通貨体制と世界金融危機－地域アプローチによる検証－』日本経済評論社、2011 年所収、295-301 頁を参照。

6 ただし、近年では OPEC の生産量シェアが低下しているため、世界市場での石油価格の支配力は弱まってきている。

7 最近では、エネルギー輸出国の多くは成長著しい東アジア地域への販路開拓を模索する傾向が強い。

8 ただし、公式上の為替相場制度が何であれ、80 年代以降は事実上のドルペッグ制であった（クウェートを除く）。したがって、実際はこれまでの為替政策を継続したに過ぎない。

9 域外の製品に課す関税収入を加盟国でどのように配分するかについて合意が得られていないという問題も残っている。

10 体制側がスンニ派である以上、被支配側のシーア派による反体制的な活動は今後も懸念されるところである。

11 結局のところ、サウジアラビアのリヤドに設置することが決まった。GCC の事務局がリヤドにあることから、GCC 中銀については UAE に設置すべきであるとの UAE 側の思惑があったとされている。

12 Nierop らは、EU とは異なり湾岸各国の中央銀行は銀行監督当局でもあるため、GCC レベルの銀行規制を構築する際にハーモナイズしやすいことを指摘している。Erwin Nierop and Gabriela Lippe-Holst, "The Establishment of a Monetary Union among the Member States of the GCC," in Eckart Woertz（ed.）, *GCC Financial Markets: The World's New Money Centers*, Gerlach Press, 2012, p.199.

13 GCC の統一中央銀行に関しては、以下の文献が詳しい。Nasser Saidi and Fabio Scaccia-villani, "The Institutional Framework of the Gulf Central Bank," *DIFC Economic Note*, No.2, 2008.

14 田中は、このような目的で形成されたユーロについて「守る通貨」と表現した。田中素香『ユーロその衝撃とゆくえ』岩波新書、2002 年、30-39 頁。

15 バーレーンにおける 2014 年の域内からの輸入割合 30.3％のうち 24％はサウジアラビアからの輸入分である。

16 オマーンの 2014 年の域内からの輸入割合 39.3％のうち 32.5％が UAE からの輸入分である。

17 Emilie J. Rutledge, *Monetary Union in the Gulf: Prospects for a Single Currency in the Arabian Peninsula*, Routledge, 2009, p.76.

18 *Ibid.,* p.105.

19 細井前掲書、216-217 頁。

注

20　畑中美樹「油価回復後も引き続き経済改革を指向する湾岸産油国」福田安志編『原油価格変動下の湾岸産油国情勢』アジア経済研究所、2001 年所収、88-89 頁。

21　可採年数は 50 年ともいわれているが、これは正確ではない。新たな油田の発見や生産技術の向上により、石油の埋蔵量は常に増加する可能性がある。また、石油価格の上昇は海底油田などの高コスト油田の開発を促すため、可採年数をより長くする可能性がある。

22　UN, National Accounts Main Aggregates Database.

23　Ibid.

24　CEIC.

25　サウダイゼーションに関連する部分の叙述については、主に保坂修司『サウジアラビア－変わりゆく石油王国－』岩波新書、2005 年を参考にしている。

26　GeorgeT. Abed, S. Nuri Erbas and Behrouz Guerami, "The GCC Monetary Union: Some Considerations for the Exchange Rate Regime," *IMF Working Paper*, 2003, p.4.

第 9 章

1　もちろん、湾岸諸国といえども石油価格や需要によって経常収支は大きく変動する。さしあたり、これまでの歴史的な傾向を踏まえて経常収支黒字国に分類した。

2　IMF, World Economic Outlook Database, April 2015.

3　Emilie J. Rutledge, *Monetary Union in the Gulf: Prospects for a Single Currency in the Arabian Peninsula*, Routledge, p.95.

4　*Ibid.*, p.101.

5　ヤドレシクも同様に、通貨統合は広範な統合の努力の中のひとつに過ぎず、経済開発のためには規制緩和なども平行して進める必要があることを忘れてはならないと主張している。Esteban Jadresic, "On a Common Currency for the GCC Countries," *IMF Policy Discussion Paper*, 2002, p.25.

6　非居住者による株式市場への参加は基本的に制限されている（UAE を除く）。しかしながら、最近ではサウジアラビアで非居住者による株式市場への参加が徐々に認められつつある。

7　1991 年のクウェートは湾岸戦争に巻き込まれたことにより成長率が大きく振れている。

第 10 章

1　ただし、石油価格が 25 ドル以下となった場合には次の式が適用される。

　　3％＋3 ×［｜（OPEC バスケット価格− 25）/ 25 ｜］

　　つまり、石油価格が 25 ドル以下に下落すればするほど基準値が緩和されることになる。Abdulrazak Al Faris, "Currency Union in the GCC Countries: History, Prerequisites and Implications," in Ronald MacDonald and Abdulrazak Al Faris (eds.), *Currency Union and*

Exchange Rate Issues: Lessons for the Gulf States, Edward Elgar, 2010, p.14.

2　2015 年には、サウジアラビアが赤字財政に伴って国債の発行を再開した。

3　かつて欧州であったエコノミスト派とマネタリスト派の論争のこと。通貨統合において事前的なマクロ経済の収斂を重視するのがエコノミスト派であり、事後を重視するのがマネタリスト派である。

4　Gurrib も収斂基準を肯定的に捉えており、エコノミスト派の立場であることを鮮明にしている。GCC 経済の特殊性を考慮しつつ、これら経済に合う多くの収斂基準に同意することが重要であると指摘している。Ikhlaas Gurrib, "GCC Economic Integration: Statistical Harmonization for an Effective Monetary Union," in Mohamed A. Ramady（ed.）, *The GCC Economies-Stepping up to Future Challenges*, Springer, 2012, pp.25-26.

5　ただし、財政支出は国内の財政政策で決定されるので、財政赤字基準の半分は国内政策の努力で達成できる。

6　通貨バスケットのウェイトづけについて貨幣価値論の視点から考察している研究として、紺井博則「通貨バスケット論考」『国学院経済学』第 54 巻、第 3・4 合併号、3 月、2006 年がある。

7　欧州における初期のスネークに類似したシステムである。

8　Ahmed Alkholifey and Ali Alreshan, "GCC Monetary Union," *IFC Bulletin*, No32, January 2009, pp.32-35.

9　Ikhlaas Gurrib, op.cit., pp.27-29.

10　実際、ドルの下落局面では、湾岸諸通貨の名目実効為替相場も下落する傾向にある。

11　GCC ならではの特殊な要因として、ドル下落が出稼ぎ労働者の母国への送金を目減りさせてしまうため、労働者を流入させ、つなぎ止めておくために賃上げが必要となり、結果的に物価の上昇に結びついた面もある。

12　例えば、サウジアラビアでは貿易相手の物価が 1% 上昇すると国内の物価を 0.83% 引き上げ、名目実効為替相場が 1% 上昇すると国内物価は 0.19% 下落するとしている。なお、短期では国内需要の拡大と過剰なマネーサプライがインフレの主要因であるとしている。

13　Jay Squalli, "Is the Dollar Peg Suitable for the Largest Economies of the Gulf Cooperation Council?," *Journal of International Financial Markets, Institutions & Money*, 21, 2011.

14　近年のインフレ（特にカタールと UAE）の原因をドルペッグ制下のドル下落だけに求めるべきではなく、石油価格高騰に伴う財政支出の拡大や食料品価格の上昇、住宅供給不足といった要因が複合的に重なったために引き起こされたと見るべきである。

15　ただし、GCC がドルペッグ制を採用する動機として、米国に安全保障を依存しているという政治的側面があることも考慮しておく必要はある。

16　Saidi らは、最適なバスケットの構成比率を貿易、外貨準備、金融取引の三つの基準から算出しており、ドル 45%、ユーロ 30%、円 20%、ポンド 5% という結果を得ている。ただし、この結果は貿易の基準が通貨別ではなく相手国ベースであることから、ドルのウェイトが過小評価されている可能性がある。Nasser Saidi, Fabio Scacciavillani and Fahad

注

Ali,"The Exchange Rate Regime of the GCC Monetary Union," *DIFC Economic Note*, No.3, 2008, pp.17-19.

第 11 章

1 Steffen Kern, "GCC financial markets: Long-term prospects for finance in the Gulf region," *Current Issues*, Deutsche Bank Research, November 2012, p.11.

2 アルラージヒー銀行については、福田安志「サウジアラビアのラージヒー銀行－世界最大のイスラーム銀行発展の背景－」『中東協力センターニュース』、2010 年 12 ／ 2011 年 1 月号が詳しい。

3 Mohamed A. Ramady, *The Saudi Arabian Economy － Policies, Achievements, and Challenges*, Second Edition, Springer, 2010, p.126.

4 Steffen Kern, op.cit., p.11.

5 例えば、サウジアラビアに進出している外国銀行としては、JP モルガン・チェースや BNP パリバ、ドイツ銀行などがある。

6 Eckart Woertz, "Prospects of the Banking and Finance Sector and the Development of Financial Centers," in Eckart Woertz（ed.）, *GCC Financial Markets: The World's New Money Centers*, Gerlach Press, 2012. pp.88-91.

7 Mohamed A. Ramady, *op.cit.,* pp.132-134.

8 Steffen Kern, op.cit., p.12.

9 Steffen Kern, op.cit., p.13.

10 CEIC.

11 外国人に対しては、売買規制が残っている。

12 資産総額ベースでは、株式ファンドが 31.8%、債券ファンドが 0.7%、MMF が 61.3%、不動産ファンドが 2.9%、ファンドオブファンズが 3.1% となっている。Saudi Arabia Capital Market Authority, *Annual Report 2012*, pp.43-48.

13 Ibid., p.49.

14 杉田浩治「日本および世界における投資信託のグローバル化の動向」『証券レビュー』第 54 巻第 1 号、2014 年、117 頁。

15 通貨別ではドル建てのファンドも多く、例えば 2012 年に認可された 8 本のファンドのうち 3 本はドル建てである。Saudi Arabia Capital Market Authority, op.cit., p.42.

16 Mandagolathur Raghu, "Future Direction of the GCC Financial Sector: A Specific Look at Banking and Asset Management," in Eckart Woertz（ed.）, *GCC Financial Markets: The World's New Money Centers*, Gerlach Press, 2012, pp.24-25.

17 GCC 平均の銀行資産総額と株式時価総額の規模は GDP 比で 100% 以上であるのに対して、債券発行市場の規模は GDP 比 3% 以下である。また債券の流通市場は全く発展していない。Michael Sturm and Nikolaus Siegfried, "Regional Monetary Integration in the

197

Member States of the Gulf Cooperation Council," *ECB Occasional Paper Series*, No.31, 2005, pp.15-16.

18 Steffen Kern, op.cit., p.16. ちなみに、サウジアラビアは16%であり、他の諸国は無視できるレベルである。

19 CEIC. ただし、債券の流通市場は多くが店頭取引なので、ドバイ金融市場に上場されている債券は全体の一部に過ぎない。

20 Steffen Kern, op.cit., p.15.

21 Michael P. Grifferty, "GCC Bond Markets," in Eckart Woertz (ed.), *GCC Financial Markets: The World's New Money Centers*, Gerlach Press, 2012, pp.71-72.

22 発行市場としては、ドイツ、イギリス、ルクセンブルクが重要な市場となっている。

23 シャリーア適格となるように利子ではなく収益の分配の形態で発行される債券。

24 Abraham Abraham and Fazal J. Seyyed, "Deepening the GCC Debt Markets: The Saudi Arabian Experience," in Mohamed A. Ramady (ed.), *The GCC Economies-Stepping up to Future Challenges*, Springer,2012, pp.14-15.

25 Eckart Woertz, "GCC Bond Markets," *Gulf Research Center Report*, April 2008, p.9.

26 この他にも情報（経済的ニュースなど）によって資産価格がどのように変化するのかを指標とする「News-based measures」もある。この手法は、金融統合が進んでいる地域では、資産価格の変化がローカルなニュースではなく、主に地域全体に共通するニュースに反応するとの考え方に基づいている。Lieven Baele, Annalisa Ferrando, Peter Hördahl, Elizaveta Krylova and Cyril Monnet, "Mesuring Financial Integration in the Euro Area," *Occasional paper Series*, No.14, European Central Bank, 2004, pp.18-21.

27 ユーロ圏のリテール向け銀行の債務危機前後の統合度について預金と貸し出し金利から実証的に分析した研究として、Aarti Rughoo and Nicholas Sarantis, "Integration in European retail banking: Evidence from savings and lending rates to non-financial corporations," *Journal of International Financial Markets, Institutions & Money*, 22, 2012. がある。この研究では、危機前の2003年〜2007年ではリテール銀行の統合度は高かったものの、2008年の危機以降では乖離が見られるようになったと結論づけている。

28 2004年設立のドバイ国際金融センター（Dubai International Financial Centre）や2005年設立のカタール金融センター（Qatar Financial Centre）は国内勘定とは切り離されたオフショア金融センターである。

29 Abdullah Al-Hassan, May Khamis and Nada Oulidi, "The GCC Banking Sector: Topography and Analysis," *IMF Working Paper*, 2010, pp.28-30.

30 金子寿太郎『中東湾岸地域の金融システムと通貨統合』太陽書房、2014年、39-40頁。

31 Aktham I. Maghyereh and Basel Awartani, "Financial integration of GCC banking markets: A non-parametric bootstrap DEA estimation approach," *Research in International Business and Finance*, 26, 2012. 銀行市場の統合度を実証的に分析しており、2003〜2009年の間でコスト効率性の収斂が見られたとしている。

注

32 例えば、Espinoza らは、湾岸諸国の3ヵ月インターバンクレートの差異が2～5ヵ月程度で解消されており、これは1999年以降のユーロ圏に匹敵する水準であるし、東カリブ通貨同盟（ECCU）よりも早い水準であることを明らかにしている。Raphael Espinoza, Ananthakrishnan Prasad and Oral Williams, "Regional financial integration in the GCC," *Emerging Markets Review*, 12, 2011.

33 クウェートだけは、ドルペッグ制ではなく通貨バスケット制を採用しているが、バスケットを構成するドルの割合がかなり高いので、対ドルレートは域内他国と同様にほぼ固定されている。

34 IMF, Coordinated Portfolio Investment Survey.（http://cpis.imf.org/）

35 バミューダとルクセンブルクはオフショア金融センターであることから実際の出所を追跡することは不可能であるが、ルクセンブルクに集まる資金の大半は欧州からのものである。

36 ちなみに、Christiansen はユーロ圏の債券市場の統合について EU における EMU メンバーと非 EMU メンバーの統合度の相違について分析している。Charlotte Christiansen, "Integration of European bond markets," *Journal of Banking & Finance*, 42, 2014.

37 Stavárek らは、国債・大手銀行の社債・大手通信会社の社債の統合度を CDS プレミアムのスプレッド（5年）で比較することで、平時では社債よりも国債市場の統合度が高く、債務危機後では国債や銀行社債に比べて通信会社の社債の乖離が小さいことを明らかにしている。Daniel Stavárek, Iveta Řepková and Katarína Gajdošová, "Theory of financial integration and achievements in the European Union," in Roman Matoušek and Daniel Stavárek（eds.）, *Financial Integration in the European Union*, Routledge, 2012, pp.22-23.

38 SEPA については、中島真志「単一ユーロ決済圏（SEPA）の形成に関する一考察」『麗澤経済研究』17（2）、2009年が詳しい。

39 ECB Web Site.

40 GCCNET Web Site.

41 金子前掲書、226頁。

42 サウジアラビアでわずかに発行されている国債の大半が短期債・中期債である。これらは銀行によって保有されているので、流通市場に出てくることはない。

43 DIFC Working Group on Debt Market Development, *White Paper on Local Currency Debt Market Development*, DIFC, September 2009, p.23. ちなみに、この白書では、発行市場についても国債の計画的発行（本章での指摘と同様に）やプライマリーディーラーのシステムを作ることなどが指摘されている。

44 ちなみに、金融センターを一ヵ所に集約するというのは現実的ではない。それは、政治的な対立を引き起こす可能性があるからである。実際、統一中央銀行の設置場所を巡ってサウジアラビアと UAE で対立した経緯がある。

45 Grifferty も同様の指摘をしている。もし湾岸各国が金融センター間の競争に基づいた

199

ゼロサムゲームを続けるなら、このような各国ごとのイニシアティブは域内債券市場の発展を阻害することになる。このような事態を避けるためには、湾岸諸国全体でのビジョンが必要である。Michael P. Grifferty, op.cit., p.85.

第 12 章

1　ベネズエラの加盟は様々な面で今後のメルコスールの波乱要因になるかもしれない。ベネズエラの反米主義が域内分裂を引き越す可能性がある。また、メルコスール全体に反米的な性格がビルトインされてしまったことも否めない。

2　Eul-Soo Pang and Laura Jarnagin, "MERCOSUR: Elusive Quest for Regional Integration," *Mercosur Economic Integration: Lessons for ASEAN*, ASEAN Studies Centre, 2009, p.123.

3　松井謙一郎「アルゼンチンの通貨制度の変遷－ドルとの関係の模索の歴史－」『国際金融』1204 号、2009 年 9 月。

4　松井謙一郎「南米地域通貨単位の試算と活用の可能性」『国際金融』1194 号、2008 年 11 月、42 頁。また、南米における域内金融協力の成果は現時点では限定的であるといわざるをえないが、彼らのいう将来の「通貨統合」に向けて今後域内での相互協力の動きがさらに強まっていく事は確実であるとも指摘している。

5　Jeffrey W. Cason, *The Political Economy of Integration: The experience of Mercosur*, Routledge, 2011, pp.26-27.

6　ECLAC, "The Mercosur Experience," *MERCOSUR Economic Integration: Lessons for ASEAN*, ASEAN Studies Centre, 2009, pp.33-34. FOCEM は①構造的収斂プログラム（未発達な経済・地域への取り組み）、②競争力プログラム（生産手段の強化と生産チェーンの統合の促進）、③社会的結束プログラム（貧困削減、健康、雇用）、④メルコスールの組織構造と統合プロセスの強化のためのプログラム、の四つのプログラムで構成されている。年間予算が 1 億ドルで、その拠出割合はブラジルが 70%、アルゼンチンが 27%、ウルグアイが 2%、パラグアイが 1% である。

7　2010 年時点でアルゼンチンが 11,507 ドル、ブラジルが 11,300 ドル、ウルグアイが 11,583 ドル、ベネズエラが 9,498 ドルである。IMF, World Economic Outlook Economic Database, April 2015.

8　桑原小百合「国際金融と中南米」『海外事情』拓殖大学海外事情研究所、2011 年 5 月、66 頁。

9　例えば、ブラジルの代表的な産業として、石油、鉄鉱石などの資源産業、大豆やコーヒーなどの食料産業が挙げられる。詳しくは、松井謙一郎「途上国のリーダーを目指すブラジルの課題～貿易関係と基幹産業の視点から～」『Newsletter』（財）国際通貨研究所、2010 年 8 月 4 日を参照。

10　梅津和郎・奥田孝晴・中津孝司編著『途上国の経済統合－アフタとメルコスール』日本評論社、1999 年 5 月、106 頁。

11　Hans-Michael Trautwein, "Structural Aspects of Monetary Integration: A Global Perspec-

注

tive," *Structural Change and Economic Dynamics*, 16, 2005, p.5.

12　IMF, World Economic Outlook Database, April 2015.

13　IMF の分類では、ブラジル、パラグアイ、ウルグアイが管理フロート、アルゼンチンが事実上ドルにアンカーを設定しているクローリングペッグに近い制度、ベネズエラがドルペッグ制である。IMF, *Annual Report on Exchange Arrangements and Exchange Restrictions*, 2014.

14　また、国際金融市場からの外部影響（資本の流出など）が域内各国で類似していれば通貨統合が適切であるとの見地から、ラテンアメリカ諸国でそれを検証したところ否定的な結果であったため、通貨統合は適切ではないと結論づけている。

15　肯定的な見解も見られる。Camarero らは、1960 年〜 1999 年までのデータを用いて、労働生産性が域内（ベネズエラを除く）で収斂するかどうかに焦点を当てて分析したところポジティブな結果が得られたため、通貨統合は可能であるとしている。Mariam Camarero, Renato G. Flôres Jr., and Cecilio R. Tamarit, "Monetary Union and Productivity Differences in Mercusur Countries," *Journal of Policy Modeling* 28, 2006. また、Hallwood らは、ラテンアメリカ諸国（アルゼンチン、チリ、ブラジル、ウルグアイ、ベネズエラ）でドル化と通貨統合のどちらがより適切なのか明らかにするため、VAR 関数を用いてマクロ経済ショックの対称性について検証している。その結果、ラテンアメリカ諸国とアメリカの間では景気変動にかなりの非対称性があるので、ラテンアメリカ諸国同士での通貨統合の方が適切であるとしている。ただし、通貨統合の方が良いとしても、それが最適かどうかは疑わしいとしている。Paul Hallwood, Ian W. Marsh, and Jörg Scheibe, "An Assessment of the case for Monetary Union or Official Dollarization in Five Latin American Countries," *Emerging Markets Review*, 7, 2006.

16　Temitope W. Oshikoya, John H. Tei Kitcher and Emmanuel Ukeje, "The Political Context," in Temitope W. Oshikoya（ed.）, *Monetary and Financial Integration in West Africa*, Routledge, 2010, p.13.

17　これはフランス語表記であり、英語表記では、WAEMU：West African Economic and Monetary Union である。

18　これら地域の関税同盟については、とりわけ、正木響「西アフリカの地域経済統合の成り立ちと現状」『経済論集』（金沢大学）第 29 巻、第 2 号、2009 年を参考にして叙述している。

19　Temitope W. Oshikoya, John H. Tei Kitcher and Emmanuel Ukeje, op.cit., p.17.

20　Emmanuel Onwioduokit, Lamin Jarju, Tidiane Syllah, Jibrin Yakubu and Hilton Jarrett, "Nominal Macroeconomic Convergence," in Temitope W. Oshikoya（ed.）, *Monetary and Financial Integration in West Africa*, Routledge, 2010, p.58.

21　Xavier Debrun, Paul Masson and Catherine Pattillo, "Monetary Union in West Africa: who might gain, who might lose, and why?," *Canadian Journal of Economics*, Vol.38, No.2, 2005, p.476.

201

22　Xavier Debrun, Paul Masson and Catherine Pattillo, "West African Currency Unions: Rationale and Sustainability," *CESifo Economic Studies*, Vol.49, 3, 2003, p.381.

23　Iwa Akinrinsola, "Monetary Integration in West Africa," *Journal of International Banking Regulation*, Volume 5, Number 1, 2003, p.32.

24　Emmanuel Ukeje, Momodu Sissoho and Mohamed Conte, "Monetary Policy Framework and Statistical Harmonization," in Temitope W. Oshikoya（ed.）, *Monetary and Financial Integration in West Africa*, Routledge, 2010, p.227.

25　平野克己『経済大陸アフリカ－資源、食糧問題から開発政策まで－』中公新書、2013 年、114-131 頁。

26　山崎晋「アフリカ」上川孝夫編『国際通貨体制と世界金融危機－地域アプローチによる検証－』日本経済評論社、2011 年所収、420 頁。

27　杉本は西アフリカで通貨統合が望まれる理由は直接投資や援助を積極的に呼び込むためで、それは国際資本移動が活発な現状において経済規模の拡大した単一通貨を使用することが、こうした市場での通貨の信頼性を高めるとユーロのケースでも確認されているためであると指摘している。杉本喜美子「西アフリカの通貨統合－是非と展望－」『アフリカレポート』No.45、2007 年、9 頁。

28　岡田昭男「西アフリカ諸国経済共同体（ECOWAS）における経済通貨統合－欧州連合をモデルに－」『外務省調査月報』No.3、2001 年、46-47 頁。

29　WAMZ と UEMOA、さらに WAMZ の中でもナイジェリアとガーナが独立したクラスターに入る。さらに、興味深い点として CFA フラン圏の UEMOA と CEMAC の景気は非同調的であるものの、WAMZ と CEMAC の景気は同調的であることも明らかにしている。

30　「Dynamic Factor Model」を用いて域内の「需要ショック」と「供給ショック」を分析している。

31　ただし、ODA 等の援助資金によってファイナンスされている部分は、対外債務の蓄積にはならない（もちろん借款は除く）。

32　この点に関連して、Wang は、FTA よりも先に通貨統合すべきであると指摘している。Yunjong Wang, "Financial Cooperation and Integration in East Asia," *Journal of Asian Economics*, 15, 2004. また、Capannelli らによると、アジアにおける協力の順序は、貿易と通貨・金融の領域の連続的な発展よりも、むしろパラレルな展開に基づいている。Giovanni Capannelli and Carlo Filippini, "Economic Integration in East Asia and Europe: Lessons from a Comparative Analysis," *The Singapore Economic Review*, Vol.55, No.1, 2010, p.178.

33　最近では東アジア域内の為替相場が乖離する傾向にあるが、このことを受けて李暁は、東アジアの通貨・金融協力が一度は挫折したと評価しており、その根拠を CMI 体制の欠陥、為替協調と協力の低迷、主要国の対立増大に求めている。李暁「東アジア通貨金融協力はなぜ挫折したか」『国際金融』1226 号、2011 年 7 月。

34　Pradumna Bickram Rana, Wai-Mun Chia and Yothin Jinjarak, "Monetary Integration in ASEAN+3: A Perception Survey of Opinion Leaders," *Journal of Asian Economics*, 23, 2012.

注

35　これに関連して、Chey は EMS ではその調整負担がドイツとその他諸国との間で非対称的であったが、東アジアのように統合への支持が弱い場合は同様の制度が適合する可能性が低いため、将来、東アジアで適合するような通貨システムを構築するためには、制度の運営から生じる調整の負担が対称的になるように設計されるべきであるとしている。Hyoung-Kyu Chey, "Can the European Monetary System be a model for East Asian monetary cooperation?," *Journal of the Asia Pacific Economy*, Vol.15, No.2, May 2010.

36　中條誠一『人民元は覇権を握るか－アジア共通通貨の実現性－』中公新書、2013 年 5 月、124-126 頁。

37　例えば、石田は「東アジアで可能な範囲は、EMS（欧州通貨制度）における ECU（欧州通貨単位）へのソフト・ペッグに相当する AMS（アジア通貨制度）における ACU へのソフト・ペッグまでであろう」と述べている。石田護「東アジア通貨金融協力における日本と中国」『国際金融』1235 号、2012 年 4 月、7-8 頁。

38　Richard Pomfret, "Sequencing Trade and Monetary Integration: Issues and Application to Asia," *Journal of Asian Economics*, 16, 2005, p.120.

39　Sung Yeung Kwack, "An Optimum Currency Area in East Asia: Feasibility, Coordination, and Leadership Role," *Journal of Asian Economics*, 15, 2004, p.161.

40　Barry Eichengreen, "Fostering Monetary and Exchange-Rate Cooperation in East Asia," in Duck-koo Chung and Barry Eichengreen（eds.）, *Fostering Monetary & Financial Cooperation in East Asia*, World Scientific, 2009, pp.11-28.

41　Sung Yeung Kwack, "Exchange Rate and Monetary Regime Options for Regional Cooperation in East Asia," *Journal of Asian Economics*, 16, 2005.

42　この点について石田は次のように指摘している。「マネタリーベースを内生変数と見る内生的貨幣供給論は、日銀はインフレを抑えるが、デフレを治癒できないという金融政策の非対称性を説明する。」石田護「金融政策議論における理論と実務の距離」『国際金融』1175 号、2007 年 4 月。

43　Woosik Moon and Yeongseop Rhee, "Financial Integration and Exchange-Rate Coordination in East Asia," in Duck-koo Chung and Barry Eichengreen（eds.）, *Fostering Monetary & Financial Cooperation in East Asia*, World Scientific, 2009, pp.51-66. ウシクらはグローバルインバランスの調整と域内競争力の公平性の維持の観点から、次のようにも主張している。ある国だけが対ドル相場を切り上げることを許容すれば、当該国だけが米国だけではなく域内の市場に対しても競争力を失う。しかし、アジア諸国が対ドルで同時に切り上げれば、グローバルインバランスの調整において、どのアジア通貨もドルに対して大きく切り上ることなく、さらに、域内に対して競争力を失うこともない。

44　Ramkishen S. Rajan, *Emerging Asia: Essays on Crises, Capital Flows, FDI and Exchange Rates*, Palgrave Macmillan, 2011, p.129.

45　UNCTAD, *World Investment Report 2010*, p.41.

46　Chai らは、金融統合の視点から通貨協力の必要性を次のように訴えている。東アジ

203

アでは通貨と金融のイニシアティブが独立して追及されており、両者の相互関係と接続にもっと注意を払う必要がある。また、金融安定は、組織的、効率的な通貨協力がなければ達成することができない。Hee-Yul Chai and Deok Ryong Yoon, "The Connections Between Financial and Monetary Cooperation in East Asia," in Duck-koo Chung and Barry Eichengreen (eds.), *Fostering Monetary & Financial Cooperation in East Asia*, World Scientific, 2009, pp.44-45.

47　Yung Chul Park and Charles Wyplosz, *Monetary and Financial Integration in East Asia: The Relevance of European Experience*, Oxford University Press, 2010, pp.52-53. 東アジア10ヵ国とは、インドネシア、マレーシア、フィリピン、タイ、シンガポール、中国、日本、韓国、香港、台湾である。

48　ADB によると、東アジアの現地通貨建て債券市場では発行市場は順調に拡大しているものの、流通市場の流動性に問題があり、この流動性の改善には投資家層の多様化や税の取り扱いの改善こそが決定的に重要である。ADB, *Institutions for Regional Integration: Toward an Asian Economic Community*, Asian Development Bank, 2011, pp.71-72.

49　David kim, "An East Asian Currency Union? The Empirical Nature of Macroeconomic Shocks in East Asia," *Journal of Asian Economics*, 18, 2007.

50　Paul De Grauwe, "Asian Monetary Unification: Lessons from Europe," in Duck-koo Chung and Barry Eichengreen (eds.), *Fostering Monetary & Financial Cooperation in East Asia*, World Scientific, 2009, p.117.

51　しかし、東アジアでも労働力の移動だけは容易には達成しえないことは容易に想像がつく。

52　Grace H.Y. Lee and M. Azali, "The Endogeneity of the Optimum Currency Area Criteria in East Asia," *Economic Modelling*, 27, 2010. ただし、ASEAN 7ヵ国に関しては、貿易量と景気の同調性には何の関係も見出されないとする見解もある。George B. Tawadros, "The Endogeneity of the Optimum Currency Area Criteria: An Application to ASEAN," *International Economic Journal*, Vol.22, No.3, September 2008.

53　余永定「アジア通貨協力－われわれは EU から何を学ぶべきか？－」山下英次編著『東アジア共同体を考える　ヨーロッパに学ぶ地域統合の可能性』ミネルヴァ書房、2010 年8月所収、100 頁。

参考文献

【和書】

井川一宏「通貨統合の理論」『国民経済雑誌』（神戸大学）第 138 巻第 1 号、1978 年 7 月。

池本清「グローバリズム対リージョナリズム」『世界経済評論』1997 年 2 月号。

石田護「金融政策議論における理論と実務の距離」『国際金融』1175 号、2007 年 4 月。

石田護「東アジア通貨協力の文脈と意味」『国際金融』1187 号、2009 年 4 月。

石田護「挫折から復活への道筋を描く：東アジア通貨金融協力」『金融財政ビジネス』、2011 年 8 月 22 日。

石田護「東アジア通貨金融協力における日本と中国」『国際金融』1235 号、2012 年、4 月 1 日。

岩田健治『欧州の金融統合－EEC から域内市場完成まで－』日本経済評論社、1996 年。

岩田健治「ユーロとヨーロッパ金融・資本市場－ユーロ建て金融・資本市場の対内的・対外的意義」田中素香・春井久志・藤田誠一編『欧州中央銀行の金融政策とユーロ』有斐閣、2004 年所収。

岩村英之「最適通貨圏の理論と欧州通貨統合」*NUCB Journal of Economics and Information Science,* Vol.53 No.2, March 2009.

岩村英之「通貨同盟と財政同盟－通貨統合の必然的結果としての財政・政治統合の可能性－」『国際学研究（明治学院大学）』第 44 号、2013 年。

ウサマ・アハメド・ウスマーン「サウジアラビアの為替相場政策の選択肢」『中東協力センターニュース』、2008 年 4・5 月号。

馬田啓一「地域主義と日本の通商政策」青木健・馬田啓一編著『地域統合の経済学』勁草書房、1999 年所収。

梅津和郎・奥田孝晴・中津孝司編著『途上国の経済統合－アフタとメルコスール』日本評論社、1999 年 5 月。

浦上博逵「最適通貨圏と要素移動」『城西人文研究』第 3 巻、1975 年 11 月。

浦田秀次郎「同時進行する経済のグローバリゼーションとリージョナリゼーション」『グローバリゼーションの成果と課題』（日本国際経済学会）第 61 回全国大会報告号、2003 年。

岡田昭男「西アフリカ諸国経済共同体（ECOWAS）における経済通貨統合－欧州連合をモデルに－」『外務省調査月報』No.3、2001 年。

岡田義昭「最適通貨圏」『愛知学院大学論叢、商学研究』第 45 巻第 3 号、2005 年 3 月。

小川英治・川﨑健太郎「ユーロ圏における最適通貨圏の再検討」『一橋論叢』第 127 巻第 5 号、2002 年。

奥田宏司「ユーロ決済機構の高度化（TARGET2）について－ TARGET Balances と「欧州版 IMF」設立の関連－」『立命館国際研究』24（1）、2011 年 6 月。

尾上修悟「欧州の安定・成長協定と財政政策」『西南学院大学経済学論集』第 48 巻第 1・2 号、2013 年 9 月。

金子寿太郎「通貨統合の観点からみた GCC の資金決済制度に関する分析」『金融』全国銀行協会、2012 年。

金子寿太郎『中東湾岸地域の金融システムと通貨統合』太陽書房、2014 年。

カーメン・M・ラインハート＆ケネス・S・ロゴフ (村井章子訳)『国家は破綻する－金融危機の 800 年』日経 BP 社、2011 年。

木村秀史「オイルマネーと基軸通貨ドル体制－中東産油国の動向を中心に－」『國學院大學経済学研究』第 40 輯、2009 年 3 月。

木村秀史「途上国の地域通貨統合とドル体制－湾岸産油国の動向を中心に－」『國學院経済学』第 58 巻 第 2 号、2010 年 4 月。

木村秀史「中東産油国」上川孝夫編『国際通貨体制と世界金融危機－地域アプローチによる検証－』日本経済評論社、2011 年 2 月所収。

木村秀史「最適通貨圏論の再考－途上国の通貨統合との関係から－」『國學院大學経済学研究』第 42 輯、2011 年 3 月。

木村秀史「東アジアで機能主義的共存を模索する意義－機能主義から共同体へ」『國學院大學研究開発推進センター研究紀要』第 7 号、2013 年 3 月。

木村秀史「ユーロ危機の構造－域内経常収支不均衡の視点から－」『総合政策論叢』（島根県立大学）第 26 号、2013 年 8 月。

木村秀史「GCC の金融市場と金融統合の現状と課題」『総合政策論叢』（島根県立大学）第 28 号、2014 年 9 月。

木村秀史「発展途上国の通貨同盟における為替政策と金融政策の放棄のコスト－最適通貨圏の理論に対する批判的検討－」『総合政策論叢』（島根県立大学）第 30 号、2015 年 11 月。

木村福成「WTO 体制の今後：地域主義との新たな関係構築は可能か」『世界経済評論』2008 年、11 月。

金俊昊「グローバル化と地域主義の変容－過渡期的理念型としての新地域主義の分析－」

参考文献

『経済学論纂（中央大学）』第43巻第5・6号、2003年。

桑原小百合「国際金融と中南米」『海外事情』拓殖大学海外事情研究所、2011年5月。

栗原毅「ASEAN+3 地域金融協力－10年の成果と今後の課題－」『国際金融』1228号、2011年9月。

紺井博則「グローバリゼーションの過去と現在」紺井博則・上川孝夫編『グローバリゼーションと国際通貨』日本経済評論社、2003年所収。

紺井博則「通貨バスケット論考」『国学院経済学』第54巻、第3・4合併号、2006年3月。

紺井博則「変動相場制の40年」『商学論纂』（中央大学）第55巻、第5・6号、2014年3月。

財団法人国際金融情報センター『湾岸協力会議（GCC）諸国の通貨統合に向けた取り組み状況』、2008年。

篠田武司・西口清勝・松下冽編『グローバル化とリージョナリズム「グローバル化の現代－現状と課題」第二巻』御茶の水書房、2009年3月。

島崎久彌『世界経済のリージョナル化』多賀出版、1999年。

清水学編『現代中東の構造変動』アジア経済研究所、1991年3月。

ジャック・アタリ（林昌宏訳）『国家債務危機－ソブリン・クライシスに、いかに対処すべきか？－』作品社、2011年。

杉田浩治「日本および世界における投資信託のグローバル化の動向」『証券レビュー』第54巻第1号、2014年。

杉本喜美子「西アフリカの通貨統合－是非と展望－」『アフリカレポート』No.45、2007年。

高橋克秀『アジア経済動態論－景気サイクルの連関と地域経済統合』勁草書房、2007年。

高屋定美「最適通貨圏の条件の動態的検証」『商経学叢』（近畿大学）第50巻第2号、2003年12月。

高安健一「通貨統合を見据える湾岸協力会議（GCC）諸国の課題」『環太平洋ビジネス情報』日本総研、RIM Vol.8 No.30、2008年8月。

武石礼司「中東湾岸経済の動向－通貨統合に向けての課題」『中東協力センターニュース』、2009年8・9月号。

武石礼司「中東GCC経済の現状と域内経済圏形成の可能性」『国際関係学研究』東京国際大学大学院国際関係学研究科、第23号、2010年。

田中素香「現代のグローバリズムとリージョナリズム」『経濟學研究』（九州大学）第66巻第4号、1999年10月。

田中素香『ユーロその衝撃とゆくえ』岩波書店、2002年。

田中素香「ユーロ参加国間の2つのダイヴァージェンスとEMU（経済・通貨同盟）の安定性－『拡大するユーロ経済圏』補遺－」『経済学論纂』（中央大学）第48巻第3・4合併号、2008年。

田中素香『ユーロ危機の中の統一通貨』岩波新書、2010 年。

田中素香「ユーロ圏危機の第二期をどうみるか－リスクマネジメントは世界の信頼を勝ち取ること」『世界経済評論』2011 年 11/12 月号、2011 年。

田中素香『ユーロ危機とギリシャ反乱』岩波新書、2016 年。

田中綾一「TARGET Balances 論争の総括－「隠された公的支援」論の評価および米国連邦準備銀行の ISA と欧州のデノミリスクヘッジとの関係を中心に－」『関東学院法学』第 25 巻、第 1・2 合併号、2015 年 11 月。

田中祐二・中本悟編著『地域共同体とグローバリゼーション』晃洋書房、2010 年 11 月。

丁一兵「アジア通貨協力と中日の協調：中国の視点と構想」上川孝夫・李暁編『世界金融危機　日中の対話－円・人民元・アジア通貨金融協力－』春風社、2010 年 4 月所収。

所康弘「中南米における地域統合の動向－新たな途上国間協力の行方－」『経済』新日本出版社、2011 年 1 月。

姚枝仲「非対称的競争圧力と人民元のアジア戦略」『国際金融』1190 号、2009 年 7 月。

中島真志「単一ユーロ決済圏（SEPA）の形成に関する一考察」『麗澤経済研究』17（2）、2009 年。

中條誠一『人民元は覇権を握るか－アジア共通通貨の実現性－』中公新書、2013 年 5 月。

中條誠一「ユーロ危機に学ぶ「真の通貨統合」－アジアへの教訓－」『商学論纂』（中央大学）第 55 巻第 3 号、2014 年 3 月。

中平幸典「金融のグローバリゼーションとリジョナリズム」『愛知大学国際問題研究所紀要』ユーロ 1 年とアジア経済特集号、2000 年。

西村陽造『幻想の東アジア通貨統合－日本の経済・通貨戦略を問う』日本経済新聞出版社、2011 年。

糠谷英輝「アジア／ G20 株式市場のいま－第 13 回 サウジアラビアの株式市場」『月刊資本市場』公益財団法人資本市場研究会、2011 年 6 月。

糠谷英輝「バーレーンは金融センターとして生き残れるのか？」『Newsletter』公益財団法人国際通貨研究所、2011 年 8 月 8 日。

畑中美樹「油価回復後も引き続き経済改革を指向する湾岸産油国」福田安志編『原油価格変動下の湾岸産油国情勢』アジア経済研究所、2001 年所収。

浜口伸明「岐路に立つラテンアメリカ地域統合」『ラテンアメリカ・レポート』Vol.23、No.2、2006 年。

ハンス・ティートマイヤー（財団法人国際通貨研究所・村瀬哲司監訳）『ユーロへの挑戦』京都大学学術出版会、2007 年。

平野克己『経済大陸アフリカ－資源、食糧問題から開発政策まで－』中公新書、2013 年。

福田安志「サウジアラビアのラージヒー銀行－世界最大のイスラーム銀行発展の背景－」

参考文献

『中東協力センターニュース』、2010 年 12 ／ 2011 年 1 月号。

藤田誠一「EMU と最適通貨圏」『国民経済雑誌』神戸大学経済経営学会、1998 年。

藤田誠一「ユーロ危機と域内不均衡」『経済』新日本出版社、2012 年 7 月号。

ベラ・バラッサ (中島正信訳)『経済統合の理論』ダイヤモンド社、1963 年。

保坂修司『サウジアラビア－変わりゆく石油王国－』岩波新書、2005 年。

星野郁「欧州通貨統合史」上川孝夫・矢後和彦編『国際金融史』有斐閣、2007 年所収。

星野郁『EU 経済・通貨統合とユーロ危機』日本経済評論社、2015 年 9 月。

星野妙子「ラテンアメリカの一次産品輸出産業の新展開」『ラテンアメリカ・レポート』
　　Vol.24、No.2、2007 年。

ポール・デ・グラウエ (田中素香・山口昌樹訳)『通貨同盟の経済学－ユーロの理論と現
　　状分析』勁草書房、2011 年。

細井長『中東の経済開発戦略－新時代へ向かう湾岸諸国－』ミネルヴァ書房、2005 年。

正木響「西アフリカの地域経済統合の成り立ちと現状」『経済論集』(金沢大学) 第 29 巻、
　　第 2 号、2009 年。

松井謙一郎「南米地域通貨単位の試算と活用の可能性」『国際金融』1194 号、2008 年 11 月。

松井謙一郎「アルゼンチンの通貨制度の変遷－ドルとの関係の模索の歴史－」『国際金融』
　　1204 号、2009 年 9 月。

松井謙一郎「メルコスールの通貨制度を考える視点」『国際金融』1210 号、2010 年 3 月。

松井謙一郎「途上国のリーダーを目指すブラジルの課題～貿易関係と基幹産業の視点から
　　～」『Newsletter』(公益財団法人) 国際通貨研究所、2010 年 8 月 4 日。

松浦一悦『EU 通貨統合とユーロ政策』ミネルヴァ書房、2009 年 12 月。

松本八重子『地域経済統合と重層的ガバナンス－ラテンアメリカ、カリブの事例を中心に
　　－』中央公論事業出版、2005 年 2 月。

村本孜編著『グローバリゼーションと地域経済統合』蒼天社出版、2004 年 3 月。

藪下史郎・清水和巳編著『地域統合の政治経済学』東洋経済新報社、2007 年 3 月。

吉國眞一・小川英治・春井久志編『揺れ動くユーロ 通貨・財政安定化への道』蒼天社出版、
　　2014 年 4 月。

山口直彦『アラブ経済史－ 1810 ～ 2009 年』明石書店、2010 年。

山崎晋「アフリカ」上川孝夫編『国際通貨体制と世界金融危機－地域アプローチによる検
　　証－』日本経済評論社、2011 年所収。

山下英次『国際通貨システムの体制転換－変動相場制批判再論－』東洋経済新報社、
　　2010 年。

山下英次「日本とアジアにとって必須の域内共通通貨制度の構築」山下英次編著『東アジ
　　ア共同体を考える　ヨーロッパに学ぶ地域統合の可能性』ミネルヴァ書房、2010 年 8

209

月所収。

余永定「アジア通貨協力－われわれは EU から何を学ぶべきか？－」山下英次編著『東アジア共同体を考える　ヨーロッパに学ぶ地域統合の可能性』ミネルヴァ書房、2010 年 8 月所収。

吉田真広「アジアにおける通貨金融連携とバスケット通貨制への展望」福井県立大学編『北東アジアのエネルギー政策と経済協力』京都大学学術出版会、2011 年 3 月所収。

吉田真広「アジアにおける金融協力の有効性と課題－国際的債務危機の経験を踏まえて－」坂田幹男・唱新編著『東アジアの地域経済連携と日本』晃洋書房、2012 年所収。

吉野文雄「発展途上国の経済発展と地域統合」青木健・馬田啓一編著『地域統合の経済学』勁草書房、1999 年所収。

李暁「東アジア通貨金融協力はなぜ挫折したか」『国際金融』1226 号、2011 年 7 月。

R・ボワイエ（山田鋭夫・植村博恭訳）『ユーロ危機－欧州統合の歴史と政策－』藤原書店、2013 年。

【洋書】

Aarti Rughoo and Nicholas Sarantis, "Integration in European Retail Banking: Evidence from Savings and Lending Rates to Non-Financial Corporations," *Journal of International Financial Markets, Institutions & Money*, 22, 2012.

Abdullah Al-Hassan, May Khamis and Nada Oulidi, "The GCC Banking Sector: Topography and Analysis," *IMF Working Paper*, 2010.

Abdulrazak Al Faris, "Currency Union in the GCC Countries: History, Prerequisites and Implications," in Ronald MacDonald and Abdulrazak Al Faris(eds.), *Currency Union and Exchange Rate Issues: Lessons for the Gulf States*, Edward Elgar, 2010.

Abraham Abraham and Fazal J. Seyyed, "Deepening the GCC Debt Markets: The Saudi Arabian Experience," in Mohamed A. Ramady(ed.), *The GCC Economies-Stepping up to Future Challenges*, Springer, 2012.

Asian Development Bank, *Institutions for Regional Integration: Toward an Asian Economic Community*, 2010.

Asian Development Bank, *Institutions for Regional Integration: Toward an Asian Economic Community*, 2011.

Asian Development Bank, *Asia Bond Monitor*, 2012.

Ahmed Alkholifey and Ali Alreshan, "GCC Monetary Union," *IFC Bulletin*, No32, January 2009.

参考文献

Aktham I. Maghyereh and Basel Awartani, "Financial Integration of GCC Banking Markets: A Non-Parametric Bootstrap DEA Estimation Approach," *Research in International Business and Finance*, 26, 2012.

Alberto Alesina and Robert J. Barro, "Currency Unions," *The Quarterly Journal of Economics*, May 2002.

Alberto Alesina, Robert J. Barro and Silvana Tenreyro, "Optimal Currency Areas," *NBER Working Paper*, No.9072, July 2002.

Andrew Berg, Eduardo Borensztein and Paolo Mauro, "An Evaluation of Monetary Regime Options for Latin America," *The North American Journal of Economics and Finance*, 13, 2002.

Andrew K. Rose, "Honey, the Currency Union Effect on Trade hasn't Blown up," *World Economy*, 25, 2002.

Andrew K. Rose, "One Money, One Market：Estimating the Effect of Common　Currencies on Trade," *NBER Working Paper*, No.7432, 1999.

Ansgar Belke and Daniel Gros, "Monetary Integration in the Southern Cone," *North American Journal of Economics and Finance*, 13, 2002.

António Mendonça, João Silvestre and José Passos, "The Shrinking Endogeneity of Optimum Currency Areas Criteria: Evidence from the European Monetary Union — A Beta Regression Approach," *Economics Letters*, 113, 2011.

Asli Leblebicioglu, "Financial Integration, Credit Market Imperfections and Consumption Smoothing," *Journal of Economic Dynamics & Control*, 33, 2009.

Barry Eichengreen, "Does MERCOSUR Need a Single Currency?," *NBER Working Paper*, No.6821, December 1998.

Barry Eichengreen, "Fostering Monetary and Exchange-Rate Cooperation in East Asia," in Duck-koo Chung and Barry Eichengreen(eds.), *Fostering Monetary & Financial Cooperation in East Asia*, World Scientific, 2009.

Barry Eichengreen and Jeffrey A. Frankel, "Economic Regionalism: Evidence from Two 20th Century Episodes," *North American Journal of Economics & Finance*, 6(2), 1995.

Belkacem Laabas and Imed Limam, "Are GCC Countries for Currency Union?," Arab Planning Institute – Kuwait, 2002.

Birgit Schmitz and Jürgen von Hagen, "Current Account Imbalances and Financial Integration in the Euro Area," *Journal of International Money and Finance*, 30, 2011.

Carlos Fonseca Marinheiro, "Output Smoothing in EMU and OECD: Can We Forego Government Contribution? A Risk Sharing Approach," *CESifo Working Paper*, No.1051,

2003.

Carsten Hefeker, "Fiscal Reform and Monetary Union in West Africa," *Journal of International Development*, Volume22, January 2010.

César Calderón, Alberto Chong and Ernesto H. Stein, "Trade Intensity and Business Cycle Synchronization: Are Developing Countries Any Different?," *Journal of International Economics*, 71, 2-21, 2007.

Charalambos G. Tsangarides and Mahvash Saeed Qureshi, "Monetary Union Membership in West Africa: A Cluster Analysis," *World Development*, Vol.36, No7, 2008.

Charles Wyplosz, "A Monetary Union in Asia?: Some European Lessons," in David Gruen and John Simon (eds.), *Future Directions for Monetary Policies in East Asia*, Reserve Bank of Australia, 2001.

Charlotte Christiansen, "Integration of European Bond Markets," *Journal of Banking & Finance*, 42, 2014.

Commission of the European Communities, "One Market, One Money," *European Economy*, 44, 1990.

Daniel Stavárek, Iveta Řepková and Katarína Gajdošová, "Theory of Financial Integration and Achievements in the European Union," in Roman Matoušek and Daniel Stavárek(eds.), *Financial Integration in the European Union*, Routledge, 2012.

David Cobham and Ghassan Dibeh(eds.), *Monetary Policy and Central Banking in the Middle East and North Africa*, Routledge, 2009.

David Fielding and Kalvinder Shields, "The Impact of Monetary Union on Macroeconomic Integration: Evidence from West Africa," *Economica*, 72, 2005.

David kim, "An East Asian Currency Union? The Empirical Nature of Macroeconomic Shocks in East Asia," *Journal of Asian Economics*, 18, 2007.

DIFC Working Group on Debt Market Development, *White Paper on Local Currency Debt Market Development*, DIFC, September 2009.

Dumitru Miron, Paul Miclaus and Danusia Vamvu, "Estimating the Effect of Common Currencies on Trade: Blooming or Withering Roses?," *Procedia Economics and Finance*, 6, 2013.

Eckart Woertz, "GCC Bond Markets," *Gulf Research Center Report*, April 2008.

Eckart Woertz, "Prospects of the Banking and Finance Sector and the Development of Financial Centers," in Eckart Woertz(ed.), *GCC Financial Markets: The World's New Money Centers*, Gerlach Press, 2012.

ECLAC, "The Mercosur Experience," *MERCOSUR Economic Integration: Lessons for ASEAN*,

参考文献

ASEAN Studies Centre, 2009.

Eduard Hochreiter, Klaus Schmidt-Hebbel and Georg Winckler, "Monetary Union: European Lessons, Latin American Prospects," *The North American Journal of Economics and Finance*, 13, 2002.

Elias El-Achkar and Wassim Shahin, "The Impact of Monetary Policy and Financial Sector Development on Economic Growth in GCC Countries," in Eckart Woertz(ed.), *GCC Financial Markets: The World's New Money Centers*, Gerlach Press, 2012.

Emilie J. Rutledge, *Monetary Union in the Gulf: Prospects for a Single Currency in the Arabian Peninsula*, Routledge, 2009.

Emmanuel Onwioduokit, Lamin Jarju, Tidiane Syllah, Jibrin Yakubu and Hilton Jarrett, "Nominal Macroeconomic Convergence," in Temitope W. Oshikoya(ed.), *Monetary and Financial Integration in West Africa*, Routledge, 2010.

Emmanuel Ukeje, Momodu Sissoho and Mohamed Conte, "Monetary Policy Framework and Statistical Harmonization," in Temitope W. Oshikoya(ed.), *Monetary and Financial Integration in West Africa*, Routledge, 2010.

Erwin Nierop and Gabriela Lippe-Holst, "The Establishment of a Monetary Union among the Member States of the GCC," in Eckart Woertz(ed.), *GCC Financial Markets: The World's New Money Centers*, Gerlach Press, 2012.

Esteban Jadresic, "On a Common Currency for the GCC Countries," *IMF Policy Discussion Paper*, 2002.

Eul-Soo Pang and Laura Jarnagin, "MERCOSUR: Elusive Quest for Regional Integration," *Mercosur Economic Integration: Lessons for ASEAN*, ASEAN Studies Centre, 2009.

Francesco Paolo Mongelli, " "New"Views on The Optimum Currency Area Theory: What is EMU Telling us?," *ECB Working Paper*, No.138, 2002.

Francesco Giavazzi and Luigi Spaventa, "Why the Current Account may matter in a Monetary Union: Lessons from the Financial Crisis in the Euro Area," in Miroslav Beblavý, David Cobham and L'udovít Ódor(eds.), *The Euro Area and the Financial Crisis*, Cambridge University Press, 2011.

Francesco Paolo Mongelli, "European Economic and Monetary Integration and the Optimum Currency Area Theory," *European Economy – Economic Papers*, No.302, Economic and Financial Affairs, European Commission, 2008.

Franz Pick and René Sédillot, *All the Monies of the World: A Chronicle of Currency Values*, Pick Publishing Corporation New York, 1971.

GCC Secretariat General, *GCC Monetary Union Agreement*, 2009.

George B. Tawadros, "The Endogeneity of the Optimum Currency Area Criteria: An Application to ASEAN," *International Economic Journal*, Vol.22, No.3, September 2008.

George S. Tavlas, "The New Theory of Optimum Currency Areas," *The World Economy*, Vol.16, No.6, November 1993.

George T. Abed, S. Nuri Erbas and Behrouz Guerami, "The GCC Monetary Union: Some Considerations for the Exchange Rate Regime," *IMF Working Paper*, 2003.

Giovanni Capannelli and Carlo Filippini, "Economic Integration in East Asia and Europe: Lessons from a Comparative Analysis," *The Singapore Economic Review*, Vol.55, No.1, 2010.

Grace H.Y. Lee and M. Azali, "The Endogeneity of the Optimum Currency Area Criteria in East Asia," *Economic Modelling*, 27, 2010.

Graham Bird and Ramkishen S. Rajan, "The political economy of sequencing: Monetary versus trade regionalism," *The North American Journal of Economics and Finance*, 17, 2006.

Haihong Gao, "China's Financial Integration with Asia," Institute of World Economies and Politics, Chinese Academy of Social Sciences, October 2008.

Hans-Michael Trautwein, "Structural Aspects of Monetary Integration: A Global Perspective," *Structural Change and Economic Dynamics*, 16, 2005.

Harris Dellas and George S. Tavlas, "An Optimum-Currency-Area Odyssey," *Bank of Greece Working Papers*, Number102, September 2009.

Hee-Yul Chai and Deok Ryong Yoon, "The Connections Between Financial and Monetary Cooperation in East Asia," in Duck-koo Chung and Barry Eichengreen(eds.), *Fostering Monetary & Financial Cooperation in East Asia*, World Scientific, 2009.

Hiroya Akiba and Yukihiro Iida, "Monetary Unions and Endogeneity of the OCA Criteria," *Global Economic Review*, Routledge, Vol38, No1, 2009.

H. Youn Kim, "International Financial Integration and Risk Sharing among Countries: A Production-based Approach," *Journal of The Japanese and International Economies*, 31, 2014.

Hyoung-Kyu Chey, "Can the European Monetary System be a model for East Asian Monetary Cooperation?," *Journal of the Asia Pacific Economy*, Vol.15, No.2, May 2010.

H. W. Arndt, "Anatomy of Regionalism," *Journal of Asian Economics*, Vol.4, No.2, 1993.

Ikhlaas Gurrib, "GCC Economic Integration: Statistical Harmonization for an Effective Monetary Union," in Mohamed A. Ramady(ed.), *The GCC Economies-Stepping up to Future Challenges*, Springer, 2012.

参考文献

IMF, *Annual Report on Exchange Arrangements and Exchange Restrictions*, 2014.

Institute of International Finance, *Economic Report: Gulf Cooperation Council Countries*, January 16, 2008.

Iwa Akinrinsola, "Monetary Integration in West Africa," *Journal of International Banking Regulation*, Volume 5, Number 1, 2003.

James C. Ingram, "State and Regional Payments Mechanisms," *Quarterly Journal of Economics*, Vol.73, No.4, 1959.

James Yetman, "Currency Unions, Trade Flows, and Capital Flows," *HKIMR Working Paper*, No.18, 2003.

Jan Priewe, "Reconsidering the Theories of Optimum Currency Area – a critique," in Eckhard Hein, Jan Priewe and Achim Truger (eds.), *European Integration in Crisis*, Metropolis, 2007.

Jay Squalli, "Is the Dollar Peg Suitable for the Largest Economies of the Gulf Cooperation Council," *Journal of International Financial Markets, Institutions & Money*, 21, 2011.

Jean-Pierre Allegret and Alain Sand-Zantman, "Does a Monetary Union protect against external shocks?: An assessment of Latin American integration," *Journal of Policy Modeling*, 31, 2009.

Jeffrey Frankel and Andrew K. Rose, "The Endogeneity of the Optimum Currency Area Criteria," *NBER Working Paper*, No.570, 1997.

Jeffrey Frankel and Andrew K. Rose, "An Estimate of the Effect of Common Currencies on Trade and Income," *The Quarterly Journal of Economics*, 117 (2), 2002.

Jeffrey W. Cason, *The Political Economy of Integration: The experience of Mercosur*, Routledge, 2011.

Joaquim Pinto de Andrade, Maria Luiza Falcão Silva and Hans-Michael Trautwein, "Disintegrating Effects of Monetary Policies in the MERCOSUR," *Structural Change and Economic Dynamics*, 16, 2005.

Jürgen Matthes, "Ten Years EMU － Reality Test for the OCA Endogeneity Hypothesis, Economic Divergences and Future Challenges," *Intereconomics*, Volume 44, Issue 2, March/April, 2009.

Khalid Al-Bassam, "The Gulf Cooperation Council Monetary Union: A Bahraini Perspective," *Regional Currency Areas and the Use of Foreign Currencies*, BIS Papers, No17, May 2003.

Lieven Baele, Annalisa Ferrando, Peter Hördahl, Elizaveta Krylova and Cyril Monnet, "Mesuring Financial Integration in the Euro Area," *Occasional paper Series*, No.14, Eu-

215

ropean Central Bank, 2004.

Lubor Lacina and Antonín Rusek, "Financial Crisis and its Asymmetric Macroeconomic Impact on Eurozone Member Countries," *International Advances in Economic Research*, 18, Springer, February 2012.

Maher Hasan and Hesham Alogeel, "Understanding the Inflationary Process in the GCC Region: The Case of Saudi Arabia and Kuwait," *IMF Working Paper*, 08/193, 2008.

Mandagolathur Raghu, "Future Direction of the GCC Financial Sector: A Specific Look at Banking and Asset Management," in Eckart Woertz(ed.), *GCC Financial Markets: The World's New Money Centers*, Gerlach Press, 2012.

Mariam Camarero, Renato G. Flôres Jr. and Cecilio R. Tamarit, "Monetary Union and Productivity Differences in Mercusur Countries," *Journal of Policy Modeling* 28, 2006.

Martin Feldstein, "The Failure of the Euro: The little Currency That Couldn't," *Foreign Affairs*, Volume91, Number1, January/February 2012.

Matthew Higgins and Thomas Klitgaard, "Saving Imbalances and the Euro Area Sovereign Debt Crisis," *Current Issues in Economics and Finance*, Volume 17, Number5, Federal Reserve Bank of New York, September 2011.

Michael P. Grifferty, "GCC Bond Markets," Eckart Woertz(ed.), *GCC Financial Markets: The World's New Money Centers*, Gerlach Press, 2012.

Michael Sturm and Nikolaus Siegfried, "Regional Monetary Integration in the Member States of the Gulf Cooperation Council," *ECB Occasional Paper Series*, No.31, 2005.

Michael Thorpe, "The Suitability of the GCC for Monetary Union," *International Journal of Business and Management*, February 2008.

Miroslav Prokopijević, "Euro Crisis," *PANOECONOMICUS*, 3, 2010.

Mohamed A. Ramady, *The Saudi Arabian Economy — Policies, Achievements, and Challenges*, Second Edition, Springer, 2010.

Mohsin S. Khan, "The GCC Monetary Union: Choice of Exchange Rate Regime," in Ronald MacDonald and Abdulrazak Al Faris(eds.), *Currency Union and Exchange Rate Issues: Lessons for the Gulf States*, Edward Elgar, 2010.

M. S. Rafiq, "The Optimality of a Gulf Currency Union: Commonalities and Idiosyncrasies," *Economic Modelling*, 28, 2011.

Nasser Saidi and Fabio Scacciavillani, "The Institutional Framework of the Gulf Central Bank," *DIFC Economic Note*, No.2, 2008.

Nasser Saidi, Fabio Scacciavillani and Fahad Ali,"The Exchange Rate Regime of the GCC Monetary Union," *DIFC Economic Note*, No.3, 2008.

参考文献

Nidal Rashid Sabri, *Financial Markets and Institutions in the Arab Economy*, Nova Science Publishers, 2008.

Otmar Issing, "Economic and Monetary Union in Europe: Political Priority versus Economic Integration?," *Paper for the Conference 2001 of the European Society for the History of Economic Thought*, 2001.

Paul De Grauwe, "Asian Monetary Unification: Lessons from Europe," in Duck-koo Chung and Barry Eichengreen(eds.), *Fostering Monetary & Financial Cooperation in East Asia*, World Scientific, 2009.

Paul De Grauwe, "The Euro Experience and Lesson for the GCC Currency Union," in Ronald MacDonald and Abdulrazak Al Faris(eds.), *Currency Union and Exchange Rate Issues: Lessons for the Gulf States*, Edward Elgar, 2010.

Paul De Grauwe and Francesco Paolo Mongelli, "Endogeneities of Optimum Currency Areas: What brings Countries Sharing a Single Currency Closer Together?," *ECB Working Paper Series*, No.468, April 2005.

Paul Hallwood, Ian W. Marsh and Jörg Scheibe, "An Assessment of the Case for Monetary Union or Official Dollarization in Five Latin American Countries," *Emerging Markets Review*, 7, 2006.

Paul Krugman, "Lessons of Massachusetts for EMU," in Francisco Torres and Francesco Giavazzi(eds.), *Adjustment and Growth in the European Monetary Union*, Cambridge University Press, 1993.

Peter B. Kenen, "The Theory of Optimum Currency Areas: An Eclectic View," in Robert A. Mundell and Alexander K. Swoboda (eds.), *Monetary Problems of the International Economy*, The University of Chicago Press, 1969.

Peter B. Kenen and Ellen E. Meade, *Regional Monetary Integration*, Cambridge University Press, 2008.

Philippe De Lombaerde, "Optimum Currency Area Theory and Monetary Integration as a Gradual Process," *UNU/CRIS Occasional Papers*, 2002.

Pierre-Richard Agénor and Joshua Aizenman, "Capital Market Imperfections and the Theory of Optimum Currency Areas," *Journal of International Money and Finance*, 30, 2011.

Pradumna Bickram Rana, Wai-Mun Chia and Yothin Jinjarak, "Monetary Integration in ASEAN+3: A Perception Survey of Opinion Leaders," *Journal of Asian Economics*, 23, 2012.

Ramkishen S. Rajan, *Emerging Asia: Essays on Crises, Capital Flows, FDI and Exchange Rates,*

Palgrave Macmillan, 2011.

Raphael Espinoza, Ananthakrishnan Prasad and Oral Williams, "Regional Financial Integration in the GCC," *Emerging Markets Review*, 12, 2011.

Richard Pomfret, "Sequencing Trade and Monetary Integration: Issues and Application to Asia," *Journal of Asian Economics*, 16, 2005.

Robert A. Mundell, "A Theory of Optimum Currency Areas," *The American Economic Review*, Number4, 1961.

Robert A. Mundell, "Uncommon Arguments for Common Currencies," in H.G. Johnson and A.K. Swoboda(eds), *The Economics of Common Currencies*, George Allen and Unwin Ltd, London, 1973.

Robert A. Mundell, "The European Fiscal Reform and the Plight of the Euro," *Global Finance Journal*, vol. 23, issue 2, 2012.

Robert Read, "The Implications of Increasing Globalization and Regionalism for the Economic Growth of Small Island States," *World Development*, Vol.32, No.2, 2004.

Romain Houssa, "Monetary Union in West Africa and Asymmetric Shocks: A Dynamic Structural Factor Model Approach," *Journal of Development Economics*, 85, 2008.

Ronald I. McKinnon, "Optimum Currency Areas," *The American Economic Review*, Number4, 1963.

Ronald I. McKinnon, "Optimum Currency Areas and Key Currencies: Mundell I versus Mundell II," *Journal of Common Market Studies*, Vol.42, No.4, 2004.

Rosmy Jean Louis, Ryan Brown and Faruk Balli, "On the Feasibility of Monetary Union: Does It Make Sense to Look for Shocks Symmetry across Countries When None of the Countries Constitutes an Optimum Currency Area?," *Economic Modelling*, Volume28, 2011.

Russell Krueger and Ettore Kovarich, "Some Principles for Development of Statistics for a Gulf Cooperation Council Currency Union," *IMF Working Paper*, June 2006.

Salem Nechi, "Assessing Economic and Financial Cooperation and Integration Among the GCC Countries," *Journal of Business & Policy Research*, Vol.5, No.1, July 2010.

Saudi Arabia Capital Market Authority, *Annual Report*, 2012.

Sayyed Mahdi Ziaei, "Evaluating the Effects of Monetary Policy Shocks on GCC Countries," *Economic Analysis & Policy*, Vol.43, No.2, 2013.

Sebnem Kalemli-Ozcan, Elias Papaioannou and José-Luis Peydró, "What lies beneath the Euro's Effect on Financial Integration? Currency Risk, Legal Harmonization, or Trade?," *Journal of International Economics*, 81, 2010.

参考文献

Shafik Hebous, "On the Monetary Union of the Gulf States," *Kiel Advanced Studies Working Paper*, No.431, The Kiel Institute for the World Economy, 2006.

Shinji Takagi, "Establishing Monetary Union in the Gulf Cooperation Council: What Lessons for Regional Cooperation?," *ADBI Working Paper Series*, No.390, 2012.

Shiro Armstrong(ed.), *The Politics and the Economics of Integration in Asia and the Pacific*, Routledge, 2011.

Silvana Tenreyro and Robert J. Barro, "Economic Effects of Currency Unions," *FRB of Boston Working Paper*, No.02-4, 2002.

Stefano Schiavo, "Financial Integration, GDP Correlation and the Endogeneity of Optimum Currency Areas," *Economica*, V.75, 2008.

Steffen Kern, "GCC Financial Markets: Long-Term Prospects for Finance in the Gulf Region," *Current Issues*, Deutsche Bank Research, November 2012.

Stephane Dees, Filippo di Mauro and Warwick J. McKibbin, "International linkages in the Context of Global and Regional Integration," in Filippo di Mauro, Stephane Dees and Warwick J. McKibbin(eds.), *Globalisation, Regionalism and Economic Interdependence*, Cambridge University Press, 2008.

Stephen Ching and Michael B. Devereux, "Mundell Revisited: a Simple Approach to the Costs and Benefits of a Single Currency Area," *Review of International Economics*, 11(4), 2003.

Suleiman Abu-Bader and Aamer S. Abu-Qarn, "On the Optimality of A GCC Monetary Union: Structural VAR, Common Trends and Common Cycles Evidence," *Monaster Center for Economic Research Discussion Paper No.06-11*, Department of Economics, Ben-Gurion University of the Negev, September 2006.

Sung Yeung Kwack, "An Optimum Currency Area in East Asia: Feasibility, Coordination, and Leadership Role," *Journal of Asian Economics*, 15, 2004.

Sung Yeung Kwack, "Exchange Rate and Monetary Regime Options for Regional Cooperation in East Asia," *Journal of Asian Economics*, 16, 2005.

Tamim Bayoumi and Barry Eichengreen, "Shocking Aspects of European Monetary Integration," in Francisco Torres and Francesco Giavazzi(eds.), *Adjustment and Growth in the European Monetary Union*, Cambridge University Press, 1993.

Tamin Bayoumi and Barry Eichengreen, " Ever Closer to Heaven? An Optimum-Currency-Area Index for European Countries," *CIDER Working Papers*, University of California at Berkeley, December 1996.

Tamin Bayoumi and Paolo Mauro, "The Suitability of ASEAN for a Regional Currency Arrangement," *IMF Working Paper*, December 1999.

Tanja Broz, "The Theory of Optimum Currency Areas: A Literature Review," *Privredna Kretanja i ekonomska politika*, 104, 2005.

Temitope W. Oshikoya, John H. Tei Kitcher and Emmanuel Ukeje, "The Political Context," in Temitope W. Oshikoya(ed.), *Monetary and Financial Integration in West Africa*, Routledge, 2010.

Thierry Warin, Phanindra V. Wunnava, and Hubert P. Janicki, "Testing Mundell's Intuition of Endogenous OCA Theory," *Review of International Economics*, 17(1), 2009.

Thomas D. Willett, "Optimum Currency Area and Political Economy Approaches to Exchange Rate Regimes: Towards an Analytical Synthesis," *Current Politics and Economics of Europe*, Volume17 Number1, 2006.

Thomas D. Willett, Orawan Permpoon and Clas Wihlborg, "Endogenous OCA Analysis and the Early Euro Experience," *World Economy*, Vol.33 Issue7, 2010.

UNCTAD, *World Investment Report*, 2010.

Volker Nitsch, "Honey, I Shrunk the Currency Union Effect on Trade," *World Economy*, 25, 2002.

Wilfred J. Ethier, "The New Regionalism in the Americas: A Theoretical Framework," *North American Journal of Economics & Finance*, 12, 2001.

Willem H. Buiter, "Economic, Political and Institutional Prerequisites for Monetary Union among the Members of the Gulf Cooperation Council," in Ronald MacDonald and Abdulrazak Al Faris(eds.), *Currency Union and Exchange Rate Issues: Lessons for the Gulf States*, Edward Elgar, 2010.

Won Joong Kim and Shawkat Hammoudeh, "Impacts of Global and Domestic Shocks on Inflation and Economic Growth for Actual and Potential GCC Member Countries," *International Review of Economics and Finance*, 27, 2013.

Woosik Moon and Yeongseop Rhee, "Financial Integration and Exchange-Rate Coordination in East Asia," in Duck-koo Chung and Barry Eichengreen(eds.), *Fostering Monetary & Financial Cooperation in East Asia*, World Scientific, 2009.

WTO, *Annual Report*, 2015.

Xavier Debrun, Paul Masson and Catherine Pattillo, "West African Currency Unions: Rationale and Sustainability," *CESifo Economic Studies*, Vol.49, 3, 2003.

Xavier Debrun, Paul Masson and Catherine Pattillo, "Monetary Union in West Africa: who might gain, who might lose, and why?," *Canadian Journal of Economics*, Vol.38, No.2, 2005.

参考文献

Yuliya Demyanyk and Vadym Volosovych, "Gains from Financial Integration in the European Union: Evidence for New and Old Members," *Journal of International Money and Finance*, 27, 2008.

Yung Chul Park, "RMB Internationalization and Its Implications for Financial and Monetary Cooperation in East Asia," *China&World Economy*, Vol.18, No.2, 2010.

Yung Chul Park and Charles Wyplosz, *Monetary and Financial Integration in East Asia: The Relevance of European Experience*, Oxford University Press, 2010.

Yunjong Wang, "Financial Cooperation and Integration in East Asia," *Journal of Asian Economics*, 15, 2004.

あとがき

　本書は、発展途上国の通貨統合に焦点を当てて、その構造や独自性を浮き彫りにしてきた。本書の主要な結論を一言でいえば、途上国の通貨統合は、その理論的な分析からユーロのような先進国中心の通貨統合に比べて、いくらかコストが低く、いくらかベネフィットが大きいということである。したがって、途上国での通貨統合は基本的には支持できるものと結論づけられる。とはいえ、本書の後半で明らかにしてきたように、たとえ途上国といえども、ひとくくりにすることはできず、地域ごとにその経済構造は大きく異なる。それゆえに、単一通貨圏としての性格も多種多様である。

　途上国通貨統合が実現に向かって歩みを進められるかどうかは、適切な制度設計もさることながら、政治的な意志が極めて重要である。それは通貨統合のプロセスが主権の放棄に関わるからである。しかし、機能主義的な統合がやがて政治的な統合に結びつくことを看過してはならない。グラウエが指摘していたように、共通の制度の構築自体がさらなる制度的統合につながるという政治的な力学を生み出すのである。

　本書を通じて、途上国通貨統合の実現には理論的な裏付けがいかに重要であるかについても理解していただけたと思う。基本的なコンセプトなくして、統合への意志は生まれない。その基本的なコンセプトこそ、通貨統合の理論であり、それに基づいた評価である。制度の構築は統合を前に進めるための手段に過ぎない。基本的なコンセプトを理解し、共有して初めて通貨統合への道筋が開かれるのである。

　しかし、最後に再び問いたい。途上国で通貨統合を行うことの意味とは何であろうか。この問いに対して、本書は十分に答えることができたであろうか。

223

読者の評価に委ねたいところである。

　本書は、博士論文の成果を基本としているものの、全体として大幅に加筆・修正を行っている。従来の内容の大幅な修正のみならず、新たに加筆している箇所も多い（とりわけ前半の理論部分）。また、博士論文の後に新たに執筆した論文をベースにしている章もある（第3章、第4章、第11章）。

なお、本書の基本となった論文等の研究成果について以下に掲げておく。

① 「途上国の地域通貨統合とドル体制－湾岸産油国の動向を中心に－」『國學院経済学』第58巻第2号、2010年4月。

② 「中東産油国」上川孝夫編『国際通貨体制と世界金融危機－地域アプローチからの検証－』日本経済評論社、2011年2月。

③ 「最適通貨圏論の再考－途上国の通貨統合との関係から－」『國學院大學経済学研究』第42輯、2011年3月。

④ 「東アジアで機能主義的共存を模索する意義－機能主義から共同体へ」『國學院大學研究開発推進センター研究紀要』第7号、2013年3月（研究ノート）。

⑤ 「ユーロ危機の構造－域内経常収支不均衡の視点から－」『総合政策論叢』（島根県立大学）第26号、2013年8月。

⑥ 「GCCの金融市場と金融統合の現状と課題」『総合政策論叢』（島根県立大学）第28号、2014年9月。

⑦ 「発展途上国の通貨同盟における為替政策と金融政策の放棄のコスト－最適通貨圏の理論に対する批判的検討－」『総合政策論叢』（島根県立大学）第30号、2015年11月。

2016年4月

木村 秀史

索　引

【欧文】

ABMI 175, 180
ACU 176
AMRO 175
AMS 176
CAP 75, 108, 109
CFA フラン 9, 36, 167, 170, 171, 172,
　　　173
CGIF 180
ECU 130, 131
EMCP 168
EMS 20, 24, 31, 93, 109, 130, 131,
　　　144, 170, 176, 177, 178
FF レート 120, 123, 134, 135, 147
FOCEM 159
GATT・WTO 体制 4
GCC 中央銀行 104, 107
GCC 通貨統合協定 95, 104, 105, 107
GCC net 153
OPEC 33, 96, 97, 100
RCEP 6, 175
SABIC 141
SAMA 104
SEPA 152
SSP 152

TARGET 152, 153
TARGET2 152
TPP 6, 175

【和文】

あ行

アジア通貨危機 175
新しい地域主義 3, 5, 6
安定・成長協定 60, 61
イールドカーブ 144, 153, 154
域内為替レートメカニズム 130, 176,
　　　177, 178
インターバンクレート 127, 128, 146,
　　　147
インフレターゲット 38, 39, 158, 176,
　　　177, 178
欧州委員会ビュー 19
欧州債務危機・ユーロ危機 45, 46, 59,
　　　62, 88, 94, 124

か行

カタール金融センター 155
カレンシーボード制 158, 163

225

為替相場同盟 93, 94, 155, 164

機能主義 89, 91, 94, 129, 159

協調的インフレターゲット 176, 177, 178

キングアブドラ金融地区 155

金融のリスクシェアリング 22, 23, 43, 123, 139, 166, 174, 181

金利のトランスミッションメカニズム 123, 135

クルーグマンビュー 19, 20, 21

グローバルインバランス 56

国際金融のトリレンマ 37

国際石油資本 96

さ行

財政ファイナンス 58, 65, 79, 106, 120, 169

サウダイゼーション 113

ジュベル・アリ・フリー・ゾーン（JAFZ） 98

スクーク 143, 149, 154

スタグフレーション 16

た行

対外債務危機 46, 50, 53, 54, 65, 68, 69, 70, 86, 174

対外投資ポジション 27, 52, 53, 64, 68, 88, 124

多角的貿易自由化 7

地域貿易協定 3

チェンマイ・イニシアティブ 175

超国家的機関 86, 88, 90, 94, 129, 159

伝統的 OCA 論 15, 16, 23, 35, 36, 63, 73, 74

統一経済協定（UEA）102, 103

ドバイ国際金融センター 99, 154, 155

ドル化 38, 78, 158

ドルペッグ制 100, 102, 118, 119, 120, 123, 131, 133, 134, 135, 136, 143, 147, 163

な行

内生的 OCA 論 16, 17, 43, 63, 74, 79, 116, 171, 182

は行

バーゲニング・パワー 111

バーレーン・フィナンシャル・ハーバー 99, 154

フェアトレード 34, 70, 174

古い地域主義 3, 5, 6

ブロック経済 2, 3

貿易創造効果 3

貿易転換効果 3, 18

ま行

マクロ経済指標の収斂基準 104, 127

無差別主義 7

メキシコ通貨危機 163

モノカルチャー経済 15, 29, 30, 34, 35,

索　引

36, 41, 43, 44, 68, 70, 77, 112,
115, 130, 159, 162, 171

や行

輸入代替化戦略　3, 6, 158

ら行

リージョナリゼーション　1, 2, 3, 4, 5,
　　6, 7, 8
リージョナルインバランス　27, 45,
　　46, 50, 52, 54, 56, 59, 62, 63,
　　64, 65, 67, 69, 71, 86, 88, 89,
　　124, 126, 166, 174, 182, 184
ローズ効果　18, 74

わ行

湾岸産油国（GCC）9

【著者紹介】

木村　秀史（きむら　しゅうし）

島根県立大学 総合政策学部 講師、博士（経済学）

1977 年新潟県生まれ。國學院大学大学院経済学研究科博士課程後期修了。株式会社 第四銀行、國學院大學兼任講師、埼玉学園大学非常勤講師等を経て現職。

著書・論文に、上川孝夫編『国際通貨体制と世界金融危機－地域アプローチによる検証－』日本経済評論社、2011 年（共著）、「発展途上国の通貨同盟における為替政策と金融政策の放棄のコスト－最適通貨圏の理論に対する批判的検討－」『総合政策論叢』（島根県立大学）第 30 号、2015 年 11 月などあり。

発展途上国の通貨統合

2016 年 4 月 25 日　初版第 1 刷発行

編著者　木村　秀史

発行者　上野　教信

発行所　蒼天社出版（株式会社　蒼天社）
　　　　101-0051　東京都千代田区神田神保町 3-25-11
　　　　電話　03-6272-5911　FAX 03-6272-5912
　　　　振替口座番号　00100-3-628586

印刷・製本所　シナノパブリッシング

©2016　Shushi Kimura
ISBN 978-4-901916-48-6 Printed in Japan
万一落丁・乱丁などがございましたらお取り替えいたします。
Ⓡ〈日本複写権センター委託出版物〉

本書の全部または一部を無断で複写複製（コピー）することは、著作権法上での例外を除き、禁じられています。本書からの複写を希望される場合は、日本複写センター（03-3401-2382）にご連絡ください。

蒼天社出版の経済関係図書

アメリカ国際資金フローの新潮流　前田淳著	定価（本体 3,800 円＋税）
中小企業支援・政策システム　金融を中心とした体系化　村本孜著	定価（本体 6,800 円＋税）
元気な中小企業を育てる 　　　日本経済の未来を切り拓く中小企業のイノベーター　村本孜著	定価（本体 2,700 円＋税）
米国経済白書 2015　萩原伸次郎監修・『米国経済白書』翻訳研究会訳	定価（本体 2,800 円＋税）
揺れ動くユーロ　吉國眞一・小川英治・春井久志編	定価（本体 2,800 円＋税）
国立国会図書館所蔵 GHQ/SCAP 文書目録・全 11 巻 　　　荒敬・内海愛子・林博史編集	定価（本体 420,000 円＋税）
カンリフ委員会審議記録　全 3 巻　春井久志・森映雄訳	定価（本体 89,000 円＋税）
システム危機の歴史的位相 　　　ユーロとドルの危機が問いかけるもの　矢後和彦編	定価（本体 3,400 円＋税）
国際通貨制度論攷　島崎久彌著	定価（本体 5,200 円＋税）
バーゼルプロセス　金融システム安定への挑戦　渡部訓著	定価（本体 3,200 円＋税）
現代証券取引の基礎知識　国際通貨研究所糠谷英輝編	定価（本体 2,400 円＋税）
銀行の罪と罰　ガバナンスと規制のバランスを求めて　野﨑浩成著	定価（本体 1,800 円＋税）
国際決済銀行の 20 世紀　矢後和彦著	定価（本体 3,800 円＋税）
サウンドマネー BIS と IMF を築いた男ペールヤコブソン　吉國眞一・矢後和彦監訳	定価（本体 4,500 円＋税）
多国籍金融機関のリテール戦略　長島芳枝著	定価（本体 3,800 円＋税）
HSBC の挑戦　立脇和夫著	定価（本体 1,800 円＋税）
拡大するイスラーム金融　糠谷英輝著	定価（本体 2,800 円＋税）
グローバリゼーションと地域経済統合　村本孜編	定価（本体 4,500 円＋税）
外国銀行と日本　立脇和夫著	定価（本体 3,200 円＋税）
ユーロと国際通貨システム　田中素香・藤田誠一編	定価（本体 3,800 円＋税）